SV

Steffen Mau

Lütten Klein

Leben in der ostdeutschen Transformationsgesellschaft

Suhrkamp

Bibliographische Information der Deutschen Nationalbibliothek
Die Deutsche Nationalbibliothek verzeichnet diese Publikation in der Deutschen Nationalbibliographie; detaillierte bibliographische Daten im Internet über http://dnb.d-nb.de abrufbar.

3. Auflage 2019

Erste Auflage 2019

Satz: Satz-Offizin Hümmer GmbH, Waldbüttelbrunn
Druck: GGP Media GmbH, Pößneck
Printed in Germany
ISBN 978-3-518-42894-8

Inhalt

II. Transformationen

Für Susanne Balthasar und Thomas A. Schmidt

»Ich hänge nicht an diesem Land,
aber es ist verdammt schwer, es loszuwerden.«

Eugen Ruge

Einleitung

In der Nacht vom 9. auf den 10. November 1989 stand ich als Soldat der Nationalen Volksarmee, mit Stahlhelm und munitionierter Kalaschnikow, vor der Werderkaserne in Schwerin. 48-stündiger Wachdienst zur Sicherung des Objekts. Das bedeutete zwei Stunden im Regen vor der Kaserne Wache stehen, dann zwei Stunden Bereitschaftsdienst, dann zwei Stunden schlafen, dann ging der Reigen von vorne los. Jemand hatte unter der Hand ein kleines batteriebetriebenes Radio besorgt, das wir uns bei der Wachablösung heimlich zusteckten, damit die Zeit nicht zu lang wurde. Ein Westsender war eingestellt, dort wurde hektisch per Liveschaltung von der Öffnung der Mauer in Berlin berichtet. Ein Kommentator ließ sich zu der weitsichtigen Prophezeiung hinreißen: »Die Mauer ist auf, das ist das Ende der DDR.« Es dauerte zwar noch ein paar Wochen, bis wir wirklich begriffen hatten, was passiert war und welche Konsequenzen Günter Schabowskis Pressekonferenz haben sollte, aber schon in dieser Nacht war an Ausruhen oder Schlafen nicht zu denken. Nach der Wache hockten wir um das Radio wie um ein Lagerfeuer und versuchten, das, was sich da gerade abspielte, zu verstehen. Größer konnte der Kontrast nicht sein: Hier die triste Soldatenstube, dort die jubelnden Massen und hupenden Trabbis auf der Bornholmer Brücke. Wohl jeder ehemalige DDR-Bürger erinnert sich daran, wie diese eine Nacht so vieles veränderte: ein Moment, in dem die Geschichte, wie von unsichtbarer Hand geleitet, plötzlich eine ganz andere Bahn einschlug.

Systemwechsel, so nennen Sozialwissenschaftler den Übergang von einer Gesellschaftsformation zu einer anderen. Systemwechsel, das war das, was uns völlig unvorbereitet traf und nun biografisch bevorstand. Der Fall der Berliner Mauer markierte gewissermaßen die politische Stunde null, die ein Davor und ein Danach trennte. Das Davor war die wirtschaftlich wie ideologisch abgewirtschaftete DDR, das Danach der Weg in die deutsche Einheit. Zwar haben wir uns angewöhnt, »die Wende« vor allem als Moment der Diskontinuität zu verstehen, diese Sicht verdeckt aber, wie stark – bei allen Brüchen und allen sich vollziehenden Wandlungen – die Verbindung zwischen dem Vorher und dem Nachher ist. Menschen und ihre Biografien, Mentalitäten und sozialen Praktiken stellen diesen Zusammenhang her. Selbst auf der Ebene von Institutionen und Strukturen verbindet sich das, was war, mit dem, was ist und sein wird. Mit »Transformationsgesellschaft Ostdeutschland« ist kein Übergang von einem Anfangs- zu einem Endzustand gemeint, sondern eine andauernde Restrukturierung und Veränderung.

Seit dem Fall der Mauer sind nunmehr dreißig Jahre vergangen – mehr Zeit, als die meisten westdeutschen Kommentatoren damals bis zu einer einigermaßen gelungenen Vollendung der deutschen Einheit veranschlagten. Wer heute das Erreichte bilanziert, sieht in der Tat grundlegende Veränderungen und viele Verbesserungen: Die Spuren der Deutschen Demokratischen Republik sind fast flächendeckend getilgt, neue soziale Arrangements haben Fuß gefasst, Menschen haben sich eingelebt. Die Freiheitsgewinne – ob beim Reisen oder beim Recht, seine Meinung frei und ungehindert zu äußern – sind enorm. Den Menschen im Osten Deutschlands geht es materiell besser, als sie zu DDR-Zeiten jemals zu hoffen gewagt hätten. Die Arbeitslosigkeit ist auf dem tiefsten Stand seit der Wiedervereinigung, die Löhne wachsen, das reale Bruttoinlandsprodukt je Erwerbstätigem hat sich seit 1991 mehr als verdoppelt, Boomregionen wie Leipzig und Dresden haben sich zu Magneten einer neuen West-Ost-Wanderung entwickelt. Mitunter ist von der Wiedervereinigung als wirtschaftlicher Erfolgsgeschichte die Rede.[1] Im Gleichschritt mit der ökonomischen Entwicklung ist auch das subjektive Wohlbefinden im Aufwind – der Glücksabstand zwischen Ost und West schmilzt, weil die Ostdeutschen immer zufriedener werden.[2]

Wie aus einer anderen Welt klingen da Berichte über die Problemzone Ostdeutschland. Diese stellen die anhaltend hohen Produktivitätsrückstände,[3] die fortbestehende Ost-West-Kluft bei den politischen Einstellungen,[4] den lautstarken Widerstand gegen Geflüchtete und »die da oben« sowie abgehängte Sozialräume in den Vordergrund. Gravierende Ost-West-Unterschiede gibt es beim Vertrauen in die politischen Institutionen und der Unterstützung für Marktwirtschaft und Demokratie. Laut einer Allensbach-Umfrage sehen nur 42 Prozent der Ostdeutschen die Demokratie als die beste Staatsform an; im Westen sind es 77 Prozent. Nur knapp über ein Viertel der West-, aber über die Hälfte der Ostdeutschen hält den Umstand, ob man aus Ost- oder Westdeutschland stammt, für eine der wichtigsten Trennlinien in der Gesellschaft.[5] Immerhin mehr als ein Drittel der Ostdeutschen sehen sich laut neuesten Umfragen als Bürger zweiter Klasse.[6] Der Satz »Niemand kümmert sich um uns« steht stellvertretend für das Gefühl, gesellschaftlich zurückgesetzt, ökonomisch und politisch marginalisiert zu sein. Der Frust, so scheint es von dieser Warte aus gesehen, hat in Ostdeutschland vielleicht nicht seine Heimat, aber doch wichtige Trägerschichten gefunden.

Dieses Doppelbild der Entwicklung verweist auf das Nebeneinander von Einheitserfolgen und Scheitern, von Gewinnen und Verlusten, von Hoffnung und Enttäuschung, von Eingewöhnung und Entfremdung. Die Bilanz der Einheit ist nicht nur durchwachsen, sie ist auch durch und durch widersprüchlich. Selbst Individuen wirken oft innerlich gespalten, wenn man sie auffordert, ihre persönliche Situation zu schildern – manch einer entpuppt sich gar als frustrierter Zufriedener oder als glücklicher Enttäuschter.

Um diese Diskrepanz zu entschlüsseln, ist der Begriff der *gesellschaftlichen Fraktur* hilfreich. Unter einer Fraktur versteht man in der Medizin den Bruch eines Knochens. Viele Frakturen sind unter der Haut verborgen und äußerlich nicht erkennbar, manche aber liegen offen. Oft verheilen sie, wenn es jedoch zu Verschiebungen – der Terminus technicus lautet Frakturdislokationen – kommt, muss man ein Leben lang mit Funktionseinschränkungen leben. Gesellschaftliche Frakturen lassen sich in diesem Sinne als Brüche des gesellschaftlichen Zusammenhangs verstehen, die zu Fehlstellungen führen können. Anders als bei Knochen ist die Wahrscheinlichkeit für eine – noch ein Medizinerwort – vollständige »Reposition« oder Ausheilung gesellschaftlicher Brüche sogar unwahrscheinlich. Gesundheitsmetaphern sind im gesellschaftlichen Bereich nicht ganz unproblematisch, daher hier der Hinweis, dass es nicht um Pathologien geht, sondern um die Fokussierung auf neuralgische Punkte und Reibungsflächen. Ich betrachte Ostdeutschland als eine Gesellschaft mit zahlreichen Frakturen, die sich aus den Besonderheiten von Sozialstruktur und mentaler Lagerung ergeben. Diese sind weder allein der untergegangen DDR noch den Tücken des Einigungsprozesses zuzuschreiben, sondern ergeben sich aus beidem gemeinsam. Eine *frakturierte Gesellschaft*, so meine ich, verliert an Robustheit und Flexibilität, auch wenn oberflächlich alles in Ordnung scheint. Durch Frakturen können die Belastbarkeit, die Beweglichkeit und die Anpassungsfähigkeit eines gesellschaftlichen Gebildes noch über lange Zeiträume eingeschränkt bleiben. Das erklärt auch die erhebliche Unzufriedenheit, während es gleichzeitig viele positiv zu bewertende Entwicklungen gibt.

Das Buch versucht sich vor diesem Hintergrund nicht an einer Würdigung der Einheitserfolge, berichtet auch nicht datenreich von der ostdeutschen Aufholjagd und sich verbessernden Lebensbedingungen. Dies sei als Spoiler-Warnung vorangestellt. Es leugnet die positiven Entwicklungen nicht, ist aber absichtsvoll einseitig, indem es das Beobachtungsradar auf die Dilemmata, Unwuchten und Widersprüche richtet. Es konterkariert die Annahme relativ friktionsloser Modernisierung sowie die Diagnose der sukzessiven Normalisierung und stellt die *These struktureller Brüche* im ostdeutschen Entwicklungspfad dagegen. Ich gehe davon aus, dass sich trotz aller Transformationserfolge, trotz Angleichung und trotz kultureller, normativer und mentaler Eingewöhnung die Unterschiede zwischen den beiden deutschen Teilgesellschaften nicht einfach ausschleichen (werden). Sowohl in sozialstruktureller wie auch in mentaler Hinsicht hat sich in Ostdeutschland eine Form der Sozialität herausgebildet, in der neben langsam steigender Zufriedenheit auch Gefühle der Benachteiligung und der politischen Entfremdung wachsen, die mehr sind als ein nicht enden wollendes Murren einiger Ewiggestriger.

Die DDR-Gesellschaft war durch eine nach unten zusammengedrückte Sozialstruktur und eine arbeiterliche Kultur geprägt, was auch auf das Dienstleistungsproletariat und die Transferklassen von heute ausstrahlt – es dominiert eine Mentalität der einfachen Leute. Gab es in der Frühphase beachtliche Aufstiegsmobilität, so war die späte DDR durch eine starre Sozialstruktur und zunehmend verstopfte Pfade in die höheren Positionen gekennzeichnet. Sie war zudem eine eingekapselte und ethnisch homogene Gesellschaft, die kaum Erfahrung mit Zuwanderung gemacht hatte. Die Vereinigung versprach zwar schnelle Freiheits-, Wohlstands- und Konsumgewinne, erfolgte aber als ökonomischer sowie sozialer Schock und strapazierte die Bewältigungskapazitäten der Menschen bis aufs Äußerste.[7] Zudem fand sich die DDR-Bevölkerung über Nacht auf den unteren Rängen der gesamtdeutschen Hierarchie wieder und unterschichtete die westdeutsche Gesellschaft. Deklassierungs- und Entmündigungserfahrungen waren an der Tagesordnung, und dies zu einem Zeitpunkt, an dem man gerade zum ersten Mal die beglückende Erfahrung kollektiver Handlungsfähigkeit gemacht hatte. Es gab einen massiven Elitentransfer von West nach Ost – eine Überschichtung –, die wichtigsten Schaltstellen der ostdeutschen Teilgesellschaft wurden mit neuen, importierten Eliten besetzt. Anders als beim Wiederaufbau der Bundesrepublik nach dem Zweiten Weltkrieg kam es im Zuge der Wiedervereinigung nicht zu einer kollektiven Aufwärtsbewegung breiter gesellschaftlicher Schichten. Das hat nicht zuletzt damit zu tun, dass die Wiedervereinigung in eine Zeit fiel, als auch in Westdeutschland der »kollektive Fahrstuhl« (Ulrich Beck) ins Stocken geriet.[8] Die lange Phase kollektiver Wohlfahrtsgewinne, anhaltender Prosperität und offener Aufstiegskanäle – das manchmal so bezeichnete »Goldene Zeitalter« – neigte sich dem Ende zu.[9] So stellte sich nicht nur der Weg der wirtschaftlichen Erholung und des Aufschließens als weit steiniger heraus, als erwartet, es kam auch zu erheblichen Mobilitätsblockaden, welche die ostdeutsche Teilgesellschaft auf Dauer kleinhalten sollten. Der Deckel auf der nach unten zusammengedrückten Sozialstruktur wurde somit nicht gelöst, sondern in mancher Hinsicht noch fester zugeschraubt. In der Folge hat sich eine gesellschaftliche Formation herausgebildet, in der Vorbehalte, Systemskepsis und populistische Mobilisierung hervortreten, während die Selbstbindung an eine liberale Ordnung und ein tolerantes soziales und politisches Klima einen schweren Stand haben.

Diese Phänomene beschreiben Ostdeutschland weder als Ganzes noch exklusiv, doch verdichten sie sich dort auf besondere Weise.

Ich verbinde diese – zugegebenermaßen ernüchternde – Diagnose nicht mit wohlfeilen Rezepten zur Therapie, weil sozialstrukturelle und mentale Verfasstheiten nicht einfach zu reparieren sind. Worum es mir geht, ist zunächst einmal eine nüchterne Bestandsaufnahme, die uns helfen soll zu verstehen, dass wir es nicht mit Übergangsphänomenen oder damit zu tun haben, dass der Osten einfach nur anders »tickt«. Vermeiden möchte ich auch jedwede nostalgische Verklärung einer ach so gemeinschaftlichen DDR mit echter solidarischer Verbundenheit, weil soziale Kontrolle und Repression nicht nur zur DDR dazugehörten, sondern diese gleichsam konstituierten. Ebenso wenig möchte ich mich aber an dem Schulterklopfen beteiligen, dem sich alle Jubeljahre die Führungskräfte dieses Landes hingeben und dabei übersehen, dass viele der Probleme in Ostdeutschland nicht nur Erblasten des Staatssozialismus sind, sondern im Zuge von Vereinigung und Transformation reproduziert, verstärkt oder gar hergestellt wurden.

Die Auseinandersetzung mit der ostdeutschen Transformation ist nur auf den ersten Blick eine Einladung zur innerdeutschen Nabelschau. Man könnte meinen, im Zeitalter globaler Turbulenzen, europäischer Krisen, transnationaler Migrationsströme und digitaler Transformationen sei der Vorgarten deutsch-deutscher Probleme doch recht klein. Wer möchte sich angesichts vermeintlicher oder tatsächlicher Bedrohungen des westlichen Erfolgsmodells mit den Befindlichkeiten einer zwar vernarbten, aber im internationalen Vergleich letztlich privilegierten Gesellschaft beschäftigen? Einerseits. Andererseits ist das Thema Ostdeutschland auch ein offenes Deutungsfeld, das den lange Zeit triumphierenden Geist des Westens herausfordert. Die Fortschritts- und Modernitätserzählung der westlichen Modellgesellschaft wirkt angekratzt, verschiedene Autoren sprechen schon von einer »großen Regression«, einem schrittweisen Aufweichen institutioneller wie normativer Errungenschaften der sozialen Moderne.[10] In vielen Teilen der Welt sind politische Unternehmer erfolgreich dabei, Gegennarrative aufzubauen und daraus Kapital zu schlagen, so dass die Zukunft der westlichen Welt heute wieder offener erscheint als noch vor wenigen

Dekaden. Manche konstatieren gar eine »Wiederkehr der Verdrängten«,[11] die die Lasten der neoliberalen Marktentfesselung hauptsächlich zu tragen hatten; andere betonen das autoritäre und ressentimentgeladene Moment, das den neuesten sozialen Bewegungen innewohnt.[12]

Ostdeutschland ist hierbei keine Randnotiz, sondern möglicherweise ein Verdichtungsraum für auch andernorts zu beobachtende Verwerfungen. Eine frakturierte Gesellschaft ist anfälliger für Stimmungen, die aus dem Gefühl des Zu-kurz-Kommens entspringen, aus der Entwertung des eigenen Lebensmodells, aus kulturellen Irritationen, ökonomischer Prekarisierung und den Zumutungen zunehmender Flexibilisierung. Ostdeutschland ist ein Laboratorium dieser übergreifenden Prozesse, weil sich hier auf besondere Weise beobachten lässt, wie das lebensweltliche Gepäck und mentale Tradierungen, ökonomische Entsicherung und politische Integrationsdefizite aufeinandertreffen. Der Osten nimmt möglicherweise sogar eine Pionierrolle beim populistischen Aufstand der Unzufriedenen und Frustrierten ein.

Ich beabsichtige keine Gesamtdarstellung, weder der DDR noch der Wiedervereinigung, noch der gesellschaftlichen Transformation Ostdeutschlands. Angesichts des Umfangs der vorhandenen Literatur – in den Neunzigern gab es eine eigene Kommission zur Untersuchung des sozialen und politischen Wandels in den neuen Bundesländern,[13] danach den Sonderforschungsbereich »Gesellschaftliche Entwicklungen nach dem Systemumbruch. Diskontinuität, Tradition und Strukturbildung« (SFB 580),[14] und jüngst ist eine mehr als 2000 Seiten lange Kulturgeschichte der DDR erschienen[15] – wäre dies auch unredlich, wobei bei der Sichtung der Literatur schon auffällt, dass das sozialwissenschaftliche Interesse am Osten über die Zeit deutlich nachgelassen hat. Meine Ambition ist bescheidener: Ich stelle sozialstrukturelle Wandlungsprozesse seit den siebziger Jahren in den Mittelpunkt und analysiere damit im Zusammenhang stehende Mentalitätsumbrüche. Ich gehe davon aus, dass sich über die Beschreibung sich wandelnder Schichtungs- und Lagerungsbilder einer Gesellschaft – ähnlich einem Röntgenbild – auch ihr gesellschaftlicher Kern freilegen lässt.

Das Buch teilt sich, wie die meisten ostdeutschen Biografien der mittleren und älteren Jahrgänge, in zwei Teile: in ein Leben in der

DDR und ein Leben im wiedervereinigten Deutschland, mit der Wende als kritischer Weichenstellung. Im ersten Teil beschreibe ich den Alltag und die Sozialstruktur der DDR. Dabei greife ich – für einen Wissenschaftler möglicherweise ungewöhnlich – auch auf das Selbsterlebte zurück. Wie haben wir gelebt? Wie hat die Arbeitsgesellschaft die Menschen integriert? Welche Rolle spielten Konformismus und Kontrolle? Wie stand es um die viel beschworene Völkerfreundschaft der DDR? Mein Befund ist der einer stark nivellierten, um die Arbeit herumstrukturierten, geschlossenen und ethnisch homogenen Gesellschaft, die sich vom westdeutschen Pendant – mittelschichtdominiert, migrantisch geprägt, zunehmend individualisiert – grundlegend unterschied. Mit verstopften Aufstiegskanälen, politischen Erstarrungstendenzen und wachsender Unzufriedenheit war die DDR zum Ende hin zudem ein erschöpftes und ausgelaugtes Land, unfähig dazu, eine neue Entwicklungsdynamik auszulösen.

Mit der Wiedervereinigung, so die Diagnose des zweiten Teils, wurden viele der strukturellen Eigenheiten allerdings nicht aufgelöst, sondern weitergetragen, mitunter sogar vertieft. Die politische Mobilisierung im Jahr 1989 wurde bald von einer Duldungsstarre abgelöst, die Menschen wurden aufgefordert, sich ohne Wenn und Aber in die neuen Verhältnisse einzupassen. Die althergebrachten Mentalitäten sollten zurückgelassen werden, um für die Gesellschaft des Westens fit zu werden. Die Erfahrung der soziokulturellen Entwertung führte zu einer Verfestigung alter Prägungen – einschließlich einer Distanz zu den politischen Institutionen und ihren Repräsentanten. Der Geburteneinbruch und die massenhafte Abwanderung der Mobilen und der Qualifizierten hinterließen tiefe, nicht ausgeheilte demografische Narben. Aufgrund der Vielzahl struktureller Frakturen gibt es eine starke Empfänglichkeit der ostdeutschen Gesellschaft für Ressentiment und Radikalisierung. Dabei ist es die Summe und Verklammerung der aus der DDR hergebrachten und der im Transformationsprozess erzeugten oder in Kauf genommenen Defekte, die die ostdeutsche Teilgesellschaft heute wie eine Hypothek belasten.

Lütten Klein (der Name stammt aus dem Wendischen und bedeutet »kleiner Ahorn«) ist der Ort, an dem ich aufgewachsen bin: Als

DDR-typisches Neubaugebiet verkörpert er die Erfindung der sozialistischen Stadt auf der grünen Wiese mit typischen Lebenswegen und Lebensweisen. Das Viertel ist ein Ort des sozialstrukturellen Umbruchs, der viele seiner Bewohner in andere Bahnen katapultiert hat und an dem sich Beschleunigung und Stillstand treffen, wo sich Selbstbehauptungskämpfe abspielen, wo Mentalitäten und Weltbeziehungen sich aneinander reiben. Lütten Klein ist mein Fenster zur Beobachtung des sozialen Wandels in Ostdeutschland, öffnet mir einen Erfahrungsraum und den Zugang zum Erleben aus erster Hand, alle Risiken der Zeitzeugenschaft, der Subjektivität und der Verwendung des Wörtchens »ich« inklusive. Meine Perspektive verbindet die Transformation der ostdeutschen Teilgesellschaft also mit einem konkreten, von mir immer wieder besuchten und befragten Ort, so dass Vogel- und Froschperspektive zusammenkommen. Die Nutzung der eigenen biografischen Erfahrung färbt mein Porträt der ostdeutschen Gesellschaft ohne Zweifel subjektiv ein, bietet aber auch das Privileg der Innenschau, des Dabeigewesenseins. Sie tritt neben meine weiter gefasste Perspektive auf den Wandel der ostdeutschen Gesellschaft, die sich wissenschaftlicher Befunde und vieler empirischer Mosaiksteine bedient und diese zu einem eigenen Argumentationsgang verdichtet.

Über wissenschaftliche Quellen und meinen eigenen Erfahrungshorizont hinaus nutze ich Informationen aus zahlreichen Erkundungen vor Ort, die ich zwischen Sommer 2017 und März 2019 unternommen habe. Über dreißig Interviews habe ich mit heutigen und ehemaligen Lütten Kleinern geführt. Oft hat mir erst der Stallgeruch Zugang zu meinen Gesprächspartnern verschafft. Einige habe ich aus meinem Bekanntenkreis rekrutiert, bei anderen einfach geklingelt oder sie an der Straßenbahnhaltestelle angesprochen, wieder andere als Amts- oder Funktionsträger kontaktiert. Einige haben mich zu sich ein-, dann wieder ausgeladen, manches Gespräch lief ins Leere. Bis auf diejenigen, die ich aufgrund ihrer Funktion interviewt habe, wurden die Gesprächspartnerinnen und Gesprächspartner anonymisiert. Ihre Erzählungen und Weltsichten – den O-Ton des Erlebens – nutze ich, um den Gegenstand anschaulicher zu machen, wissenschaftliche Einsichten und Argumente mit Leben zu füllen und den Erfahrungen eine

Stimme zu geben – also eher mit illustrierendem Anspruch denn im Sinne einer methodisch abgesicherten qualitativen Studie. Meine Gesprächspartner rückten auch mein eigenes Bild des Lütten Kleiner Alltags von damals und heute zurecht.

Als Teilnehmer am »Experiment Vereinigung«[16] bin ich in meiner Betrachtung dieses Großversuchs natürlich befangen, aber vielleicht auch nicht mehr als eine amerikanische Kollegin, die sich zur Situation in den USA äußert, oder ein französischer Soziologe, der die französische Gesellschaft untersucht. Wolle man etwas über die DDR wissen, so hat es mein 2018 verstorbener akademischer Lehrer Wolfgang Zapf immer betont, brauche man »Ortskenner«, allein durch Außenanschauung und Fernerkundung ginge das nicht. Für mich selbst waren die Vor-Ort-Besuche eine Herausforderung. Zu vielen und zu vielem habe ich sowohl Distanz als auch Nähe empfunden. Distanz, weil mein eigenes Leben heute mit dem Lütten Kleiner Alltag so wenig gemein hat; Nähe, weil mir die Art, auf die Welt zu schauen, und das mentale Gepäck vieler Bewohner dann doch vertraut waren.

All jenen, die mir als Interviewpartner Rede und Antwort gestanden haben, bin ich zu Dank verpflichtet. Danken möchte ich zudem allen, die mir während des Schreibprozesses Stichworte und Anregungen geliefert haben, oft vermutlich ohne dass sie dies selbst merkten. Ein besonderer Dank geht an Thomas A. Schmidt, Susanne Balthasar, Fabian Gülzau, Bernd Hunger, Sebastian Büttner, Michael Windzio, Kerstin Martens, Jürgen Gerhards, Kirsten Hartmann, Thomas Lux, Birgit Mau, Stefan Svallfors, Heike Solga, Hans Nitschke, Hagen Schulz-Forberg, Meta Cramer und Sven Schenkewitz. Marten Körner hat mir als Fotograf und Freund neue Blicke eröffnet. Katja Kerstiens hat den Text gewohnt souverän und kritisch gelesen und mich zu vielen Verbesserungen motiviert. Carolin Blauth und Julian Heide haben mir bei den Recherchen geholfen und Grafiken erstellt. Heinrich Geiselberger hat mich beim Suhrkamp Verlag betreut. Ohne ihn, seine Ermunterungen, sein Vertrauen in das Projekt und seine gekonnte Arbeit am Text wäre das Buch nicht zustande gekommen. Christian Heilbronn hat mir schon zu einem frühen Zeitpunkt wichtiges Feedback gegeben. Große Teile dieses Buchs konnte ich als Visiting Fellow am Center for European Studies an der Harvard University schreiben. Für die Einladung und den intensiven Austausch bin ich insbesondere Gregorz Ekiert, Peter Hall und Michèle Lamont zu Dank verpflichtet.

I. Leben in der DDR

1. Neubau

Die Wohnungsfrage

Lütten Klein, der Stadtteil meiner Kindheit und Jugend, liegt auf halbem Weg zwischen dem Rostocker Stadtzentrum und dem Fischer- und Touristenort Warnemünde. Lütten Klein wurde zwischen Mitte der sechziger und Mitte der siebziger Jahre als Teil des Wohnungsbauprogramms der DDR im Plattenbaustil hochgezogen: Mehr als 10 000 Wohnungen entstanden hier in nur einem Jahrzehnt. Rostock, die alte Hansestadt an der Ostsee, war im Zweiten Weltkrieg zu weiten Teilen zerstört worden, über achtzig Prozent der Wohngebäude waren beschädigt. In der Innenstadt wurde repariert, manche Perle der Backsteingotik durch Neues ersetzt; nach und nach erweiterte sich die Stadt aber auf die umliegenden Äcker. Auch dank der sozialistischen Plattenbauten stieg die Einwohnerzahl von unter 70 000 zum Ende des Krieges auf über 250 000 im Jahr 1989, womit Rostock zu den zehn größten Städten der DDR zählte.

Zu DDR-Zeiten war Rostock Bezirksstadt, verlor dann aber nach der Wiedervereinigung den Wettstreit um den Sitz der Landesregierung Mecklenburg-Vorpommerns an das kleinere Schwerin. Für die DDR war Rostock das »Tor zur Welt«, über seine Häfen lief ein Großteil des Außenhandels, die Stadt war Zentrum des Schiffbaus, hier wurden Dieselmotoren und Fischkonserven produziert, die Staatsreederei hatte hier ihren Sitz. Hansa Rostock, in der DDR eine typische Fahrstuhlmannschaft mit Auf- und Abstiegen sowie einer unerschütterlichen Anhängerschaft, wurde 1991 mit dem Westtrainer Uwe Reinders letzter Meister der DDR-Oberliga. Stolz war man in Rostock schon immer darauf, eine der ältesten Universitäten Deutschlands zu haben. Das Studentenleben prägt bis heute die gründerzeitliche Kröpeliner-

Tor-Vorstadt. Walter Kempowski, der große Chronist der Stadt, erzählt in seinen Büchern eindrucksvoll vom Leben der Rostocker Generationen: von der Wilhelminischen Zeit bis in die sechziger Jahre, vom Rostock der verwinkelten Gassen, des Kopfsteinpflasters und der bürgerlichen Familienbande, das allerdings so ganz anders war als das Rostock der Neubauviertel.

Lütten Klein war damals Teil eines ganzen Ensembles neuer Stadtgebiete im Rostocker Nordwesten. Dazu gehören Schmarl, Evershagen, Groß Klein und das durch die fremdenfeindlichen Ausschreitungen im August 1992 zu trauriger Berühmtheit gekommene Lichtenhagen. Wir wohnten in der zentralen Rigaer Straße, die Lütten Klein in eine Nord- und eine Südhälfte teilt. Die drei 18-geschossigen Hochhäuser in dieser Straße gelten als das Wahrzeichen des Viertels: »Windmühlenhäuser« werden sie genannt, weil ihr quadratischer Grundriss kleine Ausbuchtungen hat, die Windmühlenflügeln ähnlich sehen. Die Ausbuchtungen wirken wie Windfänge, die nicht nur die Gebäude schwanken lassen, sondern schon bei kleinerer Windstärke zu Pfeifgeräuschen führen. In unserem Hochhaus gab es auf jeder Etage ein verschachteltes Flursystem, das zu zehn Wohnungen führte; es müssen damals zwischen vier- und fünfhundert Menschen im Haus gewohnt haben. In der Mitte waren zwei Schächte für die Fahrstühle eingebaut, daneben befand sich in einem separaten Raum der Müllschlucker, durch den Abfälle in die Tiefe fielen. Wir, Eltern und drei Kinder, bewohnten eine Vierraumwohnung in der achten Etage und konnten bis nach Warnemünde und zur Kabelkrananlage der Warnowwerft sehen. Aus Sicherheitsgründen waren die Fensterbrüstungen allerdings so hoch, dass man als Kind auf einen Stuhl steigen musste, um hinauszuschauen. Die Ostsee kam nicht in den Blick, nur der Waldsaum auf der Steilküste. Wenn die Schiffe in den Hafen einliefen, sah es daher immer so aus, als führen sie direkt durch die Baumkronen hindurch.

Die DDR war stolz auf ihre Neubaugebiete, so stolz, dass man Postkarten von ihnen herstellte. So mancher Ostseeurlauber aus Sachsen, Thüringen oder Berlin mag sich ein Lütten Kleiner Motiv besorgt haben, um es mit einem kurzen Gruß an die Daheimgebliebenen zu schicken. Die Neubaugebiete – damals sprach niemand von der »Platte« – waren Ausweis sozialistischer Leistungskraft sowie des wissenschaftlich-technischen Fortschritts und Ort der Verwirklichung einer neuartigen Lebensweise. Sie waren ein »riesiges Freiluft-Experiment«[1] und standen Pars pro Toto für das, was die DDR sein wollte. Immerhin galt der Wohnungsbau als Kernstück der seit Anfang der siebziger Jahre proklamierten Einheit von Wirtschafts- und Sozialpolitik, welche eine »Erhöhung des materiellen und kulturellen Lebensniveaus« herbeiführen sollte. Die Bauherrin DDR setzte nicht auf Sanierung und Erhalt, sondern plante mit den Neubaugebieten den Entwurf einer traditionslosen Zukunft. Hier, in den neuen Großsiedlungen, musste nicht auf Bestehendes Rücksicht genommen werden, drängten sich keine Repräsentationen des Alten in den Blick, musste man sich nicht wie andernorts zwischen Bewahren oder Zerstören entscheiden. Wo alle Formen und Funktionen auf dem Reißbrett erschaffen werden konnten, ließen sich Vorstellungen des sozialistischen Miteinanders realisieren, welche die gesamten Lebensumstände erfassten.

Die DDR errichtete zahlreiche neue »Idealstädte«, in denen Arbeit und Leben der sozialistischen Menschengemeinschaft ihren Platz finden sollten. Christoph Weinhold, der 1966 während seines Architekturstudiums als Praktikant nach Rostock kam, blieb und später, nach der Wende, Architekt der Hansestadt werden sollte, war einer der Planer der Neubauten im Nordwesten Rostocks. Lütten Klein hatte, so seine Einschätzung, »eine besondere Position im Kanon der Entwicklung des Städtebaus, gehörte es doch vom Planungsansatz und von der räumlichen Dimension her mit Hoyerswerda, Eisenhüttenstadt und Schwedt zu den ersten großen, durch Arbeitskräftekonzentration hervorgerufenen Stadt- und Stadtteilplanungen«.[2] Das Vorhaben wurde auch in den anderen sozialistischen Ländern aufmerksam zur Kenntnis genommen und fand Eingang in zahlreiche Standardwerke zur sozialistischen Baukultur. Im Vergleich zu vielen Altbauten, die auf dem technischen Standard der Jahrhundertwende verharrten, war die Wohnqualität hier von »konkurrenzlose[r] Attraktivität«:[3] Die Wohnungen galten als komfortabel, da sie mit Fernwärme und nicht mit Kohleöfen beheizt wurden, warmes Wasser aus den Hähnen kam und alle lebensnotwendigen Infrastrukturen vor Ort vorhanden waren.

Die »Lösung der Wohnungsfrage«, die für die Parteiführung oberste Priorität hatte, wurde mit der Entwicklung eines »Einheitsbausystems« vorangetrieben, eines modularen Systems mit wenigen Bauteilen, aber großer Flexibilität bei der Zahl der Geschosse und den Wohnungsgrößen. Mitte der achtziger Jahre erreichte der industrielle Wohnungsbau in der DDR einen Anteil von über achtzig Prozent.[4] Natürlich gab es auch im Westen Großwohnsiedlungen, man denke an das Märkische Viertel in Berlin, Köln-Chorweiler oder die Neue Vahr Bremen, ihr Anteil am gesamten Wohnungsbestand lag jedoch bei gerade einmal zwei Prozent.[5] Zunächst als »Entlastungsstädte« gedacht, galten sie schon nach kurzer Karenzzeit als Orte, an denen sich soziale Probleme verdichteten. In der DDR hingegen wohnte fast ein Viertel der Bevölkerung in der »Platte«, in Rostock damals sogar siebzig Prozent.[6] Die populärste Variante war die Wohnbauserie (kurz WBS) 70, die maßgeblich von dem Architekten und Stadtplaner Wilfried Stallknecht entwickelt wurde, der dann selbst viele Jahrzehnte in einem elfgeschossigen Plattenbau in Berlin-Lichtenberg lebte – der Prototyp von 1970 steht heute in Neubrandenburg unter Denkmalschutz. Stallknecht ersann eine Vielzahl gestalterischer Lösungen, die im Hinblick auf Materialaufwand und Effektivität Maßstäbe setzten und manch innovative Züge trugen. Es lassen sich sogar Verbindungen zwischen den Plattenbauten der DDR und dem industriellen Wohnungsbau der zwanziger und dreißiger Jahre – der damaligen Avantgarde der Moderne – herstellen, einige der namhaftesten Architekten der DDR stammten aus dieser Bewegung.[7] Durch die Vermassung und schablonenhafte Nutzung für riesige Wohnkomplexe traten allerdings immer mehr das Einheitsgrau der Fassade und die Variationsarmut dieser Architektur in den Vordergrund. In der gesamten DDR wurden bis 1990 knapp 650 000 Wohneinheiten mit dem WBS-70-Modul gebaut.

Regelmäßig sah man in der *Aktuellen Kamera*, den Hauptnachrichten des DDR-Fernsehens, wie hochrangige Politfunktionäre irgendwo die x-hunderttausendste Wohnung übergaben, gern mit einem großen, aus Holz oder Pappmaché gefertigten Schlüssel, der an eine ausgesuchte sozialistische Modellfamilie überreicht wurde. »Wir bauen nach den neuesten wissenschaftlich-technischen Erfahrungen für den Sozialismus«, so war es auf dem Großplakat zum ersten Spatenstich in Lütten Klein am 2. November 1962 zu lesen. Nach Lütten Klein kam dann 1966 sogar der Staatsratsvorsitzende Walter Ulbricht mit seiner Frau Lotte angereist, um die Einweihung der ersten Kaufhalle zu feiern. Die Augenzeugen von damals erzählen, dass man in aller Schnelle den Rasen hatte begrünen müssen, weshalb man mit Schweinemist düngte, so dass es heftig stank. Sogar Apfelsinen habe es an diesem Tag in der Kaufhalle gegeben, allerdings seien diese wieder mitgenommen worden, als der Tross des Staatsratsvorsitzenden abzog. Da die Siegerpose im real existierenden Sozialismus zum guten Ton offizieller Verlautbarungen gehörte, wurde auch gern übertrieben und geschönt. Nach eigenen Angaben wurden bis zum Ende der DDR etwa drei Millionen Plattenbauwohnungen gebaut und übergeben; Zählungen nach der

Abb. 1: Spielplatz in Lütten Klein (1969)

Wende kamen allerdings auf weniger als zwei Millionen Einheiten Der Kraftakt war dennoch gewaltig: In Lütten Klein lebten schon 1972 32 800 Menschen, Ende des Jahrzehnts waren es dann über 40 000.

Sozialistische Lebensweise

Eine Plattenbausiedlung als lebenswerten Sozialraum wahrzunehmen ist für Menschen, die hohe Decken, Stuck und Eichenparkett, gewachsene Innenstädte oder gar das Häuschen im Grünen bevorzugen, kaum nachzuvollziehen. Die »Unwirtlichkeit unserer Städte« (Alexander Mitscherlich),[8] so möchte man meinen, muss dort zu Hause sein. Als »Arbeiterschließfächer« sind diese Neubausiedlungen bezeichnet worden, als »Fickzellen mit Fernheizungen« werden sie in einem Stück des Dramatikers Heiner Müller verspottet, der selbst in einer wohnte. Ganz so einfach ist es allerdings nicht, denn auch in diesen Wohnkomplexen organisierte sich das soziale Leben, machte sich Alltag breit, entwickelte sich ein spezifisches Wohnbewusstsein, wurde ein Gefühl von Fortschritt und Modernität ausgebildet, entstanden durchaus selbstbewusste Wohnmilieus. Anders als heute, wo man mit der »Platte« häufig abgehängte und sozial problematische Quartiere verbindet, waren es damals vielleicht nicht Sehnsuchtsorte für alle, aber doch attraktive Wohngegenden, in die Familien mit Kindern gerne zogen. Viele Bewohner sahen die innerstädtischen Mietskasernen – Ofenheizung, Klo auf halber Treppe etc. – als primitiv an und fühlten sich in den Neubaugebieten wohl, nicht entfremdet. Nicht unwichtig dürfte dabei gewesen sein, dass dort vielfach Menschen aus anderen Regionen angesiedelt wurden. Sie kamen als Zuzügler, um die Arbeitskräftenachfrage zu bedienen, und hatten einen anderen, weniger vergangenheitsgetränkten Blick auf die Städte, die sie bewohnten. Der Andrang auf die »Wohnungen mit Vollkomfort« war groß, die Wartelisten bei den Vergabestellen lang. Die soziologischen Untersuchungen der DDR zeigen dementsprechend eine hohe Wohnzufriedenheit, die sich auch auf das soziale Umfeld erstreckte,[9] wobei man darauf hinweisen muss, dass Untersuchungen zu den westdeutschen Großsiedlungen Ende der sechziger und Anfang der siebziger Jahre interessanterweise zu durchaus ähnlichen Ergebnissen kamen.[10]

Für Rostock selbst können wir auf eine Befragung zurückgreifen, die Anfang der achtziger Jahre unter Leitung des Kultur- und Stadtsoziologen Fred Staufenbiel von der Hochschule für Architektur und Bauwesen Weimar durchgeführt wurde. Staufenbiel schickte zwei Seminargruppen, ungefähr fünfzig junge Frauen und Männer, für vier Wochen nach Rostock. Die Stadt stellte kostenlose Unterkünfte in Lütten Kleiner Wohnheimen zur Verfügung, öffnete Zugänge zu den Institutionen und sorgte für die Verpflegung – diejenigen, die dabei waren, berichten von tollen Festen und einer aufregenden Zeit. Die Studierenden schwärmten täglich aus, um Interviews zu führen, Beobachtungen anzustellen, zu fotografieren, zu zeichnen und zu kartieren.[11] Da Befragungen als heikel galten und von den obersten Stellen genehmigt werden mussten, benannte man sie kurzerhand in »Einwohnergespräche« um. Die Daten des damaligen Surveys sind heute noch verfügbar. Danach zeigt sich in den Neubaugebieten Lütten Klein, Lichtenhagen und Schmarl eine große Wohnzufriedenheit und ein überwiegend positives Bild des Quartiers (Schaubild 1). Die Bewohner assoziieren Begriffe wie »sauber«, »übersichtlich«, »schön«, »einladend«, »weit«, »farbig«, »gemütlich« und »leise« mit ihren Wohngebieten, eher auf der Negativseite steht »einsam«. »Langweilig« ist das Attribut, das – insbesondere bei den Lütten Kleinern – hervorsticht.

Lütten Klein sollte von Anfang an mehr als eine Schlafstadt sein, auch wenn tagsüber die meisten Erwachsenen mit dem Bus oder der S-Bahn in die Betriebe pendelten – neunzig Prozent arbeiteten außerhalb des Wohngebiets. Als eher traditionell organisierte Arbeitsgesellschaft, in der die Betriebe eine zentrale Integrationsfunktion übernahmen und die Erwerbstätigkeit im Mittelpunkt stand, kannte die DDR keine Diversifizierung des Tätig-Seins, keine Auszeiten, keine freie Gestaltung des Tagesablaufs und auch keine Arbeitslosigkeit. Rentner gab es in Lütten Klein damals so gut wie keine, so dass die Straßen und die Häuser während des Arbeitstages weitgehend verwaist waren. Nachmit-

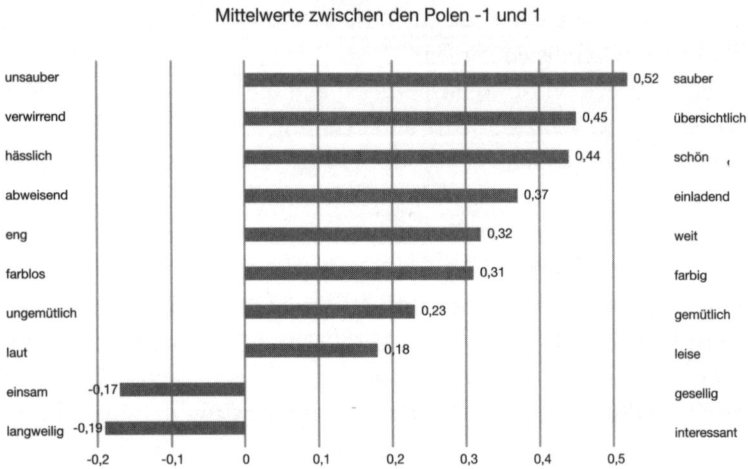

Schaubild 1: Beurteilung der Rostocker Neubaugebiete Lütten Klein, Lichtenhagen, Schmarl (1982). Datenquelle: Kuhn et al. 1983 (363 Befragte); eigene Auswertung

tags aber, wenn die Leute nach Hause kamen, erwachte das Leben, wurden Besorgungen gemacht, traf man die Menschen auf der Straße. Die DDR plante in ihren Vorzeigevierteln das gesamte Leben gleich mit: Kindergärten und Schulen, Einkaufsmöglichkeiten, Restaurants und Kulturhäuser. In der gut sortierten Kinder- und Jugendbibliothek in der Turkuer Straße lieh ich mir fast wöchentlich Bücher aus, am liebsten die in der DDR aufgelegte Jules-Verne-Reihe, später dann die grauen Dostojewski-Bände vom Aufbau-Verlag. In Lütten Klein gab es über den ganzen Stadtteil verteilt Kaufhallen, eine davon sogar mit Kinderbetreuung am Eingang. An etlichen Hausecken hatten die Erbauer sogenannte »Dienstleistungswürfel« hingesetzt, in denen staatliches Kleingewerbe, also Schuster, Schneider und Wäscherei, untergebracht waren. Im Kaufhaus Magnet konnte man von Kleidung bis zum Kühlschrank alles kaufen, was die DDR-Produktpalette hergab. Die Sparkasse der DDR, den Friseur und den Kinderzahnarzt hatte man in normale Wohnungen gesetzt. Das herausragende Bauwerk in Lütten Klein war (und ist) die Mehrzweckhalle, ein Bau mit originell gefalteter Dachkonstruktion des Architekten Ulrich Müther, die

Abb. 2: Die Mehrzweckhalle in Lütten Klein (1968)

Abb. 3: Die Selbstbedienungskaufhalle in der Mehrzweckhalle (1968)

bei ihrer Eröffnung 1968 als die »modernste Einkaufshalle unserer Republik« gefeiert wurde. Das futuristisch anmutende Gebäude beherbergte einen Kultursaal, ein Kinderkaufhaus, einen Fischladen und eine Kaufhalle. Davor standen ein Springbrunnen und ein großer Zeitungskiosk. Angrenzend an Lütten Klein wurde in den siebziger Jahren das parkähnliche Erholungsgebiet Fischerdorf eröffnet: Hier konnte man im Winter rodeln, im Sommer am Teich spazieren gehen und in einem reetgedeckten Restaurant zu Mittag essen. »Alles war da«, sagen die Bewohner noch heute. Man könnte von einer »Stadt der kurzen Wege« sprechen.

In der sozialistischen Stadt wurde die gesellschaftliche Nachfrage nach Kultur, Bildung, Erholung oder Sport so in die räumliche Ordnung eingepasst, dass es möglich war, auch die Lebensformen insgesamt zu vereinheitlichen. In Rostock versuchte man aber – anders als an vielen anderen Orten der DDR – den neuen Vierteln jeweils ein eigenes Gesicht zu geben. Lütten Klein war noch durch eine recht starre Blockstruktur geprägt, in den anderen, danach gebauten Wohngebieten wurden die Formen dann aufgelockerter, runder. Man versuchte sie um einen imaginierten Kern herum zu organisieren. Liest man die damaligen Überlegungen der Stadtplaner nach, stehen diese im Widerspruch zu den üblichen Verdikten der Einfallslosigkeit, des Mangels an architektonischem Ehrgeiz oder der einheitsgrauen Vermassung. Berichtet wird von den vielfältigen Kämpfen um den Einsatz von Klinkerelementen zur Fassadengestaltung, die die norddeutsche Backsteintradition aufnehmen, um die Auflockerung der Bebauungsstruktur, um begrünte Innenhöfe und Gärten, um boulevardähnliche Fußgängerzonen mit Wasserspielen, Geschäften und Erholungszonen. In Lichtenhagen integrierte man sogar Atelierwohnungen, um Künstler in die »Platte« zu holen und eine bessere Durchmischung zu erreichen. Die Ziele klingen auch heute noch edel:

> Wir wollten einen in der Struktur, in der grundsätzlichen Gestaltung und in der Erlebbarkeit unverwechselbaren Stadtteil schaffen. Er sollte durch regionale und landschaftsrespektierende Raumbezüge, stadtstrukturelle Zuordnungen und ortstypische Erinnerungen für die neuen Bewohner […] eine sich entwickelnde Identität mit dem Interesse an geschichtlichen Bezügen und Umfelder-

kundungen ermöglichen. Unsere Hoffnung war sogar ein Heimischwerden bis zu einem entstehenden Heimatgefühl.[12]

Interessanterweise spielte die Soziologie in den Überlegungen der Stadtplaner von damals schon frühzeitig eine große Rolle, es gab einen intensiven Austausch mit Wissenschaftlern der Universität Rostock. Man beschäftigte sich mit der Frage, wie auf der grünen Wiese und unter der Maßgabe modularisierter Bauweise lebenswerte Stadträume entstehen konnten; ein aus Experten zusammengesetzter Problemrat »Territorium und Lebensweise« erkundete die Fallstricke der sozialistischen Baukultur. Noch heute sagt der Architekt Christoph Weinhold, der nach wie vor in Lütten Klein lebt und von seinem Wohnzimmersessel aus den halben Stadtteil überblicken kann: »Lütten Klein ist eine Leistung, auf die man stolz sein kann, aber man muss diese Wohngebiete natürlich auch aus ihrer Zeit heraus verstehen.«

An unsere Wohnung kamen meine Eltern über die Poliklinik vor Ort, in der meine Mutter als Ärztin arbeitete, zuvor hatten wir in einem kleineren Apartment in Lütten Klein gelebt, das der Betrieb meines Vaters vermittelt hatte. Die Poliklinik »Salvador Allende« war ein leicht erhöht stehender Gebäudekomplex am östlichen Ende der Rigaer Straße, den die Planer errichten ließen, um die Gesundheitsversorgung in den Neubaugebieten sicherzustellen. Meine Mutter hatte einen kurzen Arbeitsweg, mein Vater war Abteilungsleiter in einem Schiffbaubetrieb und fuhr jeden Morgen mit dem Auto in den VEB. Alle drei Kinder, meine zwei älteren Schwestern und ich, gingen vor Ort in die 35. Polytechnische Oberschule. Meine Eltern, Jahrgang 1935 und 1940, hatten für ihre Generation typische Aufsteigerkarrieren gemacht. Sie gehörten zu den konformistischen Kohorten, denen die frühe DDR recht große Entwicklungsmöglichkeiten einräumte, wobei sie im Gegenzug Loyalität und Mitarbeit am sozialistischen Aufbauprojekt einforderte. Das Bewusstsein dafür, dass ohne die Existenz der DDR solche Bildungs- und Laufbahnchancen kaum hätten wahrgenommen werden können, nährte bei vielen in ihrer Generation die Bereitschaft, dem Staat die Stange zu halten. Meine Eltern waren somit echte Kinder der DDR, auch wenn mein Vater immer eine distanzierte Haltung zur Phrasenhaftigkeit der politischen Verlautbarungen einnahm und diese auch uns Kindern vermittelte. Indoktrination oder blinde Gefolgschaft habe ich bei uns zu Hause selten erlebt, eher Pragmatismus und ein Sich-Einfügen in die Verhältnisse. Zum 1. Mai hing bei uns die DDR-Fahne aus dem Küchenfenster, wurde dann aber schnell wieder eingerollt.

Unser tägliches Leben fand zumeist innerhalb der Koordinaten des Viertels statt. Wir Kinder sind, soweit ich mich erinnern kann, von Anfang an allein zur Schule gegangen, oftmals holten wir unterwegs noch Freunde ab. Im Norden und im Süden von Lütten Klein gab es jeweils vier große, in einem Karree angeordnete Schulen, in die früh am Morgen alle strömten. Auch am Nachmittag bewegten wir uns völlig frei im Viertel, um dann zum Abendessen wieder daheim zu sein. Unsere Freizeit verbrachten wir überwiegend in Lütten Klein, trafen uns zu Hause, spielten auf den Grünflächen Fußball oder blieben im Schulhort. Im Sommer nahmen wir allerdings oft die Räder und fuhren eine Viertelstunde bis zum Ostseestrand. Das exotischste Ereignis, an das ich mich erinnere, war ein Besuch des kubanischen Revolutionsführers Fidel Castro im Jahr 1972, der stehend im offenen Wagen auf der Stadtautobahn an uns winkenden Kindern vorüberfuhr. Ein imposanter Mann in Uniform, mit dichtem Bart und Militärkäppi – ein Kontrastprogramm zu den ihn umringenden graugesichtigen Funktionären in Anzug und Krawatte, aber auch zum Lütten Kleiner Plattenbau.

Zusammen wohnen

In der DDR gab es für die breite Masse der Bevölkerung kaum wohnbezogene Formen der sozialstrukturellen oder statusmäßigen Segregation – man wohnte zusammen und man wohnte gleich. Innerhalb der Großwohnsiedlungen sollte es besonders egalitär zugehen. Programmatisch heißt es in einer Schrift von damals: »Der Wohnkomplex einer Stadt im Sozialismus ist nicht durch Differenzierung nach Einkommensklassen, Berufsständen oder anderen Unterschieden gekennzeichnet [...]. Jeder wohnt unter den gleichen Bedingungen in den gleichen Wohnungen.«[13]

Natürlich gab es in der DDR auch Marginalisierte, die unter schlechter Ausstattung und gravierenden Mängeln ihrer Wohnungen litten, und auf der anderen Seite privilegierte Gruppen, die in alten Villenvierteln lebten oder sich ein Einfamilienhaus bauen konnten. Für die Masse der Werktätigen zeichnete jedoch die zentrale Wohnraumversorgung der DDR verantwortlich. Da es keinen freien Mietmarkt gab, wurde Wohnraum gleichsam zu einem – wortwörtlichen – Schlüsselgut, über das die DDR Verhalten prämierte. In Zusammenarbeit mit den Betrieben, die über eigene Kontingente Belegungsrechte vergeben konnten, siedelte man in den Neubaugebieten vorzugsweise Werktätige an, viele Facharbeiter und mittlere Angestellte sowie überdurchschnittlich viele Personen mit Hoch- und Fachschulabschlüssen, die zur technischen Dienstklasse der DDR zählten.[14] Die Nationale Volksarmee okkupierte in Lütten Klein einen ganzen Wohnblock, in dem Offiziere und zivile Angestellte der Marine lebten.

Die »Platte« versammelte alle Schichten, alle Berufsgruppen und stellte durch die standardisierten Lebenslagen und die geringe Varianz der Lebensformen Kohäsion zwischen unterschiedlichen sozialen Fraktionen her. Sie beseitigte Trennungslinien zwischen akademisch Qualifizierten, Facharbeitern, Angestellten sowie Un- und Angelernten und schuf ein schichtenübergreifendes »respektables Sozialmilieu«.[15] Unsere Nachbarn im Hochhaus waren Diplomingenieurinnen, Bäcker, Stahlschiffbauer, Lehrerinnen, Straßenbahnschaffner, Opernsänger, Sprachwissenschaftlerinnen, Seemänner, Sparkassenangestellte, Bauzeichnerinnen, NVA-Offiziere. Selbst Universitätsprofessoren, das Leitungspersonal sozialistischer Betriebe und höhere Politfunktionäre wohnten bei uns im Viertel. So konnte man – ohne dass dies in irgendeiner Weise als falsche Fraternisierung mit dem Volk der Werktätigen angesehen worden wäre – den Direktor einer Rostocker Werft aus einem Plattenbau herauskommen und in einen dunkelblauen Wolga mit Chauffeur einsteigen sehen.

Die Wohnraumbewirtschaftung unterlag politischen Maßgaben und keiner ökonomischen Regulierung über den Mietpreis oder einen Markt. Quadratmeterpreise von 80 Pfennigen bis 1,20 Mark der DDR und Energiepreise, die deutlich unter den Erzeugungskosten lagen, bedeuteten, dass die DDR ihre Musterviertel heftig subventionieren musste. Die Furcht, bei einer Anhebung der Preise und einer Annäherung an die realen Kosten von den Bürgern abgestraft zu werden, war zu groß. Dafür klopfte man sich oft und gerne auf die Schulter. In der *Ostseezeitung*, dem SED-Blatt des Bezirks Rostock, war im August des Jahres 1989 folgender Lobgesang auf die niedrigen Mieten zu lesen:

> Für die Bürger der Republik ist es von großer Bedeutung und ein Markenzeichen sozialistischer Wohnungspolitik, daß sie seit mehr als 40 Jahren stabil sind. Etwa 3 Prozent vom Nettoeinkommen eines Arbeiter- und Angestelltenhaushalts werden dafür verausgabt. Die Mieten decken rund ein Drittel der Bewirtschaftungskosten, die anderen zwei Drittel werden aus dem Staatshaushalt finanziert. [...] Der Vollständigkeit halber und nicht wegen der Polemik sei angemerkt, daß der Anteil der Wohnungsmieten am Familiennettoeinkommen in der BRD bis zu 50 Prozent beträgt [...].«[16]

Trotz der ökonomischen Stagnation klammerte man sich bis zuletzt an die Hoffnung, diese ökonomische Milchmädchenrechnung werde schon irgendwie aufgehen, obwohl die staatlichen Zuschüsse für das Wohnen kontinuierlich anstiegen.[17]

Die in den Neubaugebieten Stein gewordene Wohnungspolitik der DDR verschrieb sich einem Leitbild, das auf Vereinheitlichung setzte. Damit wurde ein städtebaulich verankertes Bezugssystem für die durch die Bürger zu erfüllenden gesellschaftlichen Rollen geschaffen, das auf Zusammenfügen und Konformismus, nicht auf Ausdifferenzierung und Individualisierung ausgerichtet war. Durch Einheitlichkeit entsteht jedoch noch kein Kollektiv. Als Gegengewicht zu den Vereinzelungsrisiken und zur Anonymität wurden vielfältige politisch gesteuerte Vereins- und Kollektivierungsformen initiiert. Die größeren Betriebe waren in den Wohnvierteln präsent, planten Veranstaltungen, übernahmen den Transfer zu den Arbeitsplätzen, organisierten die regelmäßigen Subbotniks (unbezahlte Arbeitseinsätze im Wohngebiet), nutzten mit ihren Betriebssportgruppen die Sportanlagen oder wurden Stadtteilpaten. Auch andere staatlich mandatierte Kollektive – vom Elternkollektiv in der Schule bis hin zur Hausgemeinschaft – waren fester Bestandteil des Alltagslebens. Sie fungierten als erweiterte Sozialisationsagenturen, die auf die Einbindung der Menschen achteten und das Leben jenseits der Arbeit nahezu konkurrenzlos bewirtschafteten. In den Häusern wurden Verantwortliche gewählt, es gab ein Hausbuch, in das sich Bewohner und Gäste eintragen mussten, die Flurwoche war üblich. In sogenannten Trockenräumen in den Aufgängen konnte man nach einem komplizierten Kalender seine Wäsche aufhängen. In diesen fensterlosen Räumen wurden auch die Hausversammlungen

Abb. 4: Wohnen im ersten Block von Lütten Klein (1966)

abgehalten, zu denen man seinen eigenen Stuhl mitbrachte und sich in einem Kreis zusammensetzte. Oder man feierte dort gemeinsam. Selbst Jugendpartys und Hochzeiten – mit Fischernetzdeko und Diskokugel – fanden im Trockenraum statt, wobei man aber tunlichst darauf achten musste, dass dort an diesem Tag keine nasse Wäsche hing.

Wohnen in der sozialistischen Stadt war damit nicht nur ein soziales Projekt, sondern im umfassenden Sinne ein gesellschaftspolitisches, das darauf ausgerichtet war, bestimmte Vorstellungen von Familienleben, Arbeit, Disziplin, Strebsamkeit und sozialistischer Tatkraft in der Breite zu etablieren. Der Plattensiedlungsbau und das durch ihn in Szene gesetzte soziokulturelle Integrationsmodell sorgten für eine besondere Form der Kollektivierung und der Durchsetzung der sogenannten sozialistischen Lebensweise, wobei die Lebensformen zugleich weitgehend dem kleinbürgerlichen Familienmodell verhaftet blieben.[18] Das Umpflanzen einer großen Zahl von Menschen in die sozialistischen Wohnkomplexe sollte auch die aus den Herkunftskontexten mitgebrachten Verhaltensweisen und Eigensinnigkeiten zurückdrängen. Von dieser *Sozialökologie des Wohnens* versprach man sich nicht weniger als einen Persönlichkeitswandel, der jeden Einzelnen auf seine gesellschaftliche Rolle festlegte und damit einen mehr oder weniger freiwilligen Verzicht auf Extravaganzen und Widerspruch bestärkte, so dass sich staatliche Nachstellungen und die Drohkulisse der Sicherheitsorgane vielleicht nicht erübrigten, aber doch weniger notwendig erschienen. Ein Individualisierungs- und Pluralisierungstrend, wie er sich in westlichen Gesellschaften in den siebziger und achtziger Jahren entfaltete,[19] ließ sich hier allenfalls rudimentär beobachten.

So trug die bauliche Vereinheitlichung des gesamten Sozialraums dazu bei, eine »Normalbevölkerung« zu erschaffen, in der zwar Privatheitsbedürfnisse entstanden (diese wurden vorzugsweise in den Kleingärten und Datschen ausgelebt), deren Möglichkeiten zur Ausbildung expressiver Lebensstile, zur kulturellen Stilisierung oder zur Pluralisierung jedoch begrenzt blieben. In der Dreiraumwohnung im WBS 70 saß dann auch der in die Jahre gekommene Chefarzt aus der Poliklinik, ein Mann mit Glatze, sonorer Stimme und professoralem Habitus, aber er wirkte wie ein Schauspieler, dem in seiner Rolle das richtige Bühnenbild abhandengekommen ist. Bei den meisten anderen, vor allem bei jenen, die es aus einfacheren Milieus zum Facharbeiter, Meister oder Ingenieur gebracht hatten, gelang die Einpassung recht problemlos. Sie gaben sich in der Regel mit den existierenden Möglichkeiten der Befriedigung materieller Bedürfnisse zufrieden und richteten sich ein. Viele von ihnen, insbesondere die Angestellten, adaptierten eine kleinbürgerliche Orientierung auf Ordnung, Sauberkeit und Auskommen, andere pflegten einen proletarischen Habitus, der etwas schnoddriger und rustikaler daherkam. Insgesamt dominierte eine konformistische Kultur, die Abweichung mit moralischem Rigorismus begegnete.

Wir Neubaukinder haben stets Unterschiede zu den Bewohnern der Altstadt wahrgenommen. Nicht unbedingt in Bezug auf Status oder Lebensstandard, eher im Hinblick auf die Wohnkultur und das soziale Selbstverständnis. Eine unsichtbare Grenze verlief zwischen diesen Lebenswelten, was nicht zuletzt daran lag, dass einem die Fahrt in die »Stadt« trotz der nur wenigen S-Bahn-Stationen bis dorthin immer wie eine mittelgroße Reise vorkam. Aber auch sonst war uns vieles fremd: So konnte man in der Innenstadt Wohnzimmer betreten, die nicht in Raumhöhe, -tiefe und -breite normiert und mit einer Schrankwand aus dem MDW-Möbelprogramm der DDR bestückt waren. Es gab Mansardenzimmer und Eichenschränke statt Holzfurnier, mitunter sogar Kronleuchter. Während sich im Neubau die Modularisierung in der Inneneinrichtung fortsetzte und so den Eindruck des Lebens nach Maß verstärkte, war die Ausstattung der Wohnungen im Altbau oftmals langsam gewachsen, nicht erst wenige Jahre, sondern Jahrzehnte alt. Oft handelte es sich um ein Sammelsurium aus alt und neu, das den Eindruck des Gelebten vermittelte, dem man im Neubaugebiet eher selten begegnete. Wenig überraschend zeigte sich auch ein Kontrast zwischen der recht positiven Binnenwahrnehmung in den DDR-Neubauvierteln und der Außensicht derer, die im Stadtzentrum wohnten und dort auch bleiben wollten.[20] Anders als bisweilen kolportiert, handelt es sich beim kritischen Blick auf Großsiedlungen nicht um eine Erfindung des Westens; auch in der DDR gab es verbreitete Kritik am Einheitsgrau der Plattenbauten.

Die Unterschiede in den Wohnformen waren zunächst äußerlich, aber es gab auch etwas im Habitus der Bewohner, das die »Altbaumenschen« von uns unterschied. Dazu trug sicher auch die soziale Selektivität derer bei, die sich vorstellen konnten, in einem auf der grünen Wiese aus dem Boden gestampften Neubauviertel zu leben. In der Altstadt wohnten in der Mehrzahl ältere Leute, Studierende und die Reste des Bürgertums. Richtige Bürgerkinder aus der Innenstadt traf ich erst, als ich anfing, als Jugendlicher ins Volkstheater Rostock zu gehen und dort am Jugendklub teilzunehmen. Allerdings war das »Refugiumsbürgertum«,[21] das man an den Elbhängen Dresdens oder in einigen Teilen Berlins besichtigen konnte, in der Hafenstadt Rostock trotz langer Universitätstradition eine allenfalls randständige und kleine Gruppe. In den Neubaugebieten hingegen wohnten vor allem die Werktätigen, die in den größeren Betrieben arbeiteten, Kinder hatten und nicht negativ aufgefallen waren. Besonders bei ihnen entwickelten sich Sozialformen und Mentalitäten, die – in idealisierter Weise, versteht sich – als typisch für die DDR angesehen werden konnten. Die Vergesellschaftung über das Wohnen führte zwar nicht zu einer »glücklichen Menschengemeinschaft«, dafür war der Grad der »Verplanung« und Kontrolle von allem und jedem viel zu weitreichend,[22] aber doch zu einem – in den Augen der Bewohner – zufriedenstellenden Leben mit umfassender öffentlicher Versorgung, organisierten sozialen Verkehrsformen und gelebter Nachbarschaft. Das gesellschaftspolitische Modell der Plattenbausiedlung zielte auf die soziokulturelle Integration der Werktätigen, ihr sozialer Ertrag bestand in der Schaffung respektabler und selbstbewusster Milieus,[23] in denen soziale und auch kulturelle Unterschiede weitgehend abgemildert waren.

2. Soziale Nivellierung und blockierte Mobilität

Gesellschaft der Gleichen oder sozialistische Ständegesellschaft?

Fragt man ehemalige DDR-Bürger heute, welcher sozialen Errungenschaft sie nachtrauern, so nennen viele die im Vergleich zur Bundesrepublik geringere soziale Ungleichheit. Zwar findet man kaum jemanden, der sich für ein System der absoluten Gleichheit ausspricht, aber ein engeres Beieinanderstehen der sozialen Gruppen und eine relative Gleichheit der Lebensverhältnisse werden als positiv empfunden. Die Älteren unter meinen Gesprächspartnern berichten, dass »niemand sich über andere erhob« und dass »man im Grunde gleichgestellt« war. Mit Blick auf eigene biografische Erfahrungen heben sie hervor, die Menschen seien nicht so materialistisch eingestellt gewesen und hätten weniger aufs Geld geschaut, es habe ein größeres Gemeinschaftsgefühl geherrscht und niemand habe befürchten müssen, sozial abzustürzen. Natürlich schwingt in jeder Erinnerung an das, was einmal war und unwiederbringlich verloren gegangen ist, etwas Wehmut oder gar »Einstweh« (Botho Strauß) mit, und vieles wird im Rückspiegel idealisiert, so dass das damalige Erleben und das heute Erinnern nicht deckungsgleich sein dürften.

Die Erinnerung an die DDR-Gesellschaft trügt allerdings nicht vollends, auch wenn sie nur einen Teil der Verhältnisse spiegeln mag. In der DDR spielte die normative Selbstbindung an gesellschaftliche Gleichheitsziele eine große Rolle, der erreichte Grad an sozialer Egalität galt sogar als Fortschrittsmaß der sozialistischen Gesellschaft. Die DDR hat zwar nicht die klassenlose Gesellschaft eingeführt, sich aber doch darangemacht, gravierende materielle Ungleichheiten zu beseitigen. Die Enteignungswellen in der sowjetischen Besatzungszone und in den ersten Jahren der DDR, die Verstaatlichung großer Bereiche sowie die begrenzten Möglichkeiten der Vermögensbildung wirkten der Entstehung von Besitzklassen im Sinne des Soziologen Max Weber entgegen. Das Eigentum an Immobilien, Luxusgütern oder Produktionsmitteln war kein hervorstechendes gesellschaftliches Differenzierungskriterium, das eine Statusordnung begründet hätte. Als privilegiert galten diejenigen, denen ein Häuschen an der Ostsee gehörte oder zugeschanzt wurde. Wer sich dennoch von anderen absetzen wollte, wurde schnell mit Konsumengpässen konfrontiert, dem uniformen Angebot und der begrenzten Produktpalette. In vielen wichtigen Bereichen, etwa im Wohnungswesen, beim Zugang zu Urlaubsplätzen oder bei der Bildung, spielte Geld nur eine untergeordnete Rolle und wurde von anderen, eher politischen Distributionsmodi überlagert. Was in der Erinnerung als Gesellschaft der Gleichen erscheint, war eine »nach unten hin nivellierte Gesellschaft«.[1] Die Einkommensspreizung war insgesamt gering, die Haushaltseinkommen clusterten entsprechend auf einem niedrigen Niveau (Schaubild 2). Das reale Einkommensniveau lag Mitte der achtziger Jahre bei nur fünfzig Prozent des bundesdeutschen Werts. Die Mark der DDR war eine nichtkonvertierbare Binnenwährung, den Umtauschkurs für Besucher aus der Bundesrepublik hatte die Regierung auf 1:1 festgelegt, in den Wechselstuben am Kurfürstendamm bekam man für eine D-Mark vier Mark der DDR. Beim Kaufkraftvergleich, der das tatsächliche Preisniveau anhand von Warenkörben ermittelt, ergab sich aufgrund der Subventionierung und der staatlichen Festlegung der Preise für Waren des täglichen Bedarfs aber eine Relation von etwa 1:1.[2] Aufgrund dieser Preisgestaltung und wegen des Rechts und der Pflicht zur Erwerbstätigkeit gab es in der DDR kaum absolute Armut, selbst wenn viele Rentner und Frauen in schlecht bezahlten Berufen ein eher kümmerliches Dasein fristeten. Am oberen Ende der Sozialstruktur waren die Distinktionsmöglichkeiten im Hinblick auf die materiellen Lebensbedingungen überschaubar. Auch kulturell kam es zu einer Nivellierung, weil die Machteliten und die aufgestiegenen Dienstklassen recht einfache, aus ihren Herkunftsmilieus stammende Lebensstile pflegten, die auf das Praktische und den Gebrauchswert von Dingen hin ausgelegt waren. Gehobene Lebensstile, erhabener Geschmack oder Weltläufigkeit waren jedenfalls keine so-

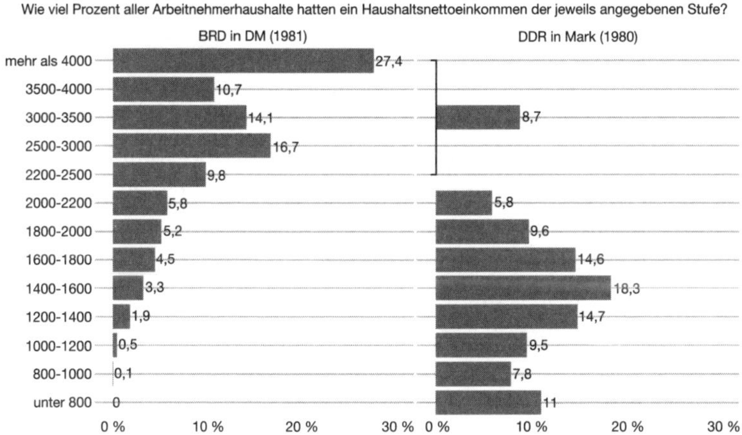

Schaubild 2: Einkommensverteilung in der BRD und in der DDR (Haushaltsnettoeinkommen, Angaben in Prozent aller Haushalte). Hinweis: Angaben ohne Kaufkraftbereinigung. Datenquelle: Bundesministerium für innerdeutsche Beziehungen 1986; eigene Darstellung

ziale Währung, an der sich Schichtabstufungen festmachen ließen oder die eine gesellschaftliche Lenkwirkung übernommen hätte.

Der sozialstrukturelle Egalitarismus bescherte der DDR einige Probleme, was auch die ansonsten mit vielen Erkenntnistabus konfrontierte sozialistische Sozialforschung erkannte. Manfred Lötsch wies beispielsweise auf die Spannung zwischen sozialer Gleichheit und wirtschaftlichen Effizienzanforderungen hin. Er fragte, wie angesichts der technisch-ökonomischen Entwicklung eine Sozialstruktur verfasst sein müsse, um hinreichend Motivation für hohe Produktivität hervorzurufen, Humankapital zu entwickeln und eine effiziente Allokation von Talenten in gesellschaftliche Positionen sicherzustellen. Die Antwort war für die vom Gleichheitsprimat geprägte sozialistische Gesellschaft in gewisser Weise ernüchternd, gelangte der DDR-Soziologe Lötsch doch zu dem Befund, die »Einkommens- und Belohnungsnivellierungen über Leistungsunterschiede hinweg« würden zu »suboptimalen Strukturen« führen.[3] Eine moderne Wirtschaftsstruktur benötige nicht nur eine arbeitsteilige Organisation der Produktion, sondern auch ein gewisses Maß an ungleicher Belohnung, um Leistung zu stimulieren. Das waren keine rein theoretischen Probleme, sie hatten einen realen Hintergrund: Eine in den späten sechziger Jahren durchgeführte repräsentative Befragung von über 900 Montagearbeitern zeigte eine hohe Unzufriedenheit mit den Leistungsnormen und der Lohnhöhe. Fast 60 Prozent der Befragten meinten, über das berufliche Fortkommen würden vor allem politische Aktivitäten entscheiden, nur 22 Prozent betrachteten berufliches Können als ausschlaggebend.[4] Unter diesen Bedingungen war das Interesse an Leistung und Aufstieg selbstredend erheblich eingeschränkt, das sozialistische Projekt drohte zu stagnieren.

Die Kritik am Egalitarismus war allerdings nicht gleichbedeutend mit einer Bejahung der Leistungsgesellschaft westlichen Typs. Es ging bei diesen gedanklichen Lockerungsübungen auch nicht um große oder gar exzessive Ungleichheiten, sondern immer um ein »gewisses Maß«, die Verbreiterung eines Korridors. Die »Sieghaftigkeit« des Sozialismus, so Lötsch, stehe auf dem Spiel, würde man Ungleichheit als gesellschaftliche Triebkraft vollends negieren und das Augenmerk einzig und allein darauf richten, ökonomische Statusdifferenzen einzuebnen.

Mag sich hinsichtlich Einkommen und Lebensstandard das Bild einer nivellierten Gesellschaft zeichnen lassen, stellten sich die Verhältnisse bei der Verteilung der politischen Macht ganz anders dar. Die sich selbst als »Diktatur des Proletariats« apostrophierende DDR war eine Gesellschaft der extremen Machtkonzentration, in der eine zahlenmäßig kleine Führungsgruppe im Partei- und Staatsapparat den Ton angab und das Land von einem Zentrum aus steuerte. Hier galt, in abgewandelter Form, ein Aphorismus aus George Orwells *Farm der Tiere*: »In der DDR sind alle Menschen gleich, aber manche sind gleicher.« Kurz nach dem Zusammenbruch hat der ostdeutsche Soziologe Artur Meier die DDR mit etwas Übertreibung als sozialistische Ständegesellschaft beschrieben.[5] An der Spitze der Pyramide habe die Funktionselite von Partei und Staat gestanden, ein sozialistischer Adelsstand sozusagen, darunter die Bediensteten der Bürokratie und der vielfältigen »Apparate«. Gemeinsam hätten diese beiden Gruppen Herrschaftsinteressen durchgesetzt und das gesamte soziale Leben einheitlichen Regeln unterworfen. Es handelte sich um ein sehr starres Positionssystem, das einer vor allem männlichen und zudem stark überalterten Gruppe die Macht sicherte. Die Rekrutierung dieser Eliten beruhte nicht auf einer offenen Auswahl der Fähigen, vielmehr wurden wichtige Machtpositionen vor allem mit Personen aus Familien mit nachgewiesener Parteitreue und entsprechendem Leumund besetzt.[6] Über die Zeit nahm der Anteil der Personen mit Arbeiterherkunft in der Elitegruppe erkennbar immer weiter ab, während die Kinder aus Familien mit höherem Sozialstatus, SED-Bindung und hohem kulturellen Kapital deutlich bevorzugt waren.[7] Am 1. Mai jeden Jahres waren die Bürgerinnen und Bürger aufgefordert, an den Ehrentribünen der »Erhabenen« – so der Schriftsteller Stefan Heym in seiner Rede auf der Kundgebung am 4. November 1989 auf dem Alexanderplatz – vorbeizuziehen, so dass alle sehen konnten, wer die Oberen waren und wer die Subalternen.

Hofierung der Arbeiterklasse

Da die DDR sich selbst als Arbeiter-und-Bauern-Staat verstand und diese Klassen – zumindest in der politischen Rhetorik – einen gesellschaftlichen Führungsanspruch behaupteten, wurden andererseits vielfältige Anstrengungen unternommen, um die Privilegien der bürgerlichen Klassen zu brechen. Nicht nur verzichtete man auf viele der moralischen, ästhetischen und politischen »Relikte« der bürgerlichen Gesellschaft, es wurde auch viel getan, um sichtbare Besserstellungen zu vermeiden. Wer das, was er hatte, zu ostentativ zur Schau trug, konnte sicher sein, dass der Staat genauer hinsah. Betroffen waren davon die Überbleibsel des Besitz- und Bildungsbürgertums, aber ebenso Teile der wissenschaftlich-technischen Intelligenz, also die Leistungsträger in Wirtschaft und Wissenschaft, auch wenn die DDR auf die Mitwirkung bestimmter Professionen nicht vollends verzichten mochte. Der Arbeiterschaft hingegen wurde besondere Aufmerksamkeit zuteil, sie wurde statusmäßig aufgewertet. Industriearbeiter verdienten deutlich mehr als Angestellte mit ähnlicher formaler Qualifikation; der Nettolohnabstand zwischen Produktionsarbeitern und den Hoch- und

Fachschulabsolventen in der Industrie betrug Ende der achtziger Jahre gerade mal 15 Prozent – in Westdeutschland waren es 70.[8] Im Bemühen, eine Annäherung auch niederer Tätigkeiten an den Durchschnittslohn zu erreichen, wurden untere Lohn- und Gehaltsgruppen sukzessive beseitigt und viele einfache Tätigkeiten zu Facharbeitertätigkeiten »erhoben«. Eine Ausnahme von diesem egalitären Bild stellten Leitungskader in wichtigen gesellschaftlichen Sektoren sowie Angehörige der Machtsicherungseliten im Parteiapparat, den »bewaffneten Organen« und der Staatssicherheit dar. Die Gehälter im Ministerium für Staatssicherheit (MfS) lagen zwischen fünfzig und hundert Prozent über dem Durchschnitt,[9] was auch damit zu tun hatte, dass diese Organisation sich als »Schild und Schwert« der Partei der Arbeiterklasse verstand.

Kulturell war die DDR eine durch und durch »arbeiterliche Gesellschaft«,[10] in der tätige Arbeit, Betriebsbindung und Facharbeiterkultur besondere Wertschätzung erfuhren. »Wir waren alle Werktätige, Arbeiterklasse«, sagt Rita, heute 72 Jahre alt, und wenn man sie danach fragt, was das bedeutete, kommt sie sofort auf den Betrieb, das frühe Aufstehen, die körperliche Arbeit und die Produktionsstätten zu sprechen. Sie war mehr als dreißig Jahre lang in einer Werkstatt des Fischkombinats Rostock tätig und schwärmt noch heute vom Zusammenhalt der Kollegen, auch wenn es durchaus mal härter zur Sache gegangen sei: »Das hat uns damals nichts ausgemacht, am Ende hat man sich wieder vertragen. Wenn ich heute mal jemanden von damals treffe, ist das alte Gefühl von Zugehörigkeit wieder da. Wir haben immer gemeinsam zugepackt.«

Durchstöbert man Kinder- und Schulbücher der DDR, alte Tageszeitungen oder politische Verlautbarungen, stößt man auf einen Kult der Arbeiterlichkeit und eine Heroisierung körperlicher Arbeit. Überall wurde die Sozialfigur des Arbeiters (mitunter auch der Arbeiterin, dann gerne als Kranführerin) zum Idealbild der sozialistischen Lebensweise stilisiert. Andreas Dresens Film über Gerhard Gundermann, den »singenden Baggerfahrer aus der Lausitz«, rückt nahe an diese Lebensform heran, die irgendwie zur DNA des DDR-Selbstverständnisses wurde. Die bürgerliche Lebensweise, die in kleineren Zirkeln noch gepflegt wurde, kam in den offiziellen Texten und Bildern nur äußerst selten vor.

Schon Schüler und Studierende wurden flächendeckend an die Produktion herangeführt. Als Schüler mussten wir ab der siebten Klasse nicht nur das Fach »Einführung in die sozialistische Produktion« (ESP) absolvieren, jede zweite Woche stand die »Produktive Arbeit« (PA) auf dem Stundenplan, ein Unterrichtstag, den wir im alten Stadthafen in einer Werkhalle verbrachten. Wir standen dort mit Säge und Feile an Schraubstöcken und fertigten Erdungslaschen, die man für Blitzableiter auf Schiffen benötigte – alles mit dem Zweck, frühzeitig einen Kontakt zur Arbeitswelt herzustellen. Jede Klasse hatte eine Patenbrigade in den Volkseigenen Betrieben (VEB), die von der Arbeit in der sozialistischen Produktion berichtete und die man regelmäßig in der Fabrik besuchte. Für Studierende kamen später die obligatorischen Arbeitseinsätze bei der Ernte oder in den Produktionshallen hinzu. Überall ging es darum, keinen habituellen und kulturellen Abstand zwischen der Arbeiterklasse und den Heranwachsenden zuzulassen. So erzog man uns einen gewissen Arbeiterstolz an. Jeder sollte vom proletarischen Habitus infiziert werden; reine Kopf- und Geistesmenschen waren nicht sonderlich willkommen.

Die Arbeiterklasse wurde in der DDR recht umfassend verstanden, sie galt als der entscheidende Träger politischer Macht. Zu ihr gehörten »all jene Werktätigen der sozialistischen Gesellschaft, die durch ihre körperliche und geistige Arbeit den auf dem gesellschaftlichen Eigentum beruhenden materiellen Reproduktionsprozeß unmittelbar vollziehen«,[11] wobei diese Definition vieles offenlässt. Oft wurde die Definition von Arbeiterklasse so ausgeweitet, dass auch die politischen Apparate von Staat und Partei sowie die bewaffneten Organe darunter fielen, zwischen Arbeitern und Angestellten wurde nicht unterschieden. Untersuchungen auf Basis der offiziellen Definition klassifizierten immerhin 81 Prozent der Bevölkerung als der Arbeiterklasse zugehörig.[12] Da steckt ohne Zweifel viel Ideologie drin. In der DDR verfertigte soziologische Studien zeigen allerdings eindrucksvoll, dass es in der gesamten Werktätigenschaft auch subjektiv eine starke Identifikation mit der Arbeiterklasse gab. In einer Befragung aus den siebziger Jahren ordneten sich nicht nur klassische Produktionsarbeiter, sondern auch das Verwaltungspersonal, Ingenieurinnen und »Leitungskader« mehrheitlich der Arbeiterklasse zu.[13] Wir wissen nicht, was die Beweggründe dafür waren, aber es ist bemerkenswert, wie viele Gruppen sich von der Etikettierung als Arbeiterklasse eingemeinden ließen.

Abb. 5: Arbeiterinnen im VEB Schiffselektronik Rostock (1978)

Dieser stark aufgeladene Begriff wirkte wie ein semantischer Regenschirm, unter dem alle Platz finden konnten – ganz so wie heute der Begriff der Mittelschicht.

Man muss dabei allerdings berücksichtigen, dass es kulturell keine so starke gesellschaftliche Trennung zwischen den Gebildeten und Höherqualifizierten auf der einen Seite und den Facharbeitern oder einfachen Angestellten auf der anderen Seite gab. In Arbeiterhaushalten wurde ebenfalls gelesen. Auch dort konnte man in den Regalen Werke von Christa Wolf, Anna Seghers oder Bertolt Brecht finden. Literatur war gewissermaßen »Weltersatz«, aber zugleich war die DDR auch ein selbsterklärtes »Leseland« und ermunterte zur breiten Teilhabe an Kultur (was interessanterweise auch Teile des bürgerlichen Kanons einschloss). Sie förderte den Zugang zur Literatur sogar am Arbeitsplatz.[14] In mittleren und größeren Betrieben gab es Betriebs- oder Gewerkschaftsbibliotheken, nicht selten mit hauptamtlichem bibliothekarischem Personal. In einer Befragung fünf Jahre nach der Wende gaben 38 Prozent der Westdeutschen, aber nur 16 Prozent der Ostdeutschen an, noch nie in einer Bibliothek gewesen zu sein.[15] Nach dem kulturpolitischen Schwenk des »Bitterfelder Weges«, der eine enge politische Bindung von Künstlern und Arbeiterklasse vorschrieb und künstlerisches Schaffen auch in die Betriebe bringen wollte, gründete man in vielen VEB – die Reminiszenzen an Majakowskis »Sendschreiben an die proletarischen Dichter« sind unverkennbar – Zirkel schreibender Arbeiter. Ich war als Lehrling selbst in einem aktiv und durfte ein Gedicht im *Scheinwerfer*, der Betriebszeitung des VEB Schiffselektronik, veröffentlichen, das hoffentlich in den Archiven nicht mehr auffindbar ist.

Eine andere Seite dieser »Hofierung der Arbeiterklasse« (Manfred Lötsch)[16] zeigte sich in den Betrieben selbst, wo Vertreter der Arbeiterklasse ihren Vorgesetzten durchaus selbstbewusst gegenübertraten. Infragestellungen der Partei- und Staatsführung und der aktuellen Beschlusslage waren zwar tabu, doch mit Kritik bis hin zur Beschimpfung von Leitungspersonal waren die DDR-Werktätigen nicht sparsam. Vor allem Industriearbeiter, die ein ausgeprägtes Standesbewusstsein hatten, beriefen sich gerne auf ihre Rolle als »herrschende Klasse«, wenn es darum ging, ihrem Ärger Luft zu machen. So hatten Arbeiterinnen und Arbeiter im betrieblichen Geschehen eine Stimme und konnten mit Arbeitszurückhaltung, selbstbestimmtem Feierabend und Widerspruch Druck auf ihre Vorgesetzten aufbauen. Der Defa-Klassiker *Spur der Steine* mit Manfred Krug gibt einen Eindruck vom Duldungswillen der Apparate gegenüber dem alltäglichen und durchaus robusten arbeiterlichen Habitus. Gerade weil es angesichts der geringen Entlohnungsunterschiede wenig Anreize gab aufzusteigen und weil eine Entlassung de facto keine Option war, blieben Aufmüpfigkeiten oft ungeahndet. »Wer uns aus der Chefetage dumm kam, den ließen wir schnell auflaufen«, berichtet ein ehemaliger Werftarbeiter, der noch heute mit »denen da oben« hadert. »In der DDR konnte man seinen Vorgesetzten beleidigen, ohne daß man Ärger bekam, aber die Partei- und Staatsführung eben nicht. Im Westen war es genau andersherum.« Gegenüber dem »Wasserkopf«, wie die Leitungsebene gern genannt wurde, gab es unter den Arbeitern erhebliche Vorbehalte. Respekt verschafften sich vor allem jene Angehörigen der Dienstklasse, die technisch geschult und fachlich ebenbürtig waren.[17]

Angesichts der Selbstbeschreibung als »Diktatur des Proletariats« war die DDR-Führung stets darauf erpicht, den Eindruck zu vermeiden, es käme zur Ausbildung einer neuen dominanten Schicht der wissenschaftlich-technischen Intelligenz. Damals wiesen alle Zeichen in Richtung einer Wissensgesellschaft, von welcher der amerikanische Sozialwissenschaftler Daniel Bell behauptete, Experten und Wissensarbeiter würden darin das Ruder übernehmen.[18] Die Ungarn György Konrád und Iván Szelényi hatten in einer viel beachteten Studie aus dem Jahr 1978 die These aufgestellt, das Dogma der Arbeitermacht sei nur ideologischer Etikettenschwindel und die Intelligenz befände sich schon allein aufgrund funktionaler Erfordernisse auf dem Weg zur Klassenmacht.[19] Die Mitglieder verfügten über spezialisiertes Wissen, das ihnen eine Vorrangstellung bei der rationalen Gestaltung sozialer Verteilungsprozesse einräume – sie seien die eigentlichen »Redistributoren«, nicht die Arbeiterklasse. Ein solches Szenario sprengte natürlich alle marxistischen Ketten und muss den DDR-Ideologen höchst problematisch vorgekommen sein. In den theoretischen Diskussionen innerhalb des Ostblocks wurde auch in Reaktion darauf die Frage aufgeworfen, ob nicht die »Intelligenz« – als Sammelbegriff für die Inhaber höherer Qualifikationen – zur Arbeiterklasse dazugezählt werden müsse, als intellektuelles Proletariat gewissermaßen. Mit der wachsenden Bedeutung der geistigen Arbeit im Produktionsprozess, so die Überlegung, sei es ohnehin problematisch, die Intelligenz als eigenständige Sozialstrukturgruppe abzugrenzen.[20] Diese Vorstellung lief darauf hinaus, die Unterschiede zwischen den Gruppen gleich ganz auszuradieren.

Während es unter Walter Ulbricht, von 1950 bis zu seiner Entmachtung 1971 mächtigster Politiker der DDR, zur Herausbildung und tendenziellen Verfestigung einer akademisch-technischen Elite gekommen war, versuchte Erich Honecker ab Anfang der siebziger Jahre gegenzusteuern und den Charakter des Arbeiter-und-Bauern-Staates wieder stärker hervorzukehren. Ulbricht hatte der folgebereiten »Intelligenz« einige, aber in der Summe doch bescheidene Privilegien zukommen lassen, um sie an die DDR zu binden. Der gelernte Dachdecker Honecker hingegen verstand sich vor allem als Vertreter der Interessen der Arbeiterschaft. Es bereitete ihm Sorge, dass junge Leute verstärkt an die Universitäten und Fachhochschulen strebten. Er drang darauf, die einfachen Arbeiterinnen und Arbeiter aufzuwerten und ihnen Wohltaten angedeihen zu lassen. Gerade weil viele Mitglieder des Führungszirkels selbst aus einfachen Milieus stammten, versuchten sie, den Anschein eines gesellschaftlichen Gefälles zu vermeiden, und verknappten den Zugang zu höherer Bildung und höheren Qualifikationen. Gegen den internationalen Trend drosselte die DDR den Ausbau von Erweiterten Oberschulen und Universitäten.

Brechung des Bildungsprivilegs?

Verbunden mit dem Thema der Ungleichheit ist die Frage nach den Prinzipien sozialer Mobilität. Auch hier gab es tiefe politische Eingriffe, die sich ebenfalls aus dem Selbstverständnis als Arbeiter-und-Bauern-Staat ableiteten und welche ein neuartiges Regime der Statusproduktion etablieren sollten. Vor allem in der frühen Phase der DDR kam es zu einer Öffnung von Mobilitätskanälen, von der einfache ländliche und städtische Schichten profitierten, deren Kinder nun neue Möglichkeiten erhielten. Da die Elitendiskontinuität im Übergang vom Dritten Reich zur Nachkriegsordnung in Ostdeutschland deutlich größer war als im Westen und die massenhafte Abwanderung von Fach- und Führungskräften zahlreiche Vakanzen hinterlassen hatte, entstand ein wahrer Mobilitätssog nach oben. So konnten die Ambitionen der ersten und zweiten DDR-Generation befriedigt werden, indem ganze Kohorten aus arbeitnehmerischen und kleinbürgerlichen Schichten in mittlere und höhere Positionen gelangten.

Zur Förderung von Menschen aus einfachen Verhältnissen schuf die DDR-Regierung schon 1949 eigene Vorstudienanstalten: die Arbeiter-und-Bauern-Fakultäten (ABF), die explizit zur »Brechung des Bildungsprivilegs« und zur Vorbereitung von Arbeiter- und Bauernkindern auf ein Hochschulstudium gedacht waren, wobei die politische Funktion einer systemtreuen Sozialisation hinzutrat. Mitunter werden die ABF auch als Teil eines umfassenden Sowjetisierungsprozesses in der DDR interpretiert.[21] Diese Einrichtungen existierten in vielen Universitätsstädten bis Anfang der sechziger Jahre und führten mehr als 30 000 junge Menschen zu einem Hochschulstudium. Kundige Beobachterinnen beschreiben die ABF als ein zumindest in der deutschen Bildungsgeschichte einmaliges »pädagogisches Großexperiment«, wobei die Gesamtbewertung eher zurückhaltend ausfällt.[22]

Dennoch gelang es vielen Absolventinnen und Absolventen – meine Eltern besuchten beide die ABF in Halle und lernten sich dort kennen –, mindestens in mittlere gesellschaftliche Ränge aufzusteigen. Für meinen Vater, der zuvor als Forstarbeiter tätig gewesen war, und für meine Mutter, die als Flüchtlingskind aus Ostpreußen an der ABF für ein Auslandsstudium vorbereitet wurde (sie ging dann zum Medizinstudium nach Rumänien), waren diese Jugenderfahrungen mit Internatsunterbringung sehr prägend. Der als Kulturfunktionär linientreue und zweifelhaft agierende DDR-Schriftsteller Hermann Kant hat mit seinem Roman *Die Aula* (1965) der gesamten ABF-Bewegung ein Denkmal gesetzt, das die DDR-Wahrnehmung dieser Bildungsanstalten prägte, nicht zuletzt weil der Roman zur Schulpflichtlektüre gehörte und auf durchaus raffinierte Weise den Grundton der Ironie mit dem Pathos des sozialistischen Aufbruchs verband. Zugleich kann man Kant – trotz aller ideologischen Begriffsklammern des Buchs – das Verdienst zuerkennen, das Thema des Bildungsaufstiegs im deutschen Sprachraum literarisch salonfähig gemacht zu haben.

In den späteren Jahren der DDR setzte man dann nicht mehr auf solche Sondereinrichtungen, sondern auf ein Delegierungs- und Auswahlsystem an den Übergängen von der Polytechnischen Oberschule zum Abitur und vom Abitur zur Hochschule. »Berufslenkung« war ein in der DDR oft gebrauchtes Wort. Dabei wurden für die Auswahl verstärkt extrafunktionale Kriterien in Anschlag gebracht, etwa die politische Einstellung oder spätere Berufswünsche. Entscheidende Türsteher waren hier Lehrer und Schulleitungen, auf deren Empfehlungen es ankam. Die Auswahl nahmen sie im Auftrag staatlicher Stellen vor; dabei waren sie oftmals gezwungen, ihre eigenen fachlichen Bewertungen hintanzustellen. Unsere Klassenlehrerin setzte jedenfalls alles daran, deutlich zu machen, dass nicht sie die Empfehlungsentscheidungen treffe, sondern höhere Instanzen, deren verlängerter Arm sie sei.

Ich kann mich daran erinnern, dass wir zu Hause diskutierten, warum in meiner und den Klassen meiner Schwestern bestimmte Schüler nach der Zehnten für weiterführende Schulen empfohlen wurden. Es war praktisch selbstverständlich, dass man für die Plausibilisierung auch politische Kriterien heranzog, etwa dass der Vater eines Jungen zur SED-Bezirksleitung gehörte, dass sich jemand als Berufssoldat verpflichtet hatte oder Ähnliches. Offiziell sprach man von »politisch-moralischer« und »charakterlicher Reife«. Solange es sich nur um leichte Verzerrungen der Leistungshierarchie handelte, erschien das nicht weiter problematisch. Unmut gab es vor allem, wenn offensichtlich schlechte Schüler bevorzugt wurden. In unseren Klassen erhielten von knapp dreißig Kindern gerade mal zwei bis drei eine Empfehlung für die Erweiterte Oberschule, so dass Lehrer gut daran taten, frühzeitig zu signalisieren, wen sie dafür im Auge hatten.

Die DDR war in dieser historischen Phase möglicherweise das einzige entwickelte Land, das über die Zeit seinen Studierendenanteil verringerte. Noch unter Ulbricht verlief die Entwicklung der Studierendenzahlen in der DDR ähnlich wie in der Bundesrepublik, danach ging sie deutlich zurück (Tabelle 1). Die formale Bildung für die Masse war zwar recht gut, eine Verbreiterung der Spitze allerdings nicht erwünscht. Man setzte nicht auf Bildungsexpansion und einen Ausbau des Hochschulsystems, sondern beschränkte den Zugang zu hochschulischer Bildung. Die Studierendenquote der DDR war deshalb zum Zeitpunkt des Mauerfalls gerade einmal halb so hoch wie im Westen. Stattdessen konzentrierte man sich auf das berufliche Ausbildungssystem. Auch die heute vorherrschende Orientierung auf die Hochschulreife gab es damals nicht. In unserer Klasse blickte die große Mehrheit, die eine Berufsausbildung anstrebte, verächtlich auf die »Streber«, und es war schwer zu vermitteln, warum man weiter die Schulbank drücken sollte, wenn es doch darum ging, schnell Geld zu verdienen und auf eigenen Füßen zu stehen. Ein Hochschulstudium erschien nicht allen als Gipfel des Glücks, was sicherlich auch damit zu tun hatte, dass die damit verbundenen Einkommensgewinne marginal blieben (ein Argument, das noch stärker zu Buche schlägt, wenn man die längere Bildungsphase einrechnet).

	Zahl der Studierenden (je 10000 Einwohner)		**Anteil der Studienanfänger bezogen auf die entsprechende Altersgruppe (in Prozent)**	
	Ost	**West**	**Ost**	**West**
1965	65,5	66,0	15,7	13,3
1970	83,9	84,0	17,0	15,4
1975	81,4	135,0	13,0	19,5
1980	77,5	169,0	11,1	19,4

Tabelle 1: Zahl und Anteil der Studierenden in der DDR und der BRD.
Quelle: Bundesministerium für innerdeutsche Beziehungen 1986: Kap. 7

Fallen der Status(re)produktion

Dennoch sorgten sich vor allem die Aufsteigergenerationen und die wissenschaftlich-technische Intelligenz darum, dass ihre Kinder gut unterkamen. Der zusammengeschnürte Flaschenhals zur hochschulischen Bildung wurde für sie zum Problem. Das Paradoxe an einem auf die Förderung der Arbeiterklasse ausgerichteten Mobilitätsmodell besteht darin, dass es in jeder Generation eine völlige Umkehr der Statusordnung verlangt. Aufstieg ist immer nur in einem Generationenübergang vorgesehen. Ist dieser vollzogen, greift wieder der Vorwurf der ungerechtfertigten Weitergabe von Bildungsprivilegien. Meinen beiden älteren Schwestern blieb trotz bzw. möglicherweise wegen unserer Akademikereltern (die selbst aus einfachen Haushalten kamen) der direkte Weg zum Abitur und zur Hochschule versperrt, obwohl sie gute Schülerinnen waren. Eine wurde Krankenschwester, die andere Kindergärtnerin, gute Berufe zwar, aber doch unterhalb des formalen Qualifikationsniveaus unserer Eltern. Ich selbst konnte auch nicht auf die Erweiterte Oberschule – damals der direkte Weg zur Hochschulreife – gehen und dort Abitur machen, hatte aber Glück und bekam den Zuschlag für eine Berufsausbildung mit Abitur. Von dieser Verknüpfung von beruflicher Ausbildung und Hochschulreife versprach sich die DDR die Rückbindung von Akademikerkindern an das Arbeitermilieu. Ich wurde beim VEB Schiffselektronik Rostock zum Elektronikfacharbeiter ausgebildet. Wir löteten Leiterplatten, montierten Schaltschränke und bauten technische Anlagen und Messinstrumente in Schiffe ein. Unser Premiumprodukt, an dem ich in der Lehre und danach mitarbeitete, war eine automatische Steuerungsanlage für Schiffe, die AFA 5011. Ich durfte sogar an einem optoelektronischen Winkelaufnehmer mitbauen, den wir dann auf der Leipziger »Messe der Meister von morgen« ausstellten, dem ostdeutschen Pendant zum westdeutschen »Jugend forscht«. Nach der Lehre war ein fachnahes Studium vorgesehen. Auch dafür stand der Betrieb Pate. Mein VEB delegierte mich 1988 zur Aufnahme eines Lehramtsstudiums mit der Fachrichtung Mathematik/Physik, das ich dann aber nie begann.

Interessanterweise bedeutete diese starke Reglementierung im Umkehrschluss nicht, dass nun die Arbeiter- und Bauernkinder massenhaft die Hörsäle und Seminarräume besetzten. Das Gegenteil war der Fall. Zunächst schien diese Politik der positiven Diskriminierung und institutionellen Förderung der Arbeiterklasse zu greifen, aber dann fiel der Anteil der Studierenden aus Arbeiterhaushalten kontinuierlich ab: In den fünfziger Jahren lag er bei über 50 Prozent (nur bei 14 Prozent der Studierenden waren der Vater oder die Mutter Akademiker), Ende der Sechziger fiel er dann auf 30 Prozent (während der Anteil der Akademikerinnenkinder auf 30 Prozent stieg). Kurz vor dem Ende der DDR waren es dann weniger als 10 Prozent. Bei mehr als 70 Prozent hatte mindestens ein Elternteil einen akademischen Abschluss, wobei die Zahlen auch mit Unsicherheiten behaftet sein dürften (Schaubild 3).[23] Dies lag unter anderem an geänderten Zulassungsverfahren, die das »gesellschaftliche Engagement« tendenziell höher gewichteten als die soziale Herkunft, was wiederum die Intelligenz begünstigte. Dieser Schwenk hatte auch damit zu tun, dass in der ersten Dekade der DDR die Angst vor einer gesellschaftlichen Dominanz des Bildungsbürgertums noch erheblich größer war als später die vor der nachwachsenden (und systemtreuen) »sozialistischen Intelligenz«. Diese Verschränkung von starker Verknappung und politischer Selektion führte dazu, dass weder die Arbeiterkinder ihre Aufstiegsambitionen befriedigen noch die Kinder von Akademikern davon ausgehen konnten, dass sie das Bildungsniveau ihrer Eltern erreichen oder gar übertrumpfen würden. Die DDR schaffte es auf kuriose und selbstverschuldete Weise, beide wichtigen Trägergruppen vor den Kopf zu stoßen.

Da die sich abzeichnende Tendenz zur Selbstrekrutierung der sozialistischen Intelligenz nicht zum offiziellen Bild passte, unternahm die DDR zahlreiche Anstrengungen, dem entgegenzuwirken. So wurden viele, die gern studieren wollten, zunächst in das System der beruflichen Bildung bugsiert. Die auch von mir absolvierte Berufsausbildung mit Abitur wurde häufig an größeren betrieblichen Berufsschulen angeboten, ein Kanal, der sich auch zum Aufhübschen der Statistik nutzen ließ: Beim Eintritt in Massenorganisationen oder in die SED wurden die Absolventen als Arbeiter klassifiziert. Berufsausbildung mit Abitur bedeutete, eine von zwei auf drei Jahre gestreckte Facharbeiterausbildung, die gleichzeitig den allgemeinbildenden Lehrstoff des Abiturs vermittelte. Man hatte auf der Berufsschule als »Auch-Abiturient« zwar eine gewisse Sonderstellung, in den Werkhallen und auf den Montageplätzen spielte das dann aber kaum eine Rolle. Im Gegensatz zu den beschulten Abiturienten entstanden bei uns Lehrlingen ein auf das Produkt und das Schaffen ausgerichteter »Werkstolz«, Hochachtung vor dem versierten Umgang mit Maschinen und Werkzeugen sowie nicht zuletzt das Gefühl, über Nacht Teil einer erwachsenen Berufswelt geworden zu sein. An manches Ritual des Werkstattlebens ge-

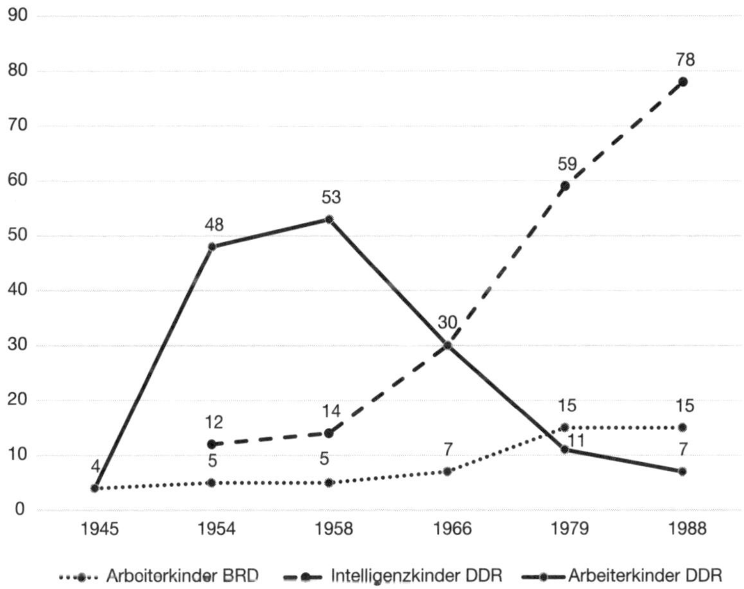

Schaubild 3: Sozialprofil der Studierenden an wissenschaftlichen Hochschulen in der DDR im Vergleich mit dem Anteil der studierenden Arbeiterkinder in der Bundesrepublik. Anmerkung: Da die Untersuchungen des Leipziger Zentralinstituts für Jugendforschung die westdeutsche Kategorie des »Arbeiters« nicht enthalten, beruhen die Angaben zur DDR der Jahre 1979 und 1989 auf Schätzungen.
Quelle: Geißler 1993: 73 auf der Basis diverser Datenquellen

wöhnte man sich: Der Meister, der unsere Werkstatt leitete, war ein kahlköpfiger kleiner Mann kurz vor dem Ruhestand, der Wert darauf legte, auf dem Weg in die Rente von nichts und niemandem gestört zu werden. Hacki, ein Facharbeiter und seine rechte Hand, übernahm einen Großteil der lästigen Kommunikation mit den Lehrlingen. Er sorgte auch dafür, dass pünktlich nach dem Mittagessen das Licht ausgeschaltet wurde. (Er selbst hatte eine Leselampe und versenkte sich in ein Buch.) Alle setzten sich dann auf ihre Schemel, ließen die Köpfe auf die Werkbank sinken und schliefen oder dösten so lange, bis der Meister wieder aufwachte und nach Kaffee verlangte. Dann wurde bis zum Feierabend wieder fleißig an den Werkstücken gearbeitet und manch derber Spruch über die Führungsetage des Betriebs abgelassen.

Mobilitätsblockaden

Allen Versuchen der politischen Förderung der Arbeiterklasse zum Trotz hat es die DDR nicht geschafft, ein offenes Mobilitätsmodell durchzusetzen. Der Austausch der alten Eliten und Dienstklassen, die Schaffung neuer Hierarchiepositionen im Macht- und Parteiapparat sowie die massenhafte, oft erzwungene Abwanderung der Angehörigen wirtschafts- und bildungsbürgerlicher Kreise führten zunächst zu einer Verbesserung der Aufstiegschancen unterer Schichten. Danach verstopften die Kanäle jedoch wieder, und die Versuche einer positiven Privilegierung von Arbeiter- und Bauernkindern zeigten nur begrenzt Wirkung. Mobilitätsstudien haben gezeigt, dass die Sozialstruktur der DDR nach der Aufbau- und Konsolidierungssuche wieder aushärtete und sich die Übergangsraten zwischen den Berufsklassen sukzessive verringerten.[24] Für die späte Phase kann man dann sogar von einem defekten Modell sprechen.

Die sozialistische Dienstklasse, also jene Gruppe mit administrativen Funktionen, delegierter Autorität und spezialisiertem Wissen, die oberhalb der Arbeiterklasse stand, konnte über die Zeit ihre Chancen zur Vererbung der eigenen Position verbessern. Schaubild 4 zeigt, dass sich die Vererbungsrate von der ältesten bis zur jüngsten Kohorte mehr als verdoppelte. Für die Jahrgänge 1929-31 war die Chance, dass Kinder der Dienstklasse es ebenfalls in diese Position schafften, doppelt so hoch, wie es entsprechend ihrem Bevölkerungsanteil statistisch zu erwarten gewesen wäre. In der Kohorte 1959-61 war sie dann jedoch knapp fünfmal so hoch, was anzeigt, dass der Zugang zu dieser wichtigen Funktionsklasse für andere Gruppen schwieriger wurde. Die Wahrscheinlichkeit der Positionsvererbung nahm also zu. Die Arbeiterkinder verblieben zum Ende der DDR mit einer etwa dreimal höheren Wahrscheinlichkeit in der Arbeiterschicht als bei völliger Offenheit des Positionssystems. Während man sich in der Bunderepublik wunderte, dass sich mit der Bildungsexpansion keine Chancengleichheit einstellte, rieb man sich in der DDR die Augen, weil die Arbeiterkinder sich im Kampf um die knapper werdenden höheren Positionen nicht durchsetzen konnten.

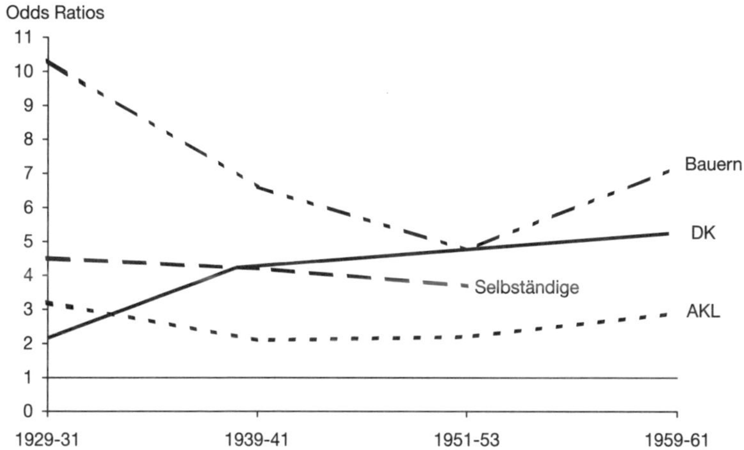

Schaubild 4: Vererbungsindizes der einzelnen Klassenlagen für vier Geburtskohorten der DDR

Hinweise: Odds Ratios bezeichnen das Chancenverhältnis (relative Chance) dafür, dass eine Klassenposition über die Generationen vererbt wird; DK = sozialistische Dienstklassen, AKL = Arbeiterklasse, Referenzkategorie: Linie durch 1 (perfekte Chancengleichheit). Der Vererbungsindex in der Kategorie »Selbstständige« konnte in der jüngsten Kohorte aufgrund kleiner Fallzahlen nicht berechnet werden.

Datenquelle: Max-Planck-Institut für Bildungsforschung 1991/92; ich danke Heike Solga für die Überlassung der Grafik (Solga 1995: 171).

Ende der achtziger Jahre war die DDR eine mobilitätsblockierte Gesellschaft, in der nicht nur viele Arbeiterkinder erfahren mussten, dass das Aufstiegsversprechen uneingelöst blieb; auch viele Sprösslinge aus Akademikerhaushalten erkannten, dass sie im Flaschenhals zum Hochschulzugang stecken blieben. Die einst kräftigen Mobilitätsströme erlahmten zusehends, die in höhere Positionen aufgestiegene Gründergeneration lag wie eine Bleiplatte über denen, die nachfolgen sollten. Aus der einst hoch mobilen war eine immobile Gesellschaft geworden. Karl Ulrich Mayer und Heike Solga haben diese verstopften Mobilitätspfade sogar als eine wesentliche Ursache für die schwindende Legitimität des Gesellschaftssystems insgesamt benannt.[25] Laut Mayer und Solga waren vor allem die um 1960 geborenen Kohorten, die in den achtziger Jahren auf den Arbeitsmarkt drängten, in doppelter Hinsicht benachteiligt: Einerseits waren die attraktiven Positionen durch die Vorgängerjahrgänge besetzt, andererseits gab es einen Rückbau des Zugangs zu höherer Bildung.

Durch diese Verstopfung der Mobilitätskanäle hat sich das Regime die Möglichkeit genommen, die Menschen durch Aufstiegshoffnungen an sich zu binden. Zugleich scheiterte die DDR mit ihrem Gleichheitsversprechen. So wuchs der Frust. Zum Ende hin war die DDR eine sklerotische Gesellschaft: überaltertes Führungspersonal, politisch motivierte Rekrutierungs- und Beförderungspraktiken, ein dicht gedrängter Wartestand der nachwachsenden Generationen und ein demotivierendes Belohnungssystem. Das allein zeigt schon, dass sich das Gesellschaftsmodell der DDR nicht nur politisch und wirtschaftlich, sondern auch in sozialstruktureller Hinsicht erschöpft hatte.

3. Lebensführung und kulturelle Praktiken

Land der kleinen Leute

Westdeutsche, die in den achtziger Jahren zu Besuch kamen, nahmen die Menschen in der DDR dort oftmals als graue Masse wahr und vermissten die Buntheit und Vielfalt sowie die Individualität, die sie für sich selbst in Anspruch nahmen. Einflussreiche Diagnosen zur Sozialstruktur der Bundesrepublik verwiesen damals auf den Zuwachs an Wohlstand, Sicherheit und Bildungschancen, auf den »Fahrstuhl nach oben« und den damit einhergehenden Individualisierungsschub.[1] Wo die DDR mit Knappheit und Mangelwirtschaft kämpfte und sozialstrukturell gedeckelt war, sah sich die BRD als »mittelschichtdominante Wohlstandsgesellschaft«.[2] Wo die DDR als uniformierte Gesellschaft der Werktätigen daherkam, feierte man im Westen die »Pluralisierung der Lebensstile«.[3] Wo drüben die Zwänge und die Konformität des Alltags ins Auge sprangen, machte man hüben Freiheitsgewinne aus. Für manche war die Bundesrepublik zur »Multioptions-«[4] oder gar zur »Erlebnisgesellschaft« geworden.[5] Ergänzend könnte man noch den ethnisch homogenen und weitgehend säkularisierten Osten dem ethnisch und religiös diversifizierten Westen gegenüberstellen, der sich nicht zuletzt durch Migration nach und nach veränderte.

Bei manchen dieser plakativen Gegensätze mag es sich um Überzeichnungen handeln, andere dagegen treffen einen Kern. Die DDR war eine weitgehend homogene Werktätigengesellschaft, in der eine bescheidene Lebensweise kultiviert wurde und in der weder vertikale Ungleichheit noch horizontale Diversifizierung zu einem Flickenteppich an Lebensstilen und Sozialmilieus führte. Fast drei Viertel der DDR-Werktätigen waren Angestellte, Arbeiter und Bauern ohne Leitungsfunktion, aber mit abgeschlossener Berufsausbildung.[6] Es dominierten Tätigkeiten in den Produktionsberufen, in Verwaltungsdienstleistungen und im einfachen tertiären Bereich. Selbst die mittleren Leitungsebenen behielten eine enge Verbindung zu diesen beruflichen Milieus. Eine Öffnung des sozialen Raums durch Qualifikationsschübe, alternative Szenen, Wertewandel, freie Berufe mit hoher Autonomie oder ein sozial und kulturell modernisierter Mittelstand ließ sich hier nicht oder allenfalls in Ansätzen beobachten.[7]

Zugleich waren die zentralen gesellschaftlichen Fraktionen von bürgerlichen und am Primat der ökonomischen Selbstständigkeit orientierten Traditionsmustern weitgehend entkoppelt. Diese wurden in der DDR politisch zurückgedrängt und durch einen, wenn man so will, »sozialistischen Habitus« (Wolfgang Engler) ersetzt,[8] auch wenn einige bürgerliche Verkehrs- und Umgangsformen – inklusive einer gewissen Spießigkeit – nicht ganz verschwanden.[9] Resistente Sozialmilieus, die den Stempel der Bürgerlichkeit trugen, fand man einzig in überschaubaren Nischen, etwa der Kultur- und Kunstszene, in Teilfraktionen der technischen Intelligenz und bei den wenigen übriggebliebenen selbstständigen Handwerkern und Kaufleuten. Nicht zuletzt führten die Verdrängung der alten Funktionseliten und Trägerschichten bürgerlicher Kultur sowie die gleichzeitige soziale Aufwärtsbewegung von Menschen aus einfachen Verhältnissen zu einer Entbürgerlichung der führenden Schichten. Gehobene Lebensstile, exklusiven Wohlstand und arrivierte Daseinsformen gab es deshalb so wenig wie distinkte Kulturpraktiken, aber auch keinen Standesdünkel oder elitären Geist. Zwar formierten sich neue Funktionseliten; statt sich über ein eigenes kulturelles Repertoire rückzuversichern, pflegten diese jedoch Glaubensbekenntnisse und einen Habitus, die sie – zumindest oberflächlich – mit der Arbeiterschicht verbanden.

Obwohl das Leben in der DDR auf den zweiten Blick für Besucher oft vielfältiger und unkonventioneller war, als die oberflächliche Betrachtung annehmen ließ, war sie dennoch eine recht einheitliche und auf Konformität getrimmte Gesellschaft. Von der »sozialistischen Persönlichkeit« erwartete man, dass sie sich durch Fleiß und Können auszeichnete, eine optimistische Lebensauffassung vertrat und sich im Betrieb, im Sport und in der Kultur für die sozialistische Sache engagierte. Extravaganz zog schnell den Vorwurf der Dekadenz auf sich, subkulturelle Abweichung den der Subversion.

So dominierten eine tendenziell unauffällige Alltagsästhetik und der Wertekosmos einer »proletarischen Kleinbürgergesellschaft« (Jens Bisky).[10] Was die Lebensstile und kulturellen Präferenzen anging, könnte man mit dem französischen Soziologen Pierre Bourdieu von einem »Notwendigkeitsgeschmack« sprechen.[11] Luxus wurde nicht kategorisch abgelehnt, man richtete sich aber am Erreichbaren und Möglichen aus und identifizierte sich letztlich damit. Interessanterweise war das kein reines Plattenbauphänomen: Selbst die Wandlitzer Siedlung, in der sich das Politbüro verschanzte, war damals kein Ort der Opulenz, des Luxus oder der kulturellen Distinktion, sondern eher einer des beschaulichen Wohlstands. Wohl hatten die in Wandlitz lebenden Funktionäre und ihre Familien privilegierten Zugang zu einem beschränkten Sortiment an Westprodukten, doch ihr Lebensstandard ragte kaum über den einfacher Mittelschichthaushalte in Westdeutschland hinaus. Ohne Vorbilder, die einen verfeinerten Stil vorlebten, so der Kultursoziologe Wolfgang Engler, waren »die kleinen Leute, die Arbeiter und unteren Angestellten, auf sich selbst verwiesen, d. h. auf jene Gewohn- und Gepflogenheiten die sich in einer langen Verhaltenstradition von Unterschichtgruppen herausgebildet und bewährt hatten«.[12] Alltagskulturell blieb die Funktionskaste im Grunde ihrem Herkunftsmilieu verbunden: Sie war zwar machtstark, aber kulturarm.[13] Die materiellen Privilegien, die mit der Macht verbunden waren, blieben letztlich bescheiden, auch wenn manche Erregungswelle in den Wendejahren das »Leben in Saus und Braus« zu skandalisieren versuchte. Jedenfalls hätten der rumänische Machthaber Nicolae Ceauşescu oder die Despoten unserer Tage über die Piefigkeit der Siedlung sicherlich gelacht. Viel zweifelhafter war die Selbstgettoisierung der DDR-Elite, die Schaffung einer kasernierten Sonderzone im Wandlitzer Forst, die die Distanz zwischen Parteiführung und Volk geradezu physisch greifbar machte.

Passend dazu verhielt man sich im öffentlichen Raum in unserem Viertel eher dezent als auffällig oder gar schrill. Im Lütten Kleiner Straßenbild dominierten gedeckte Farben, Beige, Grau und Dunkelblau. Nur vereinzelt gab es modische Auffälligkeiten, etwa die eine Zeit lang obligatorische Gelenkhandtasche für Männer. Aber auch das stimmt nicht so ganz, man denke nur an jene bunten Farben, ungewöhnlichen Stoffe und modischen Schnitte, mit denen die DDR-Jugendmode in den achtziger Jahren auf den Markt drängte, um etwas Abwechslung in den Alltag zu bringen. Man experimentierte mit Materialien, erfand den Ledererersatz Lederon und verarbeitete exzessiv die Chemiefaser Dederon (die ein wenig nach DDR klang). Der Modezeitschrift *Sibylle* waren Schnitte zum Selbermachen beigelegt. Die Jugendmarken Shanty (in Rostock hergestellt), Wisent und Boxer waren bei uns allerdings unbeliebt. Wir kauften im Berufsbekleidungsgeschäft gern derbe Malerlatzhosen und färbten sie mit Farbtabletten ein, was so manchen Tupfer in den Alltag brachte.

In Lütten Klein gingen wir an Feier- oder Sonntagen gern in die örtlichen Restaurants. In der Gaststätte Riga (in dem Gebäude befindet sich heute eine griechische Taverne) wurde Hausmannskost serviert. Der beliebte Dreiklang aus Fleisch, Kartoffeln und Mischgemüse kam ohne große Verfeinerung aus. Man trank vor allem Bier und Schnaps; Wein und Sekt waren besonderen Anlässen oder den Frauen vorbehalten. Der öffentliche Raum wurde zwar vielfältig genutzt – es gab Sport- und Stadtteilfeste, einmal im Jahr kam ein Rummel, Zirkuszelte wurden aufgebaut –, aber eine wirkliche Aneignung des Sozialraums fand nicht statt. Wenn jemand seinen Grill auf die Grünfläche gestellt und dort mit Freunden gegrillt hätte, wäre der Abschnittsbevollmächtigte der Polizei eingeschritten. Man zog sich eher in die Kleingartenanlagen ringsherum zurück. Der öffentliche Raum behielt den Charakter eines offiziellen und kontrollierten Bereichs. Auch an ausufernde Festivitäten in der Nachbarschaft kann ich mich nicht erinnern, ebenso wenig an Musikbeschallung aus offenen Fenstern. Die Attribute »gepflegt«, »ordentlich«, »vernünftig« und »korrekt« gehörten zum üblichen Repertoire der sozialen Bewertung. Im Zusammenspiel mit staatlichen Stellen schlug das Pendel sogar in Richtung rigider Verhaltensnormen aus, denen man sich unterzuordnen hatte. Jemanden, der den ganzen Tag lesend im Bett verbrachte oder am Vormittag stundenlang im Café die Sonne genoss, hätte man für suspekt gehalten und womöglich »Gammler« genannt.

Sich einrichten

Wenn es in der DDR an einem nicht mangelte, dann war das Zeit. Da der Arbeitstag früh begann und Überstunden eher unüblich waren, konnte man sich schon am Nachmittag Hobbys oder der Familie widmen. »Privat geht vor Katastrophe«, sagte man landläufig, um zu signalisieren, dass die Freizeit und die Familie wichtiger seien als die Nöte im Betrieb. Das soziale Leben hatte zwei Pole: einen außenverankerten, stark politisierten Weltbezug und einen weitgehend privatisierten Binnenraum. Die eigenen vier Wände waren für die meisten Bewohner aber eher Rückzugsort als Gegenentwurf zur politischen Unterordnung in Schule, Betrieb und Kollektiv. Auch wenn man eng beieinanderwohnte und die Nachbarn durch die dünnen Wände hörte, konnte das eigene Heim Geborgenheit vermitteln und das Bedürfnis nach Harmonie befriedigen. Der Kollektivierungsanspruch der sozialistischen Modellstadt koexistierte und verschmolz mit dem parzellierten Haushaltstyp der kleinbürgerlichen Familie.[14]

Die Wohnungen unterschieden sich aufgrund der geringen Variabilität ihrer baulichen Substanz nur unwesentlich voneinander: immer die gleiche Anordnung von Schrankwänden aus Holzimitat oder dem beliebten, durchaus modernistisch anmutenden Leitermöbelsystem Sibylle, kissenbedeckter Sitzgruppe und kniehohem Couchtisch. Viele Innenräume waren geradezu mit Möbeln vollgestopft, freie Flächen und ungenutzte Ecken gab es nicht. Reiseandenken und Nippes füllten Regale und Abstellflächen, Gummibäume brachten etwas Grün, auf Untersetztischdecken standen Kristallschalen mit Obst oder Süßigkeiten. Vor den Fenstern hingen Gardinen. Sich etwas »schön machen« war ein weithin anerkanntes Motiv, das man natürlich auch im »Harmoniemilieu« der Bundesrepublik kannte.[15] Noch heute wohnen viele Lütten Kleiner Rentner in solchen Interieurs, nun aufgepeppt durch große Flachbildfernseher, Korallenmitbringsel aus dem Ägyptenurlaub und Hologrammbilder der Lieben. Auf den Balkonen verschanzte man sich gern hinter Sichtblenden, Rankgittern und Blumenkästen, behielt aber dennoch die Umgebung im Auge. Bewundernde Blicke konnte hervorrufen, wer mit handwerklichem Geschick die funktionalen und wenig spektakulären Behausungen aufwertete, so dass sie sich vom Einheitslook absetzten – in der Küche eine Sitzecke aus Holz, ein raffiniert ausklappbarer Küchentisch, eine Zwischenwand aus Glasbausteinen.

Die geringe Differenzierung des »Habens« und die insgesamt nur schwach ausgeprägten Distinktionspraktiken untermauerten das soziale Gleichheitsgefühl. Habituelle Milieuunterschiede, die dann in manifeste Lebensstilkonflikte hätten umschlagen können, waren nicht oder allenfalls in Ansätzen zu erkennen. So gesehen, können die Plattenbauquartiere nicht nur als paradigmatische Beispiele einer DDR-typischen Lebensweise gelten, sondern auch als Exempel einer »Logik des Allgemeinen« (Andreas Reckwitz):[16] Durch die Art und Weise, wie das Räumliche in den Plattenbauvierteln auf das Soziale einwirkte, waren Serienförmigkeit und Vereinheitlichung tief verankert.

Begünstigungspolitik und Tauschwirtschaft

Mit ihrer stark regulierten Lohnpolitik versuchte die DDR, auf die soziale Ungleichheit einzuwirken, allerdings konnte man sich aufgrund der Knappheit von Konsumgütern und Dienstleistungen vieles sowieso nicht kaufen. Die Verfügung über Geld allein bedeutete daher noch keinen sozialen Unterschied, jedenfalls oft nicht den entscheidenden. Die Güter des täglichen Bedarfs waren subventioniert, verfügbar und allgemein erschwinglich. Anders sah es bei anspruchsvolleren Gütern wie Farbfernsehern mit Fernbedienung aus. Hier musste man lange warten oder Glück haben, es wurde aber auch kontingentiert und zugeteilt, mitunter sprachen die Betriebe ein Wort mit. Um das Volk wohlgesinnt zu stimmen, ließ Erich Honecker Anfang der achtziger Jahre Pkw aus dem Westen importieren und unter die Leute bringen, darunter Modelle des japanischen Herstellers Mazda und 10 000 VW-Golf. Im Gegenzug für die Lieferung der westdeutschen Kleinwagen erstellte die DDR den Rohbau des Planetariums in Wolfsburg. Ulrich Müther, der Architekt der Lütten Kleiner Mehrzweckhalle und ausgewiesener Spezialist für extravagante Schalenbauten, war daran federführend beteiligt, Carl Zeiss Jena lieferte die technische Ausstattung.

Parallel zum Geldsystem wurden begehrte Güter auch als politische Belohnungen verteilt. Das konnte der erleichterte Zugang zum Kauf eines Pkw sein (auf den man in der DDR üblicherweise zehn oder mehr Jahre warten musste), die Zuteilung einer Wohnung, die Gewährung eines Kuraufenthaltes oder die Genehmigung eines Telefons. Bei weniger stark reglementierten Gütern und Dienstleistungen, bei Ersatzteilen etwa oder Handwerkerleistungen, entwickelte sich ein florierender, halb tolerierter Tauschmarkt, auf dem sich hohe Preise erzielen ließen, auf dem aber auch Gefälligkeiten ausgetauscht wurden. Die DDR-Bürger verbrachten viel Zeit damit, über diese Wege ihre Konsumwünsche zu befriedigen oder Kontakte zu pflegen. Konsumunterschiede entstanden auch durch gebefreudige Westverwandtschaft oder Reisen ins westliche Ausland, unter Schülern hatten selbst Plastiktüten aus dem Westen oder leere Coca-Cola-Büchsen einen Tauschwert.

Unsere größten Privilegien waren die Pacht eines Bungalows in der Rostocker Heide, zu dem wir im Sommer jedes Wochenende hinausfuhren, sowie ein Telefon, das meine Mutter wegen ihrer Bereitschaftsdienste in der Klinik bekam. Telefone waren schon aufgrund ihrer geringen Verbreitung – 1989 hatten gerade einmal sechzehn Prozent der Haushalte ein Telefon, im Westen hingegen über neunzig Prozent – Prestigeobjekte, die vor allem bei Anrufen bei Behörden vorteilhaft waren. Ihr Nutzen war allerdings stark eingeschränkt, weil zu wenige andere eines besaßen. Telefonfreundschaften und stundenlange Gespräche nach der Schule gab es nicht, und wenn man jemand anrufen musste, lief das nach vorheriger Absprache per Brief und über öffentliche Münztelefone. Ansonsten war der Spontanbesuch die übliche

Form, um miteinander in Kontakt zu treten. An vielen Türen hingen Kassenrollen, die man, falls niemand da war, bekritzelte und sich für einen anderen Tag ankündigte.

Lokale Jugendkultur

Mit dem Heranwachsen der Lütten Kleiner Kinder und Jugendlichen änderte sich das Straßenbild. Ende der siebziger Jahre wurde die Jugendkultur der DDR sichtbarer. Es bildeten sich die Szenen der Blueser, Popper und Punker, die auffielen und etwas Abwechslung brachten. In Lütten Klein gab es mit dem »Riga« und dem »Szczecin« zwei Orte, die tagsüber Schülerspeisesäle waren und sich am Freitag und Samstag in überregional bekannte Livekonzerthallen verwandelten, die selbst von eigens aus Berlin anreisenden Besuchern frequentiert wurden. Wo sonst Hackbraten mit Mischgemüse auf Schülerteller geschaufelt wurde, gingen nun die Cola-Wodkas über den Tresen. Hier traf man Leute, die lange Haare, Bluejeans und Parka trugen und sich für Jimi Hendrix oder Bob Dylan interessierten. Nicht alle waren unangepasst und rebellisch, aber viele identifizierten sich mit einem unabhängigeren und authentischeren Lebensstil, der nur noch wenig mit dem offiziellen Bild der sozialistischen Persönlichkeit zu tun hatte. Eine zweite Szenegruppe waren die Rocker mit Jeans und nietenbesetzter Lederkluft. Handgemachte Musik – teils Coverversionen, teils eigene Songs mit ehrlichen Texten – wurde gespielt, damit brachten die Rocker eine aggressive Grundstimmung in die Konzerte, so dass es besser war, Rempeleien auszuweichen und direkten Blickkontakt zu vermeiden. Die Szene, die an den Wochenendabenden Lütten Klein bevölkerte und mitunter grölend durch die Straßen lief, fand man in der gesamten DDR auf Zeltplätzen, bei Volksfesten oder beim Motocross-Rennen in Teterow, wo sich jedes Jahr zu Pfingsten mehrere zehntausend Jugendliche trafen und ganz und gar unsozialistisch feierten. In Lütten Klein schüttelten zwar viele Ältere den Kopf über die »Penner«, man ließ sie aber gewähren, so dass das Hippie- und Rockertum irgendwann ganz selbstverständlich zum Plattenbau dazugehörte. In einer Studie, die das Zentralinstitut für Jugendforschung 1985 zur Wehrbereitschaft durchführte, zeigte sich unter den Jugendlichen eine große Toleranz gegenüber dieser Art von Nonkonformismus. Etwas umständlich und verklausuliert wurde dort gefragt: »Man kann junge Leute sehen, die sich besonders frisieren oder sonstwie ›zurechtmachen‹. Was halten Sie davon?« Knapp 19 Prozent der Befragten sagten, dafür hätten sie vollkommenes Verständnis, 63 Prozent äußerten Verständnis mit gewissen Einschränkungen, nur 18 Prozent gaben an, sie hätten kaum oder gar kein Verständnis.

Insgesamt blieben die Unterschiede zwischen den Milieus jedoch überschaubar. Lebensstilkonflikte gab es nur zwischen den Jugendszenen, sonst eigentlich kaum. Das Gleichheitsprimat der DDR-Gesellschaft wurde zwar nie vollständig eingelöst und durch ein starkes politisches Machtgefälle konterkariert, doch die sozioökonomischen und kulturellen Ungleichheiten blieben alles in allem gering. Vorhandene Unterschiede in Bildungsgrad, Beruf oder Einkommen eröffneten kaum Spielräume zur Ausbildung eines Schichtungssystems mit distinkten Formen der Lebensführung und der kulturellen Reproduktion. Die von vielen ehemaligen DDR-Bürgern betonte »Kuscheligkeit« – angesichts der repressiven Züge des Regimes sicher eine überraschende Einschätzung – hatte neben der überschaubaren Größe des Landes sicher auch mit der durch die geringe Differenzierung hergestellten sozialen Nähe zu tun.

4. Familie, Privatheit, Erziehung

Familienbande und die »Emanzipation von oben«

Ostdeutsche gelten, früher noch mehr als heute, als ausgemachte Familienmenschen, als eine Spezies mit gelebter Alltagssolidarität, einem Sinn fürs Soziale und eng gewebten Freundschafts- und Familienbanden. Manches an dieser Beschreibung ist überhöht, doch was die in der DDR vorherrschenden Familien- und Privatheitsformen angeht, lassen sich durchaus zahlreiche Unterschiede zur Bundesrepublik ausmachen. Wo die BRD sowohl sozial als auch in familien- und sozialrechtlicher Hinsicht an das bürgerliche Modell anknüpfte, bezog sich die DDR stärker auf Lebensformen aus dem proletarischen Milieu, dem Kleinbürgertum und der Angestelltenkultur. Der sakrale Charakter der Ehe wurde zurückgedrängt, das offizielle (lebensweltlich allenfalls in Ansätzen eingelöste) Rollenmodell der sozialistischen Ehe war das einer von ökonomischen Zwängen befreiten, auf Liebe und Achtung beruhenden Gemeinschaft, in deren Obhut Kinder aufwachsen sollten. Aufgabe der Eheleute war es auch, die Kinder zu sozialistischen Persönlichkeiten heranzuziehen.

Heiraten war allgemein keine große Sache, man tat es ohne lange sakramentale und versorgungsrechtliche Beipackzettel. Ein paar staatliche Anreize wurden gesetzt, aber der Großteil der staatlichen Förderung war eher kind- als ehebezogen, was zum Aufweichen rigider Familiennormen führte. Die Schwellen des Eheein- und Eheaustritts waren relativ niedrig, was die Institution in gewisser Weise entwertete.[1] Gewiss, die DDR war kein Mekka unkonventioneller Lebensformen, es wurde aber auch nicht überhastet geheiratet, sobald ein Kind im Anmarsch war. Trennungen und »wilden Ehen« begegnete man entspannt. Der Anteil unehelich geborener Kinder lag zum Zeitpunkt der Wiedervereinigung in Ostdeutschland bei etwa einem Drittel, in Westdeutschland gerade einmal bei zehn Prozent. Andererseits öffnete sich die DDR offiziell kaum für alternative Lebens- und Wohnformen oder gleichgeschlechtliche Beziehungen, sondern zeichnete sich durch eine weitgehende Standardisierung familiärer Lebensformen aus.[2]

Ehen waren nicht in erster Linie Sicherheits- und Statusprojekte, über Bildung, Einkommen und Berufsstatus strukturierte Partnerschafts- und Heiratsmärkte gab es praktisch nicht. Statusgleiche Partnerschaften, im Soziologenenglisch »assortative mating« genannt, zeitigten allenfalls geringe Struktureffekte. Nur in den obersten Bildungsgruppen gab es Anzeichen für eine Homogamieneigung, also die Ausrichtung auf soziale Ähnlichkeit bei der Partnerwahl, allerdings war der Anteil der hochgebildeten Frauen, die weniger gebildete Männer heirateten, im Osten höher.[3] Man kann vielleicht nicht von einer Irrelevanz des Status sprechen, aber doch von recht großen gesellschaftlichen Freiheitsgraden bei der Wahl der oder des Richtigen. Diese Tendenz hatte einen gesellschaftlichen Kollateralnutzen für das postulierte Gleichheitsziel, führte sie doch dazu, dass markante Schichtdifferenzen oder gar -abstände gar nicht erst entstanden oder reproduziert werden konnten – sie wurden immer wieder weggeheiratet. Wolfgang Engler beschreibt es in seinem Buch *Die Ostdeutschen* so:

> Die Partnerwahl war weder auf die eigene Einkommensgruppe noch auf die eigene Herkunft oder die momentane soziale Zugehörigkeit beschränkt; sie war im umfassenden Sinne exogam. Und diese Exogamie bewirkte über die Angleichung der Lebensbedingungen hinaus auch eine Assimilation der Gefühle, Ansichten und Gewohnheiten.[4]

Die Freiheit der Partnerwahl hatte auch damit zu tun, dass die ökonomische Abhängigkeit der Frauen von ihren Männern in der DDR viel weniger ausgeprägt war. Das (bürgerliche) westdeutsche Modell des männlichen Alleinverdieners spielte in Ostdeutschland im Grunde keine Rolle. Dass Frauen durch Scheidungen in die Armut abrutschten, war die Ausnahme, das gemeinsame und oft gleichberechtigte Einzahlen in die Haushaltskasse die Regel. Auch aus diesem Grund mischte man sich munter: Die Berufsschullehrerin ließ sich mit dem

Kellner einer Tanzgaststätte ein, der Kranfahrer mit der Bibliothekarin, die Ärztin mit dem Bauzeichner, der nautische Offizier mit der Sachbearbeiterin aus der Stadtverwaltung.

Im Hinblick auf die Gleichstellung von Mann und Frau ging es in der DDR um arbeitsmarktpolitische Interessen, nicht um feministisch motivierte Gleichstellungspolitik. Da Arbeitskräfte gebraucht wurden (in der Bundesrepublik löste man dieses Problem zunächst, indem man Arbeitskräfte aus dem Ausland anwarb), wurde eine »Emanzipation von oben« betrieben,[5] die Erwerbstätigkeit von Frauen wurde massiv gefördert. Ein ganzer Katalog arbeitsmarkt- und sozialpolitischer Regelungen zielte darauf ab, Frauen in den Arbeitsmarkt einzubinden. Frauen sollten gute Partner – im heutigen Sprachgebrauch natürlich: Partnerinnen – sein, aber zugleich in den Betrieben ihren – wie man damals ebenso selbstverständlich sagte – Mann stehen. Sie waren als Arbeitskräfte letztlich unverzichtbar, auch wenn von wirklicher Gleichstellung bei Einkommen und Status keine Rede sein konnte.[6] Zwar wurden zahlreiche traditionell männliche Berufsfelder für Frauen geöffnet, aber in die wirklichen Spitzenpositionen drangen nur wenige vor. Die Machtelite der DDR war nicht nur vergreist, sie war auch bis auf wenige Ausnahmen männlich. Dennoch: Am Ende der DDR waren immerhin ein knappes Drittel der Volkskammerabgeordneten Frauen (Bundestag 15 Prozent), in der Richterschaft lag der Frauenanteil gar bei 50 Prozent (Bundesrepublik 18 Prozent), 38 Prozent der Doktoranden waren weiblich (Bundesrepublik 26 Prozent).[7]

Die Präsenz der Frauen auf dem Arbeitsmarkt und die Angleichung ihrer Berufsbiografien an die der Männer bedeuteten jedoch keinesfalls, dass die geschlechtsspezifische Arbeitsteilung im Privaten aufgehoben worden wäre.[8] Das Thema Doppelbelastung war auch in der DDR virulent und geriet politisch auf die Agenda. Um das Problem zu lösen, setzte man auf den Ausbau der staatlichen Betreuungseinrichtungen für Kinder. In der DDR gab es für vollbeschäftigte Frauen zudem monatlich einen bezahlten arbeitsfreien Tag, an dem sich »Mutti« um die Familienangelegenheiten kümmern sollte (die Nationalsozialisten hatten 1939 einen Waschtag eingeführt und auch einige Bundesländer kannten bis in die siebziger Jahre den Haushaltstag). Vieles von dem, was in der DDR unter Gleichberechtigung für Frauen firmierte, lässt sich nicht als Emanzipationsbestrebung im engeren Sinne verstehen, es hatte aber doch zur Folge, dass die DDR-Frauen Männern recht selbstbewusst und ökonomisch unabhängig gegenübertreten konnten, da sich ihre Verhandlungsmacht in Beziehungen verbesserte.[9] Immerhin drei Viertel aller Scheidungen in der DDR wurden von ehemüden Frauen eingereicht, die den Aufbruch zu neuen Ufern wagten.

Kinder, Kinder

Das Biografiemodell der DDR war eines der frühen Elternschaft und der frühen Eheschließung, nicht eines der ewig andauernden Postadoleszenz. 1989 lag das durchschnittliche Alter der Frauen bei der Geburt ihres ersten Kindes bei gerade einmal 22 Jahren; im Westen ließ man sich bis 27 Zeit.[10] Von den 25- bis 29-jährigen Frauen waren in Ostdeutschland nur etwa 18 Prozent nicht verheiratet, im Westen waren es damals mehr als 35 Prozent.[11] Allerdings gab es in der DDR auch mehr Scheidungen, man hielt nach neuen Partnerinnen und Partnern Ausschau, was sowohl an der geringeren ökonomischen Abhängigkeit der Frauen lag als auch dem sehr frühen Heiratsalter vieler Paare, deren Ehen den Alltag nach der ersten Leidenschaft nicht überstanden. Die DDR gehörte damals zu den Ländern mit den höchsten Scheidungsraten weltweit. Die Toleranz für anschließende Zweit- und Drittehen war recht ausgeprägt. Auch dass die Verantwortung für die Kinder temporär an Großeltern oder andere Verwandte übergeben wurde, war nicht außergewöhnlich. Anfang Vierzigjährige, die einen Kinderwagen durch Lütten Klein schoben, waren mit größerer Wahrscheinlichkeit die Großeltern als die Eltern des Kindes. Die langen Wartezeiten auf Wohnraum führten dazu, dass junge Paare ganz selbstverständlich bei den Eltern Unterschlupf fanden und man in einem Mehrgenerationenhaushalt auf beengtem Raum zusammenlebte. Mitunter konnten die Betriebe durch eigene Wohnraumkontingente Abhilfe schaffen oder man versuchte, sich über Ringtausche eine geeignete Wohnung zu organisieren. Wo es darum ging, sich einen eigenen Platz zum Wohnen zu sichern, war der Erfindungsreichtum jedenfalls groß. Hatte man ihn einmal ergattert, tat man gut daran, auch dann an ihm festzuhalten, wenn eine Beziehung in die Brüche ging.

Von den fünfziger bis Anfang der siebziger Jahre verlief die Geburtenentwicklung in DDR und BRD recht ähnlich, danach bewegten sich die Kurven auseinander. Angesichts des demografischen Abwärts-

Abb. 6: Kindergarten in Lütten Klein (1968)

trends, der durch die Einführung einer Fristenregelung bei Schwangerschaftsabbrüchen verstärkt wurde, legte die DDR Anfang der Siebziger einen ganzen Katalog familienpolitischer Maßnahmen auf, die auf eine bessere Vereinbarkeit von Erwerbstätigkeit und Familienarbeit zielten. Um Ehen mit Kindern zu fördern, wurden Ehedarlehen gewährt, Familien bei der Wohnraumvergabe bevorzugt, Ganztagsbetreuungsangebote ausgebaut. Man lockte mit Mutterschaftsurlaub und Erziehungszeiten sowie Kindergeld und steuerlichen Entlastungen.

Nicht zufällig ähnelt das Arsenal heutiger familienpolitischer Offerten dem Vorpreschen der DDR, man denke nur an den Ausbau der staatlichen Kinderbetreuungseinrichtungen oder das Elterngeld (in der DDR gab es das bezahlte Babyjahr). In Lütten Klein waren die Kinderbetreuungseinrichtungen ins Wohnquartier integriert, so dass die werktätigen Eltern ihre Sprösslinge schon frühmorgens abgeben konnten. Die DDR war eine Frühaufstehergesellschaft, in Werkhallen und Büros begann man oft schon um sechs oder sieben Uhr zu arbeiten. Ende der sechziger Jahre wurde die Fünftagewoche eingeführt (nur wir Kinder mussten am Samstag in die Schule), die normale Arbeitszeit lag recht konstant bei knapp 44 Stunden.

Für ihre Kinderfreundlichkeit hat sich die DDR notorisch selbst gelobt, allerdings konnte sie den säkularen Trend des Geburtenrückgangs auch mit ihrer pronatalistischen Familienpolitik nicht wirklich umkehren. Zwar stieg die Geburtenziffer plötzlich wieder an – man spricht auch vom »zweiten Babyboom der DDR« –, aber dies verdankte sich unter anderem Timing-Effekten: Das Versprechen einer eigenen Wohnung war vielleicht nicht der alleinige Grund, früh ein Kind zu bekommen, es konnte diese Entscheidung jedoch begünstigen und den Zeitpunkt beeinflussen. Der zinslose Ehekredit, der in der DDR massenhaft nachgefragt wurde, war daran gebunden, dass beide Partner nicht älter als 26 Jahre waren. Je mehr Kinder man bekam, desto niedriger wurde die abzuzahlende Summe – »abkindern« nannte man das damals; ab drei Kindern wurde der Kredit in einen Zuschuss umgewandelt. Insgesamt erwies sich die Vorstellung, man könne über die Förderung der »Jungehen« auch die Kinderzahl pro Frau nachhaltig steigern, allerdings als zu optimistisch.

Die im Vergleich zur Bundesrepublik höhere Geburtenziffer kam weiterhin dadurch zustande, dass in der DDR mehr Frauen eines Jahrgangs Mütter wurden. Das Thema der Kinderlosigkeit bei Akademikerinnen gab es nicht; selbst Studieren mit Kind war eine Selbstverständlichkeit. Westdeutschland hingegen war bereits damals von einer Polarisierung der Lebensformen gekennzeichnet.[12] Ein wachsender Teil der Bevölkerung nahm am generativen Verhalten gar nicht mehr teil. Der langfristige Geburtenrückgang in Ost- und Westdeutschland weist daher signifikante Unterschiede auf: Im Westen bekamen weniger Frauen Kinder, in Ostdeutschland ging die Zahl der kinderlosen Frauen sogar zurück. Allerdings sank dort die Anzahl der Kinder pro Frau.[13]

Private Nischen

Das Sozial- und Familienleben gedieh in der DDR vor allem in privaten Nischen. Die Familie, die Wohnung, der Freundeskreis waren Rückzugszonen gegen die Verregelung des sozialen Alltags und die Zudringlichkeit staatlicher Stellen. Anders als bei der Unterscheidung zwischen öffentlich und privat, die sich in der bürgerlichen Gesellschaft ausgeprägt hat und die in gewisser Weise Trennungen zwischen dem öffentlichen oder politisch-staatlichen Raum und familiärer Privatheit markiert, geht es hierbei nicht um klar definierte Grenzen, sondern um einen informellen Bereich, in dem sich eigene – aber keinesfalls außerhalb des staatlichen Kontrollzugriffs stehende – Gemeinschaftsformen ausbildeten und reproduzierten. Die Abschließung der privaten Sphäre, die Aufwertung der Familienexistenz und die Schaffung einer Zone des Schutzes und der Geborgenheit sind dabei als Teil von Prozessen zu verstehen, in denen Menschen mit Ansprüchen auf Autonomie und eigene Erfahrungen jenseits des politisierten Alltags im Betrieb und im gesellschaftlichen Leben hervortreten.[14] Wenig überraschend ergaben Untersuchungen nach der Wende, dass Ostdeutsche eine hohe Familienorientierung aufwiesen und das Private recht hoch gewichteten.[15] Da das Engagement für öffentliche Angelegenheiten jenseits der verstaatlichten Räume weitgehend unterbunden wurde und die Sicherung privater Autonomie oft nicht gelang, verlegten sich viele DDRler auf ein, nun ja, privatistisches Durchwurschteln. Sie kümmerten sich besonders intensiv um das Eigene und die Eigenen. Die Familie wurde mehr und mehr »zum Symbol für Freizeit und Privatsein, für eine breite Palette individueller Lebenstätigkeiten außerhalb der gesellschaftlichen Aktivitätsformen«.[16] Sie war eine Ressource für viele Bedürfnisse, etwa wo es darum ging, mit anzupacken oder Versorgungmängel zu kompensieren. Zugleich eröffnete der Rückzug ins Private Räume für die individuelle Selbstverwirklichung und konnte zum Ventil für Unzufriedenheit werden. Dazu gehörte die von vielen geteilte Erfahrung, dass man in der Familie vergleichsweise unbefangen über gesellschaftliche Fragen sprechen konnte, während man sich in der Schule oder im Betrieb an die offiziellen Phrasen zu halten hatte. Alle Versuche der Staatsführung, eine weitere Politisierung der Familie voranzutreiben oder den Radius des Privaten zu verkleinern, scheiterten letztlich an der Findigkeit der Individuen. Die noch in den sechziger Jahren übliche Maßregelung privater Verhaltensweisen, die wie zum Beispiel das Fremdgehen gegen den Kodex sozialistischer Moralvorstellungen verstießen, wurde nach und nach abgedimmt. Ohne es allzu offenkundig werden zu lassen, schloss die DDR ein Stillhalteabkommen mit ihren Bürgern, deren Privatheitsbestrebungen sie nur dann infrage stellte, wenn die öffentliche Ordnung in Gefahr war.

Der Einzelne und das Kollektiv

Den wohl stärksten Zugriff auf die Köpfe der Menschen hatte die DDR in den Schulen und Ausbildungseinrichtungen. Das wichtigste Ziel bestand darin, einen neuen Menschentyp – die sozialistische Persönlichkeit – zu erschaffen. Die planmäßige Heranziehung von Einstellungen und Mentalitäten, die in sozialistischen Erziehungslehrbüchern empfohlen wurde, erwies sich allerdings als gar nicht so einfach. Schon in den siebziger Jahren attestierte man der Jugend eine »Bewußtseinsschwäche«[17] und fragte sich, was man besser machen könne: Der Enthusiasmus und die innere Entflammbarkeit für die hehren Ziele des Sozialismus ließen nach, der Konformitätsdruck erzeugte Ausweichbewegungen, die Bereitschaft, die DDR mit der Waffe zu verteidigen oder sich als Grenzsoldat verpflichten zu lassen, sank, und immer weniger Bürgerinnen und Bürger glaubten, dass der Sozialismus in absehbarer Zeit im Weltmaßstab zu realisieren sei. Zwar wurden in der Schule, in der Lehre oder an der Universität millionenfach Lippenbekenntnisse abgelegt und jeder Text mit Zitaten aus einschlägigen Parteitagsbeschlüssen ornamentiert, mehr als ein rhetorischer Kotau war dies allerdings in der Regel nicht.

In Lütten Klein hatte man, wie erwähnt, insgesamt acht fast identische Polytechnische Oberschulen auf die grüne Wiese gestellt. Unsere, die 35. Polytechnische Oberschule, war nach Albin Köbis benannt, einem »revolutionären Matrosen« der deutschen Marine, der wegen Beteiligung an einem Soldatenaufstand 1917 mit 23 Jahren hingerichtet worden war. Auf dem Schulgelände gab es ein Ehrenmal, das wir pflegen und harken mussten und vor dem bei wichtigen Anlässen Fahnenappelle und Ordensverleihungen stattfanden. In der Schule waren die Lehrer und die Schulleiterin die wichtigsten Vermittler sowohl des curricularen wie auch des politischen Rüstzeugs. Insbesondere die Leitwölfin des Unterfangens, die überall ungeliebte Volksbildungsministerin Margot Honecker, war bestrebt, über gut »eingestellte« Lehrerkollektive auf die Familien und die Erziehung der Kinder einzuwirken. Lehrerinnen und Lehrer waren nicht nur Bildungsvermittler, sie übernahmen auch die Einfädelung der Schüler in die sozialistische Gesellschaft. Schon in der Schule gab es ein ausuferndes Auszeichnungswesen, das die – was auch immer das bedeutete – »sozialistische Persönlichkeit« prämierte, während Verstöße mit Vorladungen ins Direktorium und mit Aussprachen geahndet wurden. Walter Friedrich, ein einflussreicher DDR-Jugendforscher, sah in den Pädagogen die Schlüsselfiguren der Erziehung und mahnte an, die Identifikation mit der DDR müsse durch gute persönliche Verhältnisse erhöht werden: »Sympathie ist eine Brücke für die Ideologie.«[18] Lehrer sollten daher vertrauensvolle Beziehungen zu den Schülern aufbauen und sich bei ihnen beliebt machen. Auch deshalb darf man sich den Schulalltag nicht allein als kaltes System der Unterdrückung und Gängelei vorstellen, sondern eher als umfassendes Regime der Gesinnungsbildung, das eine gute Portion sozialpaternalistischer Mentorschaft einschloss.

In der DDR galt auch in der Schule das Primat ideologischer Linientreue. Wie selbstverständlich rapportierten die Lehrerinnen und Lehrer in den Jahresabschlusszeugnissen, ob ein Schüler sich durch »parteiliches Verhalten« hervorgetan hatte oder nicht. Es gab einen unzweideutigen ideologischen Kompass, der Schülerinnen und Schüler auch danach bewertete, ob sie sich im Sinne der sozialistischen Sache verhielten und äußerten. Dass wir en bloc den Jungen Pionieren und der Freien Deutschen Jugend (FDJ) beitraten und dort als Wandzeitungsverantwortlicher, Agitator oder Kassenwart fungierten, war selbstverständlich. Außerdem erinnere ich mich noch gut, dass ich auf dem Jahreszeugnis der fünften Klasse im Imperativ aufgefordert wurde, mich mit damals so genannten »negativen Elementen« im Klassenkollektiv besser auseinanderzusetzen. Schon die Schüler wurden so in das System der wechselseitigen Kontrolle einbezogen. Kleinste Verfehlungen wurden innerhalb der FDJ-Gruppe thematisiert, Übeltäter zur Rede gestellt und zur Selbstbezichtigung genötigt. Manchmal agierten wir dabei wie Schauspieler, die wussten, dass alles nur eine Rolle war, hinterher amüsierten wir uns darüber. Das Sensorium dafür, was jemand nur sagte, um offiziellen Erwartungen zu entsprechen, war fein ausgeprägt.

Die politische Instrumentalisierung der Schule machte den Alltag zwar nicht quälend, war aber doch der Grund, weshalb sie als Raum zum Erlernen und Erproben selbstbewusster Urteilsfähigkeit nicht infrage kam. Die enge Verschmelzung mit den Jugendorganisationen sorgte dafür, dass schon frühzeitig diejenigen prämiert wurden, die sich fähig und willens zeigten, nützliche Stützen der Gesellschaft zu werden. Reibungsloses Funktionieren war wichtiger als die produktive Reibung, durch die Talente und Interessen von Kindern gefördert werden. Über die Schule wirkte das Regime zugleich auf die Elternhäuser ein und unterstrich, dass auch die Eltern angehalten waren, das familiäre Umfeld im Sinne der Parteidoktrin zu gestalten.

Der soziale Status der Eltern spielte auch in der Schule eine Rolle. So war im Klassenbuch beispielsweise vermerkt, welche Schichtzugehörigkeit die Eltern der Kinder hatten. Von Akademikerkindern wie mir wurde erwartet, dass sie den Arbeiterkindern helfend zur Seite standen. Auch wenn sich mir der Sinn dieser Zuordnung damals nicht erschloss, kann ich mich doch an etliche Situationen erinnern, in denen die Herkunft eines Kindes plötzlich zum Thema wurde, wenn es etwa um die Teilnahme an einem Angebot von Jugendtourist, dem Reiseveranstalter der FDJ, oder Auszeichnungen beim Fahnenappell ging. Abweichendes Verhalten der Schüler wurde geahndet und konnte zu beruflichen Nachteilen für die Eltern führen. Regelmäßig ließ der Apparat – ganz im Sinne der »Brücke der Sympathie« – allerdings auch Milde walten und gab sich nachsichtig und verständnisvoll, versuchten Lehrer jenen zu helfen, die vom rechten Pfad abgekommen waren. Wiederholte Gespräche mit Lehrerinnen und Schulleitungen, Sitzungen im Klassenkollektiv, Interventionen der Pionierleiter oder Parteisekretäre waren dazu gedacht, Zugang zu jenen zu bekommen, die durch »unparteiliches Verhalten« auffielen. War das Maß überschritten, konnte das freilich drastische Sanktionen zur Folge haben. Warnungen vor einem Abgleiten in die »Asozialität« dienten zur Erzwingung von Disziplin und Folgebereitschaft.

Disziplinierung

Dramatischer als für die Durchschnittsschüler war die Disziplinierungskeule für diejenigen, die sich gegen das Räderwerk der realsozialistischen Maschinerie stemmten oder auszusteigen versuchten. Im Strafgesetzbuch der DDR gab es einen speziellen Paragrafen, der sich unmittelbar aus der Rechtstradition des preußischen Staates und des Nationalsozialismus ableitete und die Weigerung sanktionierte, am sozialistischen Leben teilzunehmen. Paragraf 249 stellte die Beeinträchtigung der öffentlichen Ordnung und Sicherheit durch »asoziales Verhalten« unter Strafe, und wer ihn heute liest, dem ist unmittelbar einsichtig, wie weitreichend auf dieser Grundlage das soziale Leben gemaßregelt werden konnte. Unter »asoziales Verhalten« ließ sich naturgemäß alles Mögliche fassen, die Auslegung unterlag politischen Wechselfällen, aber im Kern ging es um »Arbeitsscheu« und jedweden Versuch, sich einer »geregelten Arbeit« zu entziehen. Wer keiner geregelten Beschäftigung nachging, obwohl er als arbeitsfähig galt, dem drohten bis zu zwei Jahre Haft. Mildere Sanktionen waren Beschränkungen der Freizügigkeit (ein im Personalausweis vermerktes Berlin-Verbot war eine gängige Maßnahme) und die Überstellung an die staatlichen Kontroll- und Erziehungsinstanzen. In DDR-Biografien findet man deshalb bei Personen, die sich in einer künstlerischen oder kreativen Nischenexistenz eingerichtet hatten, häufig so exotische berufliche Stationen wie Friedhofsgärtner oder Nachtwächter. Diese Tätigkeiten waren gut geeignet, dem Vorwurf der Asozialität zu entkommen und zugleich den eigenen Neigungen nachgehen zu können.

Für Kinder und Jugendliche, die durch Aufmüpfigkeit, rebellisches Verhalten oder politische Uneinsichtigkeit aufgefallen waren, gab es spezielle Kinderheime und Jugendwerkhöfe. Nicht nur Gerichte sorgten dafür, dass junge Menschen hinter Anstaltsmauern einem disziplinierenden Regime unterworfen wurden, sondern auch die DDR-Jugendhilfe, die auf Betreiben der Lehrer und Schulen tätig wurde. Damit waren dem Schulsystem Sanktionsdrohungen gegen (so die damalige Bezeichnung) »Schwererziehbare« an die Hand gegeben. Die aus der Sowjetunion übernommene Institution der Jugendwerkhöfe folgte dem Motto »Erziehung zur Arbeit durch Arbeit« und beinhaltete eine engmaschige Reglementierung des Tagesablaufs, anstrengende körperliche Tätigkeiten, psychische Beeinflussung und Indoktrination. In der Schule kannten wir solche Heime und Jugendwerkhöfe nur vom Hörensagen, und wenn es einmal hieß, jemand sei dort gewesen, so musste es sich um gefährliche Außenseiter, um fast schon kriminelle Jungs oder Mädchen handeln. Diese Sicht habe ich erst später abgelegt, als ich enger mit Menschen in Berührung kam, die wegen Bagatellvergehen dorthin eingewiesen worden waren. In der Normierungsgesellschaft der DDR nahmen es jedenfalls viele hin, dass diejenigen, die sich nicht anpassten, besonderen Maßnahmen unterworfen wurden. Ob es sich dabei um notorische »Schulentweicher«, Kleinkriminelle oder politisch unliebsame Personen handelte, war sekundär.

Eine wenig zivile Seite zeigte der pädagogische Apparat, als 1978 der Wehrkundeunterricht für die neunten und zehnten Klassen eingeführt wurde, was auch in der DDR umstritten war und von den Kirchen heftig kritisiert wurde. In der Kopenhagener Straße in Lütten Klein steht vor einem Schulkomplex bis heute eine Betonplastik mit dem Titel »Sozialistische Wehrertüchtigung«. Der Bildhauer Reinhard Dietrich ließ fünf nackte junge Männer in Lebensgröße eine Eskaladierwand überklettern und huldigte unverblümt der Wehrbereitschaft der sozialistischen Jugend. Die Fähigkeit zur militärischen Verteidigung des Sozialismus wurde schon früh geprobt. Neben Hundertmeterlauf, Weitsprung und Kugelstoßen war der Handgranatenweitwurf – mit Imitaten der sowjetischen F-1 und von Panzerhandgranaten – eine Regeldisziplin im Schulunterricht und auf Sportfesten. Später kamen Geländespiele mit paramilitärischem Charakter dazu. Die Gesellschaft für Sport und Technik (GST) war der verlängerte Arm des Verteidigungsministeriums und widmete sich der vormilitärischen Ausbildung der DDR-Jugendlichen, wozu auch Waffenkenntnisse gehörten. Schon im frühen Kindesalter sollten pazifistische Neigungen unterbunden und das Interesse an NVA-Karrieren geweckt werden. Auch ein obligatorischer zweiwöchiger Schulungsaufenthalt in einem Wehrlager, inklusive Uniform, Belastungsmärschen und Schießübungen, gehörte für Jungs zum Schulbesuch in der DDR (die Mädchen wurden währenddessen in der Schule in Zivilverteidigung unterwiesen).

Die Fahnenappelle, zahlreiche Pionier- und FDJ-Veranstaltungen sowie die Wehrausbildung wurden zuweilen mit größerem, meistens mit kleinerem Eifer absolviert oder einfach nur ertragen. Wir machten die Dinge ohne innere Überzeugung mit; Wandzeitungen wurden routinemäßig angefertigt, ohne dass sie wirklich etwas bedeuteten. Zur Belobigung guter Leistungen wurden Abzeichen verteilt, richtig stolz war darauf aber niemand. Diese Zweigleisigkeit aus oberflächlicher Zustimmung und innerer Distanz war weit verbreitet, sie gehörte irgendwie zum Sich-Einrichten dazu. Bei aller Alltagssolidarität, allem Widerspruch im Kleinen und allem privatistischen Rückzug, dem Gros der Werktätigenklasse der DDR ging es auch bei ihren Kindern um eine »Anpassung an die objektiven Möglichkeiten«,[19] nicht um einen Gegenentwurf oder eine Gegenkultur, so dass sie letztlich als duldende und schweigende Masse den Fortbestand der politischen Verhältnisse sicherten, zum Teil halbwegs zufrieden, aber auch resigniert und abwartend.

Junge Menschen wie ich begannen erst im Lauf der Achtziger, die Dinge grundlegender infrage zu stellen. Nun wurden ab und an Zweifel geäußert, ob der Sozialismus den Kapitalismus überhaupt in absehbarer Zeit überholen könne. Die Prinzipien des demokratischen Sozialismus und die Wahl von Einheitslisten der Nationalen Front wurden ebenfalls problematisiert, worauf die Lehrer oft nur mit pauschalen Verweisen auf die Ausbeutungsverhältnisse im Kapitalismus reagierten. Auch über das Schwerter-zu-Pflugscharen-Symbol der Friedensbewegung, das im letzten Jahrzehnt der DDR in kirchlichen Kontexten häufig zu sehen, offiziell jedoch verpönt war, haben wir recht offen diskutiert, zumal einige wussten, dass die Sowjetunion der Uno eine entsprechende Bronzeskulptur geschenkt hatte. Einmal nahm mich ein Bekannter zu einem Gottesdienst des Pfarrers Joachim Gauck mit, der seine Gemeinde in der nahe gelegenen Neubausiedlung Evershagen hatte und schon damals ein charismatischer Mann war. Wie er und einige Teilnehmer dieser Runde redeten, wie sie Dinge beim Namen nannten und auf Worthülsen verzichteten, hat sich mir tief eingeprägt. Das hatte nichts mit den Phrasen und dem Ideologiesprech unserer FDJ-Sitzungen zu tun. Unglaublich, welchen Weg Joachim Gauck dann später zurückgelegt hat: über die Bürgerbewegung, die Proteste in der Rostocker Marienkirche und die Leitung der Stasi-Unterlagenbehörde bis zur Bundespräsidentschaft. Im Rostocker Neubau-Nordwesten sind die Leute aber nicht so richtig stolz, dass es einer aus ihren Reihen bis ins höchste Staatsamt geschafft hat; eher betrachtet man ihn mit Skepsis, zu sehr gilt er als aus dem Gleis gesprungen, zu wenig hat er sich den Befindlichkeiten vor Ort angedient, zu sehr wird er als Vertreter einer bürgerlichen Etabliertenkultur angesehen. Manche meinen in ihm gar einen Hohepriester des Neoliberalismus zu erkennen.

5. Einschluss nach innen, Abschottung nach außen

Rübermachen

Die DDR war ein Abwanderungsland, das Menschen zumeist in Richtung Westen verließen. Allein von 1949 bis zum Bau der Mauer 1961 gingen geschätzt über drei Millionen Menschen weg, danach wanderten bis 1988 noch einmal über 600 000 Menschen in die Bundesrepublik ab, teils mit Ausreisegenehmigung, teils auf anderen Wegen, etwa Flucht oder Freikauf.[1] Während die DDR-Bevölkerung dramatisch schrumpfte, nahm die Bevölkerung der Bundesrepublik zwischen Ende der vierziger Jahre und der Wiedervereinigung um mehr als dreißig Prozent zu (Schaubild 5).[2] Die DDR war damit eines der wenigen entwickelten Länder, die in der Nachkriegszeit von einem starken Bevölkerungsverlust betroffen waren, wobei die Abwanderung aus dem Osten Deutschlands schon lange vor dem Zweiten Weltkrieg begonnen hatte. Mit der Gründung der DDR und den Verstaatlichungs- und Kollektivierungswellen suchten vor allem die besitzenden Klassen, die Handwerker, das Bildungsbürgertum und die Unternehmerschaft, aber auch Teile der qualifizierten Mittelschichten das Weite. In den siebziger und achtziger Jahren ging dann aber der Querschnitt der Bevölkerung: ökonomisch und/oder politisch Unzufriedene, Fachkräfte, Oppositionelle, Rentner, Menschen, die aneckten, Künstler und Kulturschaffende und viele mehr.

Das Thema geisterte stets durch den Alltag, richtig offen geredet wurde darüber aber nicht. Man wusste von Familien, die einen Ausreiseantrag gestellt hatten und dann irgendwann einfach weg waren. Eine spektakuläre Episode, die mein Vater damals aus seinem Betrieb mitbrachte und zu der er nur Ungenaues wiedergeben konnte, ist mir in

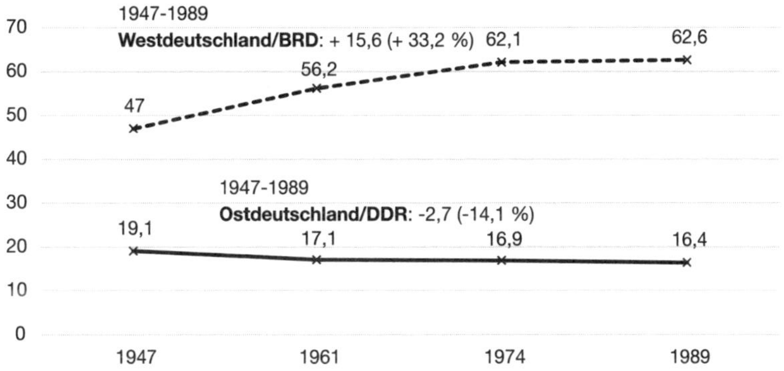

Schaubild 5: Entwicklung der Bevölkerung (in Millionen)
Datenquelle: Statistische Jahrbücher der BRD und der DDR (BRD bis 1957 ohne Saarland)

Erinnerung geblieben: Ein Arbeitskollege wurde festgenommen, weil er versucht hatte, in der eigenen Garage ein Ein-Mann-U-Boot zu konstruieren, um damit aus der DDR zu fliehen. Erst später – zu Zeiten der Wende – erfuhr ich die ganze Geschichte von Walter Gerber. Kurz vor dem Abschluss seines Ingenieurstudiums hatte man ihn erpresst, mit der Stasi zusammenzuarbeiten und über seinen Betrieb sowie die Kollegen zu berichten. Als er dann den Kontakt mit der Stasi abbrach, wurde er mit seiner Verpflichtungserklärung immer wieder bedrängt, so dass er sich in einer aussichtslosen Lage sah. Er funktionierte seine Garage zur Miniwerft um und baute in jahrelanger Tüftelei das Klein-U-Boot. Um es zu testen, entfernte er die Bodenplatte der Garage, hob ein Loch aus und betonierte dessen Wände. Dann füllte er die Grube mit Wasser und ließ das Boot in dem Becken schwimmen. Die folgenden Probefahrten in der Ostsee gestalteten sich allerdings schwierig – mal war das Wasser zu flach, mal funktionierte das Ruder nicht, und das Boot fuhr im Kreis. Beim zweiten Versuch im Sommer 1980 musste er das Boot geflutet zurücklassen, Urlauber fanden es. Als er dann über Ungarn ausreisen wollte, wurde Walter Gerber verhaftet und anschließend vor Gericht gestellt. Nach über vier Jahren Haft wurde er freigekauft und siedelte mit seiner Familie nach Lübeck über.

Wurden solche Fälle meist unter der Decke gehalten, gelang das bei prominenteren Personen immer seltener. Mit der Ausbürgerung von Wolf Biermann begann ein Aderlass der Kunst- und Kulturszene. Wer von den Schauspielern, Musikern oder Literaten der DDR »rübergemacht« hatte, war auch Thema auf den Veranstaltungen der Massenorganisationen. Den »Vaterlandsverrätern« wurde Raffgier und ideologische Verblendung vorgeworfen; viele wurden öffentlich – das Parteiorgan *Neues Deutschland* stand hierbei immer an vorderster Front – geschmäht und an den Pranger gestellt. Die Fälle von Stephan Krawczyk und Freya Klier sind mir besonders in Erinnerung geblieben, weil wir die Texte und die Musik des Bandoneonspielers Krawczyk gut kannten und ihn auf Konzerten erlebt hatten (»Fetzen greller Vogelschreie / dringen durch die Mauerritzen, / jetzt im Zug nach Genua sitzen, / endlich auf dem Sprung ins Freie. / Fast im Mittelmeer ersaufen, / in Sandstürmen trocken drehen, / sprachlos übern Abgrund gehen, / dann die Rückfahrkarte kaufen«, aus: »Uns und einer fortgetriebenen Freundin«). Ernüchtert über die starre Haltung der SED-Führung zu den von Gorbatschow eingeleiteten Reformen, schrieben Krawczyk und Klier einen offenen Brief an die Parteispitze, in dem sie die Aufhebung der Berufsverbote und die Achtung der Menschenrechte einforderten und zugleich die große Kluft zwischen Regierenden und Bevölkerung beklagten. Als sie dann im Januar 1988 bei der Luxemburg-Liebknecht-Demonstration der SED mit selbstgebastelten Transparenten ihre Forderungen wiederholten, reagierten die Behörden mit drakonischen Maßnahmen: Erst wurden sie verhaftet und ins Gefängnis gesteckt, dann dazu genötigt, ihrer »freiwilligen« Ausreise zuzustimmen, um mehrjährigen Haftstrafen zu entgehen.

In unserer Familie wurde die Ausreisefrage Mitte der achtziger Jahre Thema, als der damalige Freund meiner Schwester bei einem Fluchtversuch verhaftet wurde und meine Schwester, damals gerade achtzehn Jahre alt, wegen einer möglichen Mitwisserschaft ins Visier der Stasi geriet. Der Freund, ein DDR-Hippie und Frauenheld mit wallender Mähne, Lederweste und weißem Leinenhemd, wohnte in einer heruntergekommenen Villa am Hauptbahnhof inmitten von zusammengekauftem Eichenholzmobiliar und barocken Gemälden. In seinem Salon stand ein großer Billardtisch. Nachdem meine Schwester eine Woche bei ihm gewohnt und sich im größten Glück gewähnt hatte, weckte er sie nachts, um ihr zu sagen, dass er mit einem Freund nach Berlin fahre, um seine Ausreise zu erzwingen. Der Plan war, an der Grenze die Ausweise zu zerreißen und sich nach der Festnahme vom DDR-Anwalt Wolfgang Vogel, der als Mittler solche Fälle regulierte, mit Geld aus dem Westen freikaufen zu lassen. Die Freikaufpraxis war damals üblich, auch wenn einem diese moderne Form des Menschenhandels aus heutiger Sicht übel aufstößt. Eine Nacht später klingelten mehrere Stasi-Leute meine Schwester wach und verschafften sich Zutritt zu ihrer Wohnung, durchsuchten die Zimmer und verhörten sie stundenlang. Dann zwangen die Männer sie, mit ihnen in den Kohlenkeller hinabzusteigen und diesen umzugraben, weil sie vermuteten, dort könne etwas versteckt sein. Nachdem ihr Freund zunächst im Stasi-Knast Bautzen, im Volksmund wegen der Farbe des Backsteins »gelbes Elend« genannt, eingesessen hatte, wurde er später in die Nähe von Rostock verlegt, wo meine Schwester ihn besuchen konnte, was damals auch zu Konflikten mit meinen Eltern führte. Sie musste sich bei den Haftbesuchen ausführlich von Mitarbeitern des Ministeriums für Staatssicherheit befragen lassen. Die Stasi-Leute versuchten sogar, sie mit einem Medizinstudienplatz zu locken (sie holte damals auf der Abendschule mühselig ihr Abitur nach), um zu erfahren, wer alles zu den »subversiven Kreisen« im Umfeld ihres Freundes gehörte.

In den letzten Jahren der DDR wurde dann immer offener über das »Abhauen« gesprochen, zumal die Lücken, welche die Abwanderer hinterließen, kaum noch zu übersehen waren. Die Zahl derer, die ausreisen wollten und durften, stieg stark an – von 1984 bis 1988 erlaubte man 113 000 Menschen die Ausreise. Die Zahl der Antragsteller lag sogar noch deutlich höher. »Der Letzte macht das Licht aus« wurde zum geflügelten Spruch, mit dem die DDR-Bürger die massenhafte Absentierung bitter kommentierten. Dem System fiel es zunehmend schwerer, diese Menschen wie Aussätzige zu behandeln und zu diskreditieren, weil es sich um »ganz vernünftige Leute« handelte, die sich nichts zuschulden hatten kommen lassen. Das »Übersiedlungsersuchen«, so die offizielle Terminologie, ging für die Betroffenen zwar weiterhin mit Repressalien und erheblicher Behördenwillkür einher, aber da die

Zahl der Nachahmer stieg, sank auch die Abschreckung. Es bildeten sich Ausreisegemeinschaften, in denen Menschen Informationen austauschten und sich in Solidarität gegen die Zudringlichkeiten der Behörden übten.

Isolation von Feind und Freund

Die soziale Funktion der Grenze der DDR war trotz anderslautender Beteuerungen, es handele sich um einen »antifaschistischen Schutzwall«, stark nach innen gerichtet. Schon der Bau der Berliner Mauer war eine unmittelbare Reaktion auf das Ausbluten der DDR und die Gefahren der inneren Destabilisierung, aber im Verlauf der Jahre dominierte die Innenwirkung immer stärker. Die Mauer fungierte als Einschlussgrenze. Vor allem gegenüber dem Westen etablierte sie ein Kontroll- und Abgrenzungsregime, das die privaten Beziehungen ins Ausland beschnitt und die Mobilitätsrechte der Bürger einschränkte. Westverbindungen wurden argwöhnisch beobachtet, weil man befürchtete, die DDR-Bürger könnten den kapitalistischen Verführungen auf den Leim gehen. Die Herausbildung zweier Teilgesellschaften mit unterschiedlichen sozialen und politischen Kulturen wäre ohne die innerdeutsche Grenze kaum denkbar gewesen.

Die DDR umzäunte nicht nur die eigene Bevölkerung, sie hatte auch ein eigenwilliges und zutiefst gespaltenes Verhältnis zu anderen Kulturen und Ländern. Während es in Richtung Westen um einen stetigen Abgrenzungs- und Selbstbehauptungskampf ging, war die Verbindung mit der UdSSR und den anderen Ländern des Warschauer Vertrages geradezu existenzsichernd – militärisch, ökonomisch und ideologisch. Allerdings war es mit der Völkerfreundschaft zur Sowjetunion und zu den anderen »Bruderstaaten« auch nicht allzu weit her: Zwar führten Großorganisationen wie die Gesellschaft für Deutsch-Sowjetische Freundschaft (DSF) oder die FDJ regelmäßig Aktivitäten zur Pflege freundschaftlicher Beziehungen durch, aber diese liefen oftmals ins Leere, weil sie über ritualisierte und überwachte Begegnungen nicht hinausgingen. Es gab sogar regelrechte Kontaktsperren (beispielsweise gegenüber den in der DDR stationierten Sowjetsoldaten), weil die Offiziellen argwöhnisch darauf achteten, dass sich diese Beziehungen nicht verselbstständigten oder gar aus dem Ruder liefen. Als Schüler nahmen wir im Rahmen der Woche der deutsch-sowjetischen Freundschaft nahezu jährlich an solchen Treffen mit Sowjetsoldaten teil, die wir passiv über uns ergehen ließen. Dort redeten in der Regel die Altvorderen, und trotz vieler Jahre Russischunterricht (und von der Schule vermittelter Brieffreundschaften) gelang es in der freien Redezeit kaum, sich über Floskeln hinaus verständlich zu machen. Man saß sich dann in schmucklosen Räumen gegenüber, Keksteller standen auf den Tischen, Fassbrause wurde gereicht, Lehrer gingen durch den Raum und überwachten die Gespräche. Nach ein oder zwei Stunden, in denen man mühsam das erlernte Vokabular in Anwendung gebracht hatte, war die ganze Sache vorbei.

Das Motto »Von der Sowjetunion lernen heißt siegen lernen« bildete zwar ein Leitmotiv vieler Initiativen – von Studienreisen in die UdSSR über Kranzniederlegungen auf Ehrenfriedhöfen bis hin zu Kulturveranstaltungen und Einladungen zu Betriebsfesten –, blieb aber letztlich eine hohle Phrase. Die Sakralisierung der Beziehungen zum »Sowjetvolk« als dem wichtigsten Klassenbruder machte diese stumm und entzog ihnen alles Lebendige. Die »Bruderstaaten« der DDR genossen insgesamt kein allzu positives Image. Man hielt sich für ökonomisch fortgeschrittener als viele Länder des Ostblocks, auf Rumänien, Polen und auch die Sowjetunion schaute man hinab. Ob in der Führungsetage oder in der Bevölkerung – beim vergleichenden Blick nach Osten gab es ein unterschwelliges Superioritätsgefühl.

»Solidarität« war dennoch eines der am häufigsten gebrauchten Wörter aus dem offiziellen DDR-Vokabular, und alle waren aufgefordert, sie fortwährend zu praktizieren – international natürlich. Als Schüler engagierten wir uns permanent in Solidaritätsaktionen. Mal gingen wir von Haus zu Haus, um Altglas und Zeitungen für einen guten Zweck zu sammeln, mal fragten wir in der gesamten Verwandtschaft nach alten Brillengestellen, die nach Afrika geschickt werden sollten, schon im Kindergarten malten wir im Zuge der Kampagne »Eine Million Rosen für Angela Davis« Postkarten mit Rosenmotiven für die amerikanische Bürgerrechtlerin, die in den USA wegen des Vorwurfs der Terrorismusunterstützung im Gefängnis saß und 1972 nach zwei Jahren Haft freikam. Es handelte sich um eine Art »Solidarität mit Fremden«, die gegenüber – aus DDR-Sicht – revolutionären und progressiven Kräften in aller Welt geübt wurde, die aber kaum mit wirklichen Erfahrungen unterfüttert war. Ob Castros Kuba, die Demokratische Republik Vietnam, die Unidad Popular in Chile oder die nicaraguanische Revolution der Sandinisten, immer war die DDR zur Stelle, wenn es um den Kampf gegen Kolonialismus und Imperialismus ging. Zugleich achtete sie jedoch stets darauf, dass es nicht zu engen persönlichen Bindungen kam, die ein Eigenleben entwickeln und den Korridor des politisch Erwünschten hätten verlassen können.

Auch sonst blieben internationale Kontakte der Ausnahmefall, ja sie waren geradezu exotisch. Seit der Verhängung des Kriegsrechts in Polen im Jahr 1981 waren eigentlich nur noch die Tschechoslowakei und Ungarn populäre und relativ einfach zugängliche Reiseziele. Das in der Bundesrepublik durch den Massentourismus weit verbreitete Erlebnis des Auslands gab es in der DDR so nicht. Fernreisen – etwa in die Mongolei, die asiatischen Sowjetrepubliken oder nach Kuba – waren kontingentiert und wurden über das Reisebüro der DDR oder Jugendtourist abgewickelt. Statt um Individualtourismus handelte es sich um organisierte Reisen mit recht starren Abläufen, was auch bedeutete, dass man außerhalb der vorbestimmten Trampelpfade mit Land und Leuten wenig in Kontakt kam. Ähnlich oberflächlich und nur punktuell waren die Binnenkontakte mit anderen Kulturen und ethnischen Gruppen. Ich kann mich an keinen Schüler erinnern, der einen ausländischen Elternteil gehabt hätte. Die Schule, das soziale Umfeld, der Freundeskreis meiner Eltern waren vollkommen homogen, so dass es weder Gelegenheit noch Notwendigkeit gab, sich auf andere Kulturen einzulassen. Entgegen der offiziellen Doktrin waren Ausländer in der DDR nicht sonderlich willkommen, weder bei der Staatsführung noch in weiten Teilen der Bevölkerung.[3] Im Alltag spielten sie so gut wie keine Rolle. Meine Mutter hatte in der Poliklinik einen Kollegen aus Chile, dann gab es noch einen medizinischtechnischen Assistenten aus dem Irak, beide kannte man aber nur vom Hörensagen. Einmal war ein angeheirateter rumänischer Bekannter meiner Eltern zu Besuch, ansonsten dürfte praktisch kein Ausländer unsere vier Wände betreten haben. Wir waren keine Ausnahme – von der großen Völkerverständigung fand sich im Lütten Kleiner Neubau keine Spur. Auch wenn es heute eine wachsende Gruppe von Migrantinnen und Migranten in Lütten Klein gibt, halten die meisten Alteingesessenen im Alltag Abstand.

DDR-Deutsche

Das Identitätskonzept der DDR war damit trotz des propagierten Internationalismus ein durch und durch nationales: Man war DDR-Deutscher. Zwar bemühte man sich, das Land als »ersten sozialistischen Staat auf deutschem Boden« mit einem eigenen identitären Rüstzeug auszustatten, dies gelang aber nur unvollständig. Ob man sich für DDR-Sportler begeisterte oder insgeheim eher den westdeutschen Athleten zujubelte, hing nicht zuletzt vom »Klassenstandpunkt« ab. Die vielfältigen Versuche, sich durch Geschichtspolitik, Symbole und politische Ikonografie als Nation zu inszenieren, würde man heute wohl als »nation branding«[4] bezeichnen, als aktives politisches Management des Selbst- und Fremdbilds, das den Bürgern ein Zugehörigkeitsgefühl vermitteln und die eigene Existenz ideell absichern sollte. Ob dieser Versuch gelungen oder gescheitert ist, darüber gab und gibt es anhaltende Debatten. Sie drehen sich unter anderem um die Frage, ob die auf die DDR gerichteten Identitätsbezüge vieler älterer Ostdeutscher ein Echo der Wiedervereinigung oder tatsächlich ein Erbe eines DDR-Bewusstseins darstellen.[5] Jens Reich, einer der klügsten Köpfe der DDR-Opposition, hat 1990 bekannt, er sei erst nach dem Fall der Mauer innerlich zum DDR-Bürger geworden.[6] Die DDR-Identität sei aus der Abwesenheit heraus entstanden, als Entzugserscheinung, aus dem Gefühl heraus, anders zu sein als die Westdeutschen. Für die jüngeren Generationen, die nichts anderes kannten, mag sich die Frage, ob sie zuerst Deutsche oder aber DDR-Bürger seien, anders oder gar nicht gestellt haben: Selbst wenn sie an der DDR einiges zu kritisieren hatten, stellte diese doch eine existenzielle Tatsache dar.

Richtet man den Blick auf den Kern des in der DDR ausgeprägten Identitätskonstrukts, so zeigt sich ein mit dem proklamierten Internationalismus im Widerstreit stehendes nationales Bewusstsein. Die DDR wurde als Land beschrieben, in dem Nationalstolz und ein neues, klassenübergreifendes Selbstverständnis zusammenfanden.[7] Staatsangehörigkeit DDR, Nationalität deutsch – so lautete die offizielle Sprachregelung. Der »sozialistische Patriotismus« verlangte Heimatliebe und betrachtete die DDR als die Erbin der guten Seiten der deutschen Nation. Dabei setzte man nicht auf das republikanische Konzept der Staatsnation, sondern rückte die Kulturnation in den Mittelpunkt. Rückblickend wurden Persönlichkeiten und Ereignisse so gedeutet, dass sie im Einklang mit der »historischen Mission der Arbeiterklasse« standen. Ob Luther oder Friedrich der Große – vieles wurde nach und nach eingemeindet. Die Kulturnation beschwor Gemeinsamkeiten auf der Grundlage von Herkunft, Tradition sowie Sprache und favorisierte ein auf Abstammung basierendes Zugehörigkeitskonzept. Es galt die Lehre der »zwei deutschen Nationen«, wobei die eine das gute Deutschland verkörperte und die andere als Nachfolgestaat von Nazideutschland geschmäht wurde. Die DDR brauchte offensichtlich die nationale Erzählung und traute dem pathetischen Großnarrativ der weltumspannenden Solidarität der Arbeiterschaft nicht allzu viel zu.

Neben dem exzessiven politischen Anspruch auf Kontrolle und Überwachung erklärt auch diese nationale Schlagseite der DDR-Identität, warum das Land Züge einer Abschottungsgesellschaft annahm. Die DDR verstand sich zwar als legitime Erbin des antifaschistischen Widerstands, doch anders als in manchen Kreisen der Bundesrepublik führte der Nationalismus der Nazi-Diktatur nicht zu einer Absetzbewegung vom Deutsch-Sein. Stellt man die Westbindung, die Rolle des Verfassungspatriotismus und die migrationsbedingten gesellschaftlichen Metamorphosen in der Bundesrepublik in Rechnung, war die DDR in gewisser Hinsicht das »deutschere Deutschland«.[8] Die DDR hielt recht unbefangen – eigentlich müsste man sagen: strategisch – an einem national konnotierten Selbstverständnis fest. Vermutlich konnte man in der DDR der achtziger Jahre einfacher und unreflektierter Deutscher (und DDR-Bürger) sein als in der Bundesrepublik. So entstand ein DDR-Nationalismus, der sich in schroffer Selbstbehauptung, sozialer Abschließung und einem hohen Grad an innerer Homogenität ausdrückte.

Ungeliebte Gäste der DDR

In der DDR lebten zum Zeitpunkt ihres Untergangs nur etwas weniger als 200 000 Ausländerinnen und Ausländer, was gerade einmal ein knappes Prozent der Gesamtbevölkerung ausmachte. Mehr als die Hälfte waren sogenannte Vertragsarbeiter aus anderen sozialistischen Ländern, für die ein starres Rotationssystem galt. Manche kamen zu Ausbildungszwecken, andere kompensierten Arbeitskräftemangel in wichtigen Bereichen. Auch hier achtete die Regierung argwöhnisch darauf, dass es zu keiner Durchmischung mit der einheimischen Bevölkerung kam. Die Aufenthaltsgenehmigungen der Vertragsarbeiter, von denen die meisten aus Vietnam, Mosambik und Kuba stammten, waren befristet und konnten bei Fehlverhalten jederzeit widerrufen werden. Als Arbeitskräfte waren sie der DDR willkommen, für ihre gesellschaftliche Integration tat man jedoch so gut wie nichts: Sie wurden weitgehend separiert, Spracherwerb wurde nur so weit gefördert, wie es für den Arbeitsalltag vonnöten war. Man kasernierte sie in speziellen Baracken, Einrichtungen oder Wohngebäuden wie etwa die vietnamesischen Vertragsarbeiter im Sonnenblumenhaus in Lichtenhagen.

In Rostock lebten insgesamt etwa 1500 Vietnamesen, von denen die meisten als Hilfsarbeiter im Seehafen, beim Wohnungsbau und im volkseigenen Textilbetrieb Shanty beschäftigt waren, der den DDR-Markt mit Jugendmode versorgte. Jenseits des amtlichen Sprachgebrauchs redete man im Alltag oft abschätzig von »den Fidschis«, obwohl es sich bei Fidschi um einen Inselstaat im Südpazifik handelt. Für die vietnamesischen Vertragsarbeiter war der Aufenthalt in der DDR ein Privileg, auch wenn viele unter der Isolation und den begrenzten Entwicklungsmöglichkeiten litten. Sie kauften Konsumgüter – etwa Mopeds oder Nähmaschinen –, die sie in die Heimat verschifften und dort weiterverkauften, und nahmen dafür das Getto in Kauf, in das man sie eingeschlossen hatte. Die vietnamesischen Näherinnen galten als äußerst versiert und stellten in ihrer Freizeit Hosen

Abb. 7: Vietnamesische Näherinnen im Rostocker Jugendmodebetrieb Shanty (Juni 1990)

und Hemden her, die sie unter der Hand verkauften und für die sich ein regelrechter Schwarzmarkt entwickelte. Ihr Prestigewert reichte zwar nicht an den von Westklamotten heran, sie galten aber doch als willkommene Alternative zu den Produkten der heimischen Bekleidungsindustrie. Der Zugang zu den Schneiderinnen war allerdings nur über Mittelsmänner möglich, die Bestellungen aufnahmen oder einen in die Wohnungen führten, die man zu Nähwerkstätten umfunktioniert hatte.

Auf eine Willkommenskultur trafen die Vertragsarbeiterinnen und

Vertragsarbeiter nicht. Die Anwesenheit der »Fremden« wurde lediglich geduldet. Es entstand ein Neben-, kein Miteinander.

Sozialistische Fremdenfeinde

Noch im Februar 1989 bediente Erich Honecker die Propagandamaschine und sang das Hohelied auf die fremdenfreundliche DDR: »Der Fremdenhass liegt sehr stark in der deutschen Mentalität. Bei uns in der DDR ist das überwunden. Bei den Maidemonstrationen sieht man Menschen verschiedener Hautfarbe und Herkunft, die in Brüderlichkeit und Freundschaft zusammengehen.«[9]

Mit der Realität hatte das freilich wenig zu tun, fremdenfeindliche Angriffe waren keine Seltenheit. Während die vietnamesischen Vertragsarbeiter recht zurückgezogen lebten und Konflikten aus dem Weg gingen, waren die Menschen aus Kuba oder Mosambik nicht nur Zielscheibe für abfällige Bemerkungen, sondern wurden auch in handfeste Konflikte verwickelt. Vor allem in Kneipen und Discos, wo der Alkohol zur Enthemmung beitrug, konnten sich Vorbehalte leicht zu Aggression steigern. Den Vorwurf, die »Neger« würden den Deutschen die Frauen wegnehmen, habe ich mehr als einmal gehört. Dann flogen schnell die Fäuste. Insbesondere in den siebziger und achtziger Jahren kam es zu einer Vielzahl rassistischer Übergriffe, offiziell wurde darüber allerdings nicht berichtet.[10] So blieben die pogromartigen Ausschreitungen in Erfurt, als Jugendliche im August 1975 algerische Vertragsarbeiter mehrere Tage in Folge angriffen und durch die Innenstadt jagten, im Rest der DDR weitgehend unbekannt.

Überhaupt gab es in der DDR einen fruchtbaren Nährboden für Rechtsradikalismus. Nicht nur einzelne Personen vertraten ausländerfeindliches Gedankengut, zwischen Rostock und Karl-Marx-Stadt hatte sich ein regelrechtes Neonazi-Netzwerk herausgebildet.[11] Bei Konzerten, in Fußballstadien oder nachts in der S-Bahn hörte man immer wieder rechtsradikale Pöbeleien und Sprechchöre, zuweilen sah man Nazisymbole in Unterführungen oder auf den Betonpfeilern der Stadtautobahn. Antisemitismus und Schimpfwörter wie »Polaken«

für Polen oder »Briketts« für Schwarze waren im Alltag nicht allgegenwärtig, aber eben auch keine Seltenheit. Auf Zeltplätzen wurde ich als Schüler Zeuge, wie Menschen mit angehefteten Nazi-Devotionalien stundenlang herumgrölten, ohne dass die Polizei oder Herumstehende eingeschritten wären. Offiziell wurde derlei als »Rowdytum« bagatellisiert.

Im Spätherbst der DDR kam es in der Jugendszene zu immer intensiveren Auseinandersetzungen zwischen Skinheads und der stark über Mode und Musik definierten Punk- und Gruftibewegung. Das Ganze kulminierte am 17. Oktober 1987: Neonazis überfielen ein Punkkonzert in der damals schon als Hort der DDR-Graswurzelbewegung bekannten Ostberliner Zionskirche, auf dem unter anderem die Westberliner Band Element of Crime auftrat. Unter »Sieg Heil«-Rufen schlugen sie mit Fäusten und Eisenketten auf Besucher und Passanten ein. Da über diesen Vorfall auch in der »Westpresse« prominent berichtet wurde, ließ sich die Existenz einer gewaltbereiten Neonaziszene nicht länger leugnen. Die DDR büßte ihren Nimbus als antifaschistischer Musterstaat ein.

Aufgrund der jahrzehntelangen Abschottung und der starken Homogenisierung wurde der Umgang mit Fremdheit und Differenz kaum eingeübt. Internationale Solidarität und universalistische Normen waren zwar Teil der Staatsideologie, zugleich erhob das Regime jedoch den Anspruch, jede Art der Offenheit und alle Irritationen zu verhindern, die sich aus Begegnungen mit anderen hätten ergeben können. Das führte letztendlich zu einer *Provinzialisierung* der DDR. In der Folge tat sich die ostdeutsche Gesellschaft auch nach 1989 schwer, mit Entgrenzung und Diversifizierung umzugehen.

6. Die formierte Gesellschaft

Überwachte kleine Freiheiten

Der Sommer auf der Insel Hiddensee war für viele aus der Hippie-, Künstler- und Jugendszene der Inbegriff der Freiheit. Hier kam man her, um die DDR für ein paar Tage hinter sich zu lassen. Man bestieg in Stralsund oder Schaprode die Fähre, holte sich kurz nach dem Ablegen eine Bockwurst mit Brötchen und Senf, dazu ein Bier, stellte sich aufs Oberdeck und blinzelte der Sonne entgegen. Die Republikflucht auf Zeit hatte begonnen. Aljoscha Rompe, der Ziehvater des DDR-Punks der achtziger Jahre, der aus einer SED-Funktionärsfamilie stammte und auf der Insel die allerbesten Netzwerke hatte, sagte zu seinen Gefolgsleuten: »Hiddensee ist der schönste Ort der DDR. Die griechischen Inseln sind auch nicht besser.« So jedenfalls ist es überliefert.[1] Rompe musste es wissen, besaß er doch auch einen Schweizer Pass, so dass er das Land jederzeit verlassen konnte, aber etwas zog ihn nach seinen ausgedehnten Erkundungsreisen immer wieder in die kleine DDR zurück. Nachdem er sich umgesehen hatte, erschien ihm der Westen zu satt, zu selbstbezogen, zu materialistisch – nur in der DDR konnte er sich als freier Unfreier am Staat reiben und seinen Traum der Abweichung und des Experiments leben. So organisierte Rompe in den Sommern vor den Augen und Ohren der Oberen legendäre Konzerte am Strand. Er und seine Mitstreiter kamen mit voll beladenen Handwagen über die Düne, unterhalb der Steilküste wurden Lautsprecher aufgestellt, Verstärker an mitgebrachte Autobatterien angeschlossen, die Instrumente ausgepackt, und schon ging es los. Aljoscha Rompes Band Feeling B, die später als Rammstein internationale Berühmtheit erlangen sollte (der Rammstein-Sänger Till Lindemann wohnte übrigens etliche Jahre bei uns in der Rostocker Platte), brüllte wütende Songs in den Wind. Frauen mit Lederbändern um den Hals, Männer in Jesuskluft und Halbnackte mit kurzgeschorenen Haaren tanzten, bis sie irgendwann erschöpft in den Sand fielen. Zwar lag die Insel im militarisierten Grenzgebiet der DDR – so mancher Surfer schaffte es mit schwarz gebatikten Segeln nachts bis nach Dänemark –, und es gab ein eng gewebtes Netz der Stasi-Zuträger, aber die Behör-

Abb. 8: Feeling B (links Christian »Flake« Lorenz, rechts Paul H. Landers) bei einem Konzert am Strand auf der Insel Rügen (Juli 1988)

den drückten bei diesen anarchohaften Umtrieben meist ein Auge zu. Auf die Insel durfte nur, wer eine Unterkunft vorweisen konnte, doch in der Szene war die Findigkeit groß, wenn es darum ging, irgendwo ein Bett oder eine Matratze zu organisieren. In Lutz Seilers Hiddensee-Roman *Kruso*, der das ungebundene und freie Inselleben in geradezu hypnotischer Sprache beschreibt, sind das die sogenannten »Schwarzschläfer«.

Offenkundig tritt uns hier keine totalitär »durchherrschte Gesellschaft«[2] vor Augen, die das gesamte Leben kontrolliert und keine Freiheiten kennt, auch kein totalitäres Regime, das vor allem durch Einschüchterung und permanente Angsterzeugung Folgebereitschaft herstellt. Es ist auch kein »Marionettenkollektiv«,[3] das alle schablonenhaft vereinheitlicht und jedwede Individualität unterdrückt. Stattdessen haben wir es mit einer Mischung aus Rückzug, Aufbegehren und kreativem Anspruch zu tun, die sich artikuliert und die Herrschaftslogik unterläuft. Hiddensee war im wahrsten Wortsinn eine »Insel der Absonderung«, wie die Totalitarismusforschung jene gesellschaftlichen Bereiche nennt, in denen der Zugriff des Staates eingeschränkt bleibt, die sich als Gegenwelten oder Fluchtorte etablieren können.[4] Die Vorstellung, die DDR sei eine vor allem (oder gar ausschließlich) repressive Kommandogesellschaft gewesen, in der es außer Kontrolle, Konformität und Unterordnung nichts weiter gab und in welcher die staatlichen Agenturen unbegrenzten Zugriff auf alle Aspekte des gesellschaftlichen Lebens hatten, erweist sich nicht nur anhand dieses Beispiels als überzogen. Wohl durchdrangen Einschüchterung, Überwachung und Sanktionsdrohungen den Alltag, eine omnipotente Fähigkeit zur affirmativen Menschenführung konnte aber auch der Kontroll- und Sicherheitsapparat der DDR nicht ausbilden, trotz der vielen subtilen und weniger subtilen Versuche, alle auf Linie zu bringen. Ob in der Jugendkultur, in den Datschensiedlungen, bei Festivals, am FKK-Strand oder in der Kleinkunstszene – an vielen Orten spross ein Eigenleben, das manchen westlichen Beobachter (und manchmal sogar uns selbst) überraschte.

Auch die Stasi, soweit man von ihr nicht als feindliches Subjekt eingestuft worden und von ihren Zersetzungsaktivitäten unmittelbar betroffen war, blieb häufig im Hintergrund, auf Beobachtungsposten. Wie stark sich das System der Bespitzelung in das soziale Gewebe hineingefressen hatte, war vielen damals nicht klar. Der »VEB Horch und Guck«, so der landläufige Name des Ministeriums für Staatssicherheit, war zwar allgegenwärtig und hat den Alltag der Menschen auf schockierende Weise infiltriert. Da die Stasi meist unbemerkt agierte, öffneten sich dennoch hier und da kleine Räume des Ausprobierens. Vor allem in der Jugendzeit übten wir uns bisweilen in einem spielerischen, austestenden Umgang mit Grenzen. So hatte ich beispielsweise mit ein paar Freunden eine Kabarettgruppe gegründet. Wir probten auf dem ausgebauten Dachboden einer alten Molkerei am Lütten Kleiner S-Bahnhof. Um aufzutreten, brauchte man in der DDR – offiziell zur Sicherung der Qualität, inoffiziell wollte man so die Kulturszene im Griff behalten – allerdings eine sogenannte Einstufung, die durch die Kabinette für Kulturarbeit erteilt wurde, nachdem man diesen das eigene Programm vorgeführt hatte. Uns wurde diese Einstufung versagt, wir machten aber trotzdem weiter und suchten nach Auftrittsgelegenheiten – mal in einer Turnhalle, mal in einer Kirche, mal in einem Studentenclub. Obwohl unser Treiben kaum unbeobachtet geblieben sein kann, wurden wir nie offen gemaßregelt. Einmal kam vor einer Vorstellung gar ein Mitarbeiter des MfS auf mich zu. Er stellte sich freundlich vor und meinte, er wolle sich mal anhören, was wir so machten. Von der Bühne aus haben wir ihn dann entsprechend begrüßt, ohne dass dies je ein Nachspiel gehabt hätte.

Ein weiteres Mal kam ich mit der Stasi während meiner Lehrzeit in Berührung (später dann noch einmal während meines Wehrdienstes in der NVA). In der Berufsschule wurde ich gemeinsam mit ein paar Klassenkameraden mitten im Unterricht in einen anderen Raum zitiert, wo uns Mitarbeiter des Ministeriums einen dreijährigen Wehrdienst im Wachregiment »Feliks Dzierzynski« schmackhaft machen wollten. Blumig malten sie uns die Vergünstigungen aus, auf die man hoffen durfte, wenn man sich für einen solchen Dienst entschied, Wunschstudienplatz inklusive. Gelockt wurde auch mit James-Bond-haften Geschichten über die Arbeitsweise des Wachbataillons, das neben dem Grenzschutz in Berlin auch für die Bewachung wichtiger Einrichtungen und der Wandlitzer Waldsiedlung zuständig war. Nach einem zweistündigen Vortrag wurden wir gefragt, wer *nicht* zu »Feliks Dzierzynski« wolle: Da ein dreijähriger Wehrdienst für mich nicht vorstellbar war und ich sowieso keinen klaren Studienwunsch hatte, meldete ich mich. Der Offizier fragte genervt, warum ich dem Staat, der mir die Ausbildung schenke, nichts zurückgeben wolle, worauf ich mit der DDR-üblichen Antwort reagierte: »Ich glaube, dass ich dem Staat an anderer Stelle von größerem Nutzen sein kann als beim MfS.« Die beiden Offiziere redeten kurz auf mich ein, entließen mich dann aber aus dem Raum. »Wir sehen uns wieder«, sagte der Stasi-Mann zum Abschied, gehört habe ich nie wieder etwas von ihm. Im Herbst 1988 wurde ich dann zum regulären Grundwehrdienst bei einer motorisierten Schützendivision der Nationalen Volksarmee (NVA) eingezogen, wo ich als Funker auf einem Panzerwagen diente.

Mitglieder der Organisation DDR

Der Steuerungs- und Herrschaftsanspruch von Staat und Parteiführung resultierte in vielen gesellschaftlichen Bereichen in einer dirigistischen Politik, die der für westliche Gesellschaften typischen Entfaltung von Autonomie, Dezentralisierung und bereichsspezifischen Sachlogiken entgegenwirkte. Auch wenn im Wimmelbild des DDR-Alltags nicht alles grau war, kam es tendenziell zu einer recht weitreichenden »Normierung und Ritualisierung des Lebens«.[5] Wie weitreichend die Uniformisierung der DDR letztlich war, wird einem immer wieder bewusst, wenn man in Gesprächen, Filmen oder Romanen auf die große Ähnlichkeit der Lebenswege und -stationen stößt, die weit über das hinausgeht, was man als *gemeinsamen Erfahrungsraum der Zeitgenossenschaft* bezeichnen könnte. Ob der schulische Alltag, die Einbindung in die Jugendorganisationen, die Freizeit, der Armeedienst, die betriebliche Existenz oder der Ernteeinsatz zu Beginn des Studiums – für all das hatte die DDR eine einheitliche Form gefunden. Gesellschaftliche Probehandlungen und Abweichung wurden beargwöhnt, die Variabilität der Verhältnisse war gering, eine von unten getragene Artikulation eigenständiger Interessen oder gar die Suche nach unkonventionellen Lösungen unerwünscht, offene Reflexionsforen, die auch das Einüben einer eigenen Sprache ermöglicht hätten, gab es jenseits des kirchlichen Raumes nur begrenzt. Das Reglement beschnitt den gesellschaftlichen Eigensinn, merzte ihn aber nicht vollends aus. Vielmehr entstanden in Spannung zu und im Schatten von staatlichen und ideologischen Vorgaben eigene Sozialformen.

Die DDR ist als »Organisationsgesellschaft« beschrieben worden, die zwar durchaus Merkmale einer funktional differenzierten Gesellschaft aufwies, in der sich eigenlogische Systeme wie Wissenschaft, Wirtschaft, Recht und Kunst ausbildeten, in der es aber zugleich weitreichende Versuche der Subsumtion dieser Bereiche unter politische Prämissen gab.[6] In einer solchen Gesellschaft werden alle Handlungen

Abb. 9: Enthüllung von Reinhard Schmidts Großplastik »Voranschreitende« vor der Bezirksparteischule in Lütten Klein (1973)

und Äußerungen im Lichte der Organisationsziele und der Erfüllung vordefinierter Zwecke betrachtet. Bürger, die eigentlich das Staatswesen tragen sollten, wurden ungefragt wie Mitglieder einer Organisation behandelt, ganz so, als ob sie sich beworben oder einen Aufnahmeantrag gestellt hätten. Innerhalb einer solchen Organisation sind Abweichung und Autonomie immer verdächtig, Loyalität und Affirmation werden hingegen belohnt. Organisationen steht es zudem relativ frei, Mitglieder zu maßregeln oder auszuschließen. Allerdings war die Möglichkeit des Organisationsausschlusses in der DDR bekanntermaßen nicht gegeben, sieht man einmal von den Fällen ab, in denen sich das Regime prominenter »Unruhestifter« entledigte. Austrittsversuche waren wiederum mit großen persönlichen Risiken verbunden. Die Organisationsgesellschaft DDR war also eine Zwangsveranstaltung, in die man hineingeboren wurde und die von ihren Mitgliedern Folgebereitschaft erwartete. Während man bei vielen anderen Organisationen nur partiell inkludiert wird, irgendwann nach Hause gehen oder die Parteiarbeit auch mal ruhen lassen kann, forderte die DDR den ganzen Bürger: im Angelverein, in der Hausgemeinschaft, bei Elternabenden. Einen Feierabend kannte sie nicht.

Eine »totale Institution«,[7] die einen hermetisch einschloss, räumlich separierte und vollständig den eigenen Regeln unterwarf, habe ich während meines Grundwehrdienstes bei der Nationalen Volksarmee kennengelernt. Solche »gierigen Institutionen« fordern laut dem deutschstämmigen jüdischen US-Soziologe Lewis Coser »exklusive[s] und ungeteilte[s] Engagement«. Sie wollen sich, so Coser, ihre Mitglieder regelrecht »einverleiben«: »Ihre Ansprüche an die Person sind allumfassend.«[8]

Mit der Einberufung im Herbst 1988 erfolgte die Kasernierung. Wir wurden aller privaten Dinge beraubt – schon am ersten Tag musste man ein Paket packen und alle privaten Kleidungsstücke nach Hause schicken –, in eine Uniform gesteckt und in einer Gemeinschaftsstube mit acht Soldaten untergebracht. Zugleich wurden wir einer Kommandostruktur unterstellt, die den Aufenthaltsort und die zu leistenden Verrichtungen bestimmte. Ob Toilettengang oder Mittagessen – man musste bei den Vorgesetzten um Erlaubnis bitten, sich auf militärische Art und Weise über das Gelände bewegen, die Ehrbezeugungsregeln penibel einhalten. Während der ersten Wochen Grundausbildung wurden wir so in Beschlag genommen und bis zur Erschöpfung drangsaliert, dass es kaum möglich war, die Briefe von zu Hause zu lesen. Alles war durchgeregelt, selbst die Zeit, um ein paar Zeilen zu überfliegen, wurde einem genommen, so dass man Briefe in der Hosentasche aufbewahrte, um sie bei einer unverhofften Verschnaufpause herauszuholen. Die Unteroffiziere, die diese Initialisierungsriten selbst erlebt hatten, machten sich einen Spaß daraus, uns nachts zu wecken und samt Sturmgepäck durchs Treppenhaus zu jagen. Die wichtigste Ruhephase war das kompanieweise Einrücken in den Fernsehraum, wo wir die *Aktuelle Kamera* schauten oder die Hasstiraden verfolgten, die Karl-Eduard von Schnitzler in seiner Sendung *der schwarze kanal* gegen den Westen losließ. Abschalten konnte man auch in den Politschulungen, »Rotlicht« genannt, die einen vollständig ritualisierten Ablauf hatten und bei denen selbst die Instrukteure nicht sonderlich motiviert wirkten. Man hakte das ab, amüsierte sich über die teilweise grotesken ideologischen Verzerrungen und wurde dann in Ruhe gelassen.

Sozialistischer Klientelismus

Die DDR war ein übergriffiger Staat, einer, der sich einmischte, der steuerte, gängelte, maßregelte, aber es gab eben zugleich – wie bei den Konzerten am Hiddenseer Strand – informelle Freiräume und Widerständigkeit. Auch in der DDR entstand ein Verlangen nach Privatheit, Individualität und Nonkonformität. Man stellte sich dem Herrschaftsanspruch der Partei jedoch nicht offen entgegen, sondern wich ihm eher gekonnt aus, betrieb eine Art *gaming the system*. Der Publizist Günter Gaus, als langjähriger Leiter der Ständigen Vertretung der Bundesrepublik ein exzellenter »DDR-Versteher«, sprach von einer »Nischengesellschaft«, in der die Menschen ihr »individuelles Glück im Winkel« fänden. Hier blieb manches unter dem Radar der politischen Aufmerksamkeit, anderes wurde stillschweigend toleriert, weil der Apparat darin keine unmittelbare Bedrohung sah oder nur begrenzte Möglichkeiten hatte, es einzudämmen, wollte er die Stillhaltebereitschaft der großen Mehrheit nicht aufs Spiel setzen. So entstand eine *second society*, eine Schattengesellschaft, innerhalb deren die »Verohnmächtigung« der Individuen zwar nicht aufgehoben war, aber doch abgemildert wurde. Wer seine Ansprüche nicht allzu offensiv anmeldete und den Staat nicht provozierte, dem eröffneten sich bescheidene Spielräume.

Eine weitere Spannung ergab sich zwischen der zentralistischen Steuerung auf der einen und der Sachlogik unterschiedlicher gesellschaftlicher Bereiche auf der anderen Seite. Wie bereits angesprochen, war auch die DDR eine Industriegesellschaft mit fachspezifischen Funktionslogiken, die sich gegen ideologische Homogenisierungsbestrebungen sperrten. Aufgrund der politischen Programmierung aller Prozesse kam es allerdings zu erheblichen Ineffizienzen, was den wissenschaftlich-technischen Fortschritt und die wirtschaftliche Entwicklung bremste. Da das Regime Differenzierungsdynamiken häufig mit Bevormundung begegnete, bildete sich, so der Soziologe Detlef Pollack, »kompensatorisch zur zurückgedrängten funktionalen Differenzierung eine andere Differenz heraus: die Differenz zwischen Offiziellem und Inoffiziellem«.[9]

Ein nicht unwesentlicher Teil der »inoffiziellen DDR« lässt sich somit unmittelbar auf die Defizite des Systems zurückführen. Ohne unabhängige Rechtsprechung, ohne funktionierende Märkte und Geldwirtschaft, ohne rationale Formen der Konfliktlösung, ohne hinreichende Möglichkeiten, die eigene Biografie selbst zu gestalten, kam es zu Ausweichbewegungen. Um notwendige Dinge zu besorgen und die eigenen Konsumchancen zu verbessern, griff man im Alltag häufig auf instrumentell-personale Beziehungen zurück.[10] Ein paar Zementsäcke, ein neuer Auspuff, Bretter zur Außenverkleidung des Bungalows gehörten ebenso zu den üblichen Tauschgütern wie eine Wohnungszuweisung oder ein Ferienplatz. Über ein weit gespanntes Netz von Kontakten zu verfügen war überaus vorteilhaft. Manch ein Bauteil, manch eine Schallplatte, manch ein Kleidungsstück ging durch viele Hände, ehe es beim Endverbraucher ankam. Mein Lütten Kleiner Gesprächspartner Thorsten erzählte mir, dass sein Vater regelmäßig kleine Ferkel erwarb, sie bei einem Bauern in der Nähe unterbrachte und heranfütterte, um das Fleisch zu verkaufen oder gegen andere Produkte zu tauschen. Ein anderer analysiert das so:

> Wir waren in der DDR gezwungen, Jäger und Sammler zu sein, also das heißt, einer hat dies, einer hat das. Als wir in Lütten Klein einzogen, waren wir alle miteinander gut bekannt. […] Es war vielleicht nicht so sehr das Bedürfnis nach Zusammenhalt, man brauchte einander. Es war nicht nur das Bedürfnis nach Zusammensein, sondern die Bereitschaft, sich zu unterstützen. Wenn die Männer ihre Autos wuschen, tauschten sie Kerzenstecker oder Zylinderkopfdichtungen.

Die verbreitete Knappheit wurde von den offiziellen Stellen allerdings auch gezielt eingesetzt, um Folgebereitschaft sicherzustellen. Überall konnte man patronageartige Systeme der abgestuften Begünstigung finden, von denen vor allem jene profitierten, die durch Arbeits-, Studienleistungen oder »parteiliches Verhalten« positiv aufgefallen waren – letztlich handelte es sich um einen gesellschaftsweiten institutionalisierten Klientelismus.[11] Der Staat, die Betriebe oder öffentliche Einrichtungen regulierten den Zugang zu vielen Ressourcen und Leistungen und bestimmten somit darüber, wer was wann in Anspruch nehmen konnte. Das Mitnehmen von Baustoffen oder Werkzeugen aus VEBs oder Kombinaten war als Diebstahl sozialistischen Eigentums mit drakonischen Strafen bewehrt, bisweilen tolerierten die Betriebsleitungen diese Praktiken (über die ohnehin jedermann Bescheid wusste) aber, um die Werktätigen bei der Stange zu halten. Umgekehrt zogen Vorgesetzte Beschäftigte gerne zu privaten Arbeitseinsätzen heran, die allenfalls symbolisch entlohnt wurden. Dass das Regime über vier Dekaden stabil blieb, erklärt sich also nicht allein durch die Überwachung und Unterdrückung der Bevölkerung, sondern auch durch die Fähigkeit des Systems, Versorgungs- und Loyalitätsfragen selektiv zu verflechten.

Das staatliche Treiben und die privaten Lebenswelten waren oft derart miteinander verschlungen, dass in vielen Bereichen kaum mehr erkennbar war, wo die Grenze zwischen Offiziellem und Persönlichem verlief, wo Recht herrschte und wo Moral, wo Geld regierte und wo Begünstigung, wo Autonomie gelebt wurde und wo Unterordnung. Im Gewebe des staatssozialistischen Alltags kam es zu vielschichtigen Allianzen zwischen den Herrschenden und dem »Staatsvolk«, von denen beide Seiten profitierten und die für eine gewisse Zeit zu einem impliziten Stillhalteabkommen führten. Gerade deshalb darf man sich die DDR-Gesellschaft nicht ausschließlich als totalitäres Gebilde vorstellen, sondern in Teilen auch als »kommode Diktatur« (Günter Grass), in der Konflikte dadurch gedämpft wurden, dass die Menschen damit rechnen konnten, mit dem Lebensnotwendigen versorgt zu werden. So ergab sich ein »stummes Arrangement mit der Macht«.[12]

Die privatistische Nischenkultur hatte in diesem Arrangement allenfalls eine Ventilfunktion und war kein emanzipativer Gegenentwurf. Zwar schaffte es die DDR nicht, wirtschaftlich mit den westlichen Industrienationen mitzuhalten, aber im Vergleich zur Sowjetunion und anderen sozialistischen Satellitenstaaten ging es den Menschen verhältnismäßig gut, durften sie sich privilegiert fühlen. Die subventionierten Preise, die Versorgung mit Wohnraum und Waren des täglichen Bedarfs, das Niveau des Gesundheitssystems, die öffentliche Bildung machten das Leben erträglich und für viele sogar angenehm. Das Gefühl, wirkliche Opfer zu bringen, stellte sich vor allem bei jenen ein, die sich an den politischen Zuständen rieben. Erst bei den jüngeren Generationen verstärkte sich die Konfrontation mit dem System, weil die ideologische Vereinnahmung misslang und die Phrasenhaftigkeit (»Gesülze«) der Mobilisierungsversuche immer deutlicher hervortrat. Außerdem war das Regime aufgrund der wirtschaftlichen Stagnation nicht länger in der Lage, sich Zustimmung zu »erkaufen«.[13] Als sich die Aufstiegskanäle schlossen, der Konsumabstand zum Westen uneinholbar groß wurde und sich endgültig gesellschaftliche Lähmung breitmachte, stieg der Druck auf die Oberen, die formierte Gesellschaft aus ihrem Korsett zu entlassen

II. Transformationen

1. Zusammenbruch und Übergang

Endlichkeit einer Gesellschaftsform

Niemand hatte der DDR eine Ewigkeitsgarantie gegeben, aber alle hatten sich über vierzig Jahre an ihre Existenz gewöhnt. Ihr plötzlicher Zusammenbruch erschien daher unvorstellbar. *Everything Was Forever, Until It Was No More* – so überschrieb der 1960 geborene Anthropologe Alexei Yurchak 2005 sein Buch über die letzte Generation der Sowjetunion. Die Implosion eines Systems als kollektiver Schock, der allen Beteiligten die Endlichkeit eines Gesellschaftsgebildes vor Augen führt, sie aus den gewohnten Bahnen herausreißt und kollektive Gewissheiten als Illusionen demaskiert, so lässt sich auch die Erfahrung der allermeisten DDR-Bürger sehr gut beschreiben. Zwar gab es ein Bewusstsein für die wirtschaftliche Stagnation, das aus Moskau heranziehende Tauwetter und das langsame Zerbröseln der Autorität der Partei- und Staatsführung, aber dass das gesamte System über Nacht wie ein Kartenhaus zusammenfallen könnte, das wäre uns allen nicht in den Sinn gekommen. Man hoffte auf Reförmchen, auf Schritte der Öffnung und Demokratisierung nach dem Vorbild Gorbatschows, aber an einen drastischen Systemwechsel dachte niemand. Der bulgarische Politikwissenschaftler Ivan Krastev hat in seinem Essay *Europadämmerung* dieses Erlebnis sehr treffend beschrieben:

> Die Erfahrung eines plötzlichen und gewaltlosen Endes von etwas, das wir für zweifellos dauerhaft hielten (bis es plötzlich nicht mehr da war), ist die prägende Erfahrung im Leben meiner Generation. Wir waren überwältigt von den Möglichkeiten, die unversehens auftraten, und von dem neu entdeckten Gefühl persönlicher Freiheit. Aber wir waren auch ergriffen von dem neu entdeckten Gefühl der Zerbrechlichkeit aller politischen Verhältnisse.[1]

Ob das Ende der DDR das Ergebnis einer Revolution war oder ob es sich um einen schlichten Zusammenbruch handelte, ist umstritten, und es gibt gute Argumente für beide Sichtweisen. Der Begriff »Revolution« ist emphatisch aufgeladen und würdigt die Leistung derer, die auf die Straße gingen und politische Veränderungen einforderten. Die Begriffe »Zusammenbruch« oder »Implosion« zeichnen die DDR als erschöpfte Gesellschaft, die ohne Stabilisierung von außen nicht mehr überlebensfähig war.[2] Im Rückblick treten die Systemdefekte naturgemäß deutlicher hervor, als man sie damals gesehen hat. Selbst Experten, die das kommunistische System kritisch und als ineffizient betrachteten, gingen von einer mittel- und langfristigen Stabilität der DDR aus.[3] Ein paar Prognosen eines bevorstehenden Kollapses des sowjetischen Imperiums waren zwar auf dem akademischen Markt,[4] doch kaum jemand besaß die prognostische Gabe, das abrupte Ende vorherzusagen, dem die DDR dann 1989 entgegenging, oder dieses gar exakt zu terminieren. Indizien für eine Häufung von Problemen, für die keine institutionellen Lösungen bereitstanden und für deren Bearbeitung die politische Führung nicht gerüstet war, gab es aber allemal.

Da war zum einen die anhaltende ökonomische Stagnation der DDR und des gesamten Ostblocks, die es immer schwieriger machte, die materiellen Lebensbedingungen zu verbessern. Kurz vor dem Ende der DDR lag die Produktivität bei einem Drittel des Westniveaus, der reale Einkommensrückstand betrug fünfzig Prozent, die Rentner kamen nur auf dreißig Prozent der westdeutschen Bezüge.[5] Zwar feierte sich die DDR als fortschrittliches Industrieland, doch die Klimmzüge, die notwendig waren, um mit dem wissenschaftlich-technischen Fortschritt im Westen mitzuhalten, wurden immer anstrengender und waren irgendwann nicht mehr zu schaffen. Zwar investierte man mit viel Aufwand in die Mikroelektronik, aber die Chipproduktion dümpelte vor sich hin. In der Elektronikfacharbeiterlehre löteten wir zu Ausbildungszwecken immer noch an Röhrenradios herum. Nur einmal in der Woche bekamen wir einfache Computer zu Gesicht, an denen wir programmieren lernen konnten. Der sich vergrößernde Abstand zum Westen konnte zwar eine Zeit lang – auch dank höherer Auslandsverschuldung – kaschiert werden, doch die Unzufriedenheit mit den materiellen Lebensbedingungen wuchs. Da die Führung nicht länger Konsumgüter gegen politische Loyalität tauschen konnte und da auch die Aufstiegskanäle verschlossen waren, zerfiel der implizite Sozialvertrag.[6]

Zum anderen gehört in den Obduktionsbefund, dass das System ideologisch abgewirtschaftet hatte. Speiste sich die frühe DDR noch

Abb. 10: Unser Computerkabinett in der Betriebsberufsschule des VEB Schiffselektronik (1986)

aus der Zukunftsvision des gesellschaftlichen Aufbruchs, die durchaus Bindung entfalten konnte, so versiegte diese Quelle nach und nach.[7] Die Reproduktion politischer Zustimmung, die sich eine Zeit lang bei der kommunistischen Erlösungsideologie, den Aufbauleistungen und der Mythologisierung des DDR-Antifaschismus bedient hatte, verlor ihre Glaubwürdigkeit. Die ideologische Formelsprache und die doktrinären Denk- und Sprechverbote stießen zunehmend auf Vorbehalte. Nun forderten immer mehr Bürgerinnen und Bürger Meinungsfreiheit und Menschenrechte, sie wiesen die Herrschaft der Apparate zurück oder unterliefen in ihrem privaten Alltag Konformitätserwartungen. Auch das nagte am Führungsanspruch der SED.

Albert O. Hirschman, der berühmte amerikanische Sozialwissenschaftler deutsch-jüdischer Herkunft, hat drei Strategien unterschieden, wie Menschen reagieren, wenn sie mit einem System nicht länger zufrieden sind: *exit* (Abwanderung), *voice* (Widerspruch) und *loyalty* (Loyalität).[8] Zwar übte sich zunächst nur ein kleiner Teil der DDR-Bürger in aktiver Opposition, aber die Bereitschaft, Unzufriedenheit und Zweifel zu äußern (*voice*), nahm insgesamt doch zu. Im Sommer 1989 begann dann die Flucht- und Ausreisewelle über Ungarn und die Prager Botschaft (*exit*), doch auch sie bremste den erwachenden Widerspruchsgeist nicht spürbar ab. Hirschman, der 1990/91 am Wissenschaftskolleg zu Berlin war und sich vor Ort mit dem deutschen Fall vertraut machte, sah sich angesichts der Ereignisse in der DDR genötigt, sein einfaches (hydraulisches) Modell auf den Prüfstand zu stellen. Bemerkenswert fand er vor allem, dass in der Endphase der DDR und selbst nach der Maueröffnung Abwanderung und Protest gleichzeitig auftraten, ja sich sogar verstärkten, als würde die größere Durchlässigkeit auch die Dagebliebenen ermutigen.[9] Die Massenloyalität schmolz rapide dahin, das System reagierte zunächst mit einer Mischung aus harscher Gegenwehr und rhetorischer Überhöhung gesellschaftspolitischer Fernziele, dann mit Zugeständnissen und Reformversprechen. Allerdings verschliss sich diese Melange nach und nach. Selbst diejenigen, die sich für die sozialistische Idee theoretisch erwärmen konnten, kamen nicht mehr umhin, eklatante Schwächen bei der Umsetzung zu konstatieren. Sie waren hin- und hergerissen zwischen der real existierenden DDR und dem sozialistischen Ideal einer nicht auf Ausbeutung und Privateigentum fußenden Gesellschaft der Gleichen. Vor diesem Hintergrund gab es einen gewissen Beharrungswillen der Gutmeinenden, der noch dadurch verstärkt wurde, dass man darauf insistierte, das Nebeneinander von Sozialismus und Kapitalismus bringe besondere Entwicklungsprobleme mit sich. Doch auch dieser Beharrungswille geriet nach und nach ins Wanken, die gesamte Stimmung kippte und mit ihr das politische System.

Zerfallserscheinungen

Die von Gorbatschow eingeleiteten Reformen hatten die geopolitische Stabilität aller Ostblockstaaten geschwächt, da die Sowjetunion einerseits ihre Rolle als Schutzmacht neu definierte und andererseits auch ihren Satelliten Mäßigung gegenüber veränderungswilligen Kräften auferlegte. Wer Panzer auf die Straße rollen ließ, konnte sich der Unterstützung aus Moskau nicht mehr sicher sein, und dies betraf nicht nur militärische Fragen, sondern auch die wirtschaftliche Abhängigkeit vieler Ostblockländer. Seit dem 17. Juni 1953 war es in der DDR zu keinerlei Massenprotesten mehr gekommen, und dem System war es weitgehend gelungen, kritische Stimmen im Zaum zu halten. Angesichts des Moskauer Tauwetters fühlten sich nun jedoch viele ermutigt, Fragen zu stellen und Widerspruch zu äußern. Es ging um Reisefreiheit, die Möglichkeit, seine Meinung offen kundzutun, Kritik an den gefälschten Kommunalwahlen 1989, die Demokratisierung der DDR. Diese Kritiken betrafen oberflächlich nur einzelne Aspekte des Systems, rüttelten aber zugleich an seinem Fundament.

Die Protestbewegung im Herbst 1989 ist als »spontane Revolution« beschrieben worden,[10] die innerhalb kürzester Zeit viele Menschen auf die Straße brachte. Die von den Leipziger Montagsdemonstrationen ausgehende Welle erfasste schnell das ganze Land. Immer mehr Menschen fanden sich bereit, teils schweigend, teils mit Sprechchören durch die Innenstädte zu ziehen. Mit »spontaner Revolution« ist dabei nicht gemeint, dass diese Mobilisierung aus dem Nichts kam, neben der aufgestauten Unzufriedenheit waren schließlich, zumeist unter dem Dach der Kirche, zahlreiche kleinere Oppositionsgruppen und Netzwerke entstanden, die den organisatorischen Kern der Proteste ausmachten. Dass der Sprung aus den oppositionellen Hinterzimmern auf die weltpolitische Bühne im Herbst 1989 innerhalb kürzester Zeit gelang, ist jedoch auf ein dynamisches Aufschaukeln der Proteste zurückzuführen, eine Art spontane Kooperation. Je mehr Menschen an den Demonstrationen teilnahmen und je deutlicher sich abzeichnete, dass das Regime eher zurückhaltend reagieren würde, desto niedriger waren die persönlichen Risiken, wenn man ebenfalls Unmut äußerte.

In Familien-, Bekannten- und Kollegenkreisen breitete sich der Geist des Widerstands geradezu ansteckungsartig aus. Dazu kam, dass viele Neugierige, die zunächst einfach danebenstanden, ohne viel Aufhebens zwischen der Zuschauer- und der Teilnehmerrolle hin- und herwechseln konnten; der Unterschied zwischen Mitmachen und Zugucken wurde so verwischt. Auf die erste Demonstration war mein Vater noch mit seiner Betriebskampfgruppe abgeordnet worden, um »Sicherungsaufgaben« zu übernehmen; schon eine Woche später ging er privat als teilnehmender Beobachter zur Rostocker Marienkirche. Ab einem gewissen Punkt hatten dann viele das Gefühl, es sei tatsächlich möglich, der Führung durch einen stummen Protestzug durch die Innenstadt Zugeständnisse abzuringen.

Dieses – für jeden Soziologen spannende – Kippen von Einschüchterung und Anpassung zu offenem Widerspruch erlebte ich als NVA-Soldat im Grundwehrdienst in der Werderkaserne in Schwerin hautnah mit. Recht schnell schwappte die Mobilisierung von der Straße in die Kasernen herein, wir organisierten Soldatenräte und traten den Offizieren mit Forderungslisten gegenüber. Über Nacht wurde aus einem Befehlsregime, das unbedingte Unterordnung erzwang, ein Verhandlungsarrangement. In unserer Kaserne hatte sich im Grunde nichts verändert – nicht die handelnden Personen, nicht die Uniformen, nicht die Gesetze und Befehle –, angesichts der Ereignisse vor den Toren hatte sich aber dennoch alles verändert; die bis dato unantastbare Macht war gleichsam pulverisiert worden. In unserer Einheit kam es sogar zu einem spontanen Sitzstreik auf dem Exerzierplatz – die Vorgesetzten reagierten vollkommen hilflos. Routinen und militärischer Gehorsam ließen sich nur noch mühsam aufrechterhalten, manchmal zerbrachen sie ganz. Über Nacht verwandelte sich eine steingraue Manövriermasse in handlungsfähige Subjekte. Nun hieß es Dialog statt Befehl.

Bei uns standen keine politischen Forderungen im Vordergrund, sondern Erleichterungen des Soldatenlebens und die Abschaffung von Regeln, die wir als Schikane erlebten. Ganz oben auf der Liste fanden sich Punkte wie die Liberalisierung des soldatischen Haarschnitts oder die Befreiung von Marschierzwang und Frühsport. Aus heutiger Sicht klingt das banal, aber damals war es eine Ungeheuerlichkeit, die Offiziere rangen um Fassung. Schon früh kontaktierten wir die Leute vom Neuen Forum in Schwerin, um eine gewalttätige Konfrontation zwischen Demonstranten und Armee zu verhindern. Mit ihnen und einigen besonnenen NVA-Oberen organisierten wir die Bewachung eines geheimen unterirdischen Objekts der Stasi. Es befand sich in einer ganz normalen Bungalowsiedlung an einem See. Wenn man den Teppich zurückrollte, ließ sich eine Bodenklappe öffnen. Über eine Leiter gelangte man in einen ausgebauten Kommandostand mit Funkstation, Besprechungsräumen, Schlafplätzen sowie Essen für mehrere Wochen, der im Fall einer »Konterrevolution« als Kommandozentrale dienen sollte. Zusammen mit einem weiteren Soldaten wurde ich unbewaffnet dorthin abkommandiert, um sicherzustellen, dass niemand eindrang und die Nachrichtentechnik nutzte. Nun saßen wir wie Urlauber in einer Datschensiedlung, blickten auf den See und aßen Toast mit Marmelade zum Frühstück. In der zweiten Nacht kamen Jugendliche aus dem nahe gelegenen Ort, zu denen durchgesickert war, dass die Stasi dort ein Objekt unterhielt, und bewarfen den Bungalow mit Steinen. Erst nach einer aufgebrachten Diskussion konnten wir ihnen vermitteln, dass wir trotz Uniform mit dem Neuen Forum zusammenarbeiteten.

Als Soldat galt jede Entfernung von der Truppe auch weiterhin als Fahnenflucht und wurde drakonisch bestraft, also nutzten wir die wenigen Ausgänge und Urlaube, um halbwegs mitzubekommen, was draußen los war. Wer zurückkehrte, wurde mit Fragen bestürmt, auch ich brachte einmal wichtige Neuigkeiten mit. Am 3. Dezember 1989, einem Sonntag, fanden sich in der gesamten DDR Menschenketten zusammen, um für die weitere Demokratisierung des Landes zu demonstrieren. Es war ein nasskalter, nebliger Tag, den ich, auf Kurzurlaub, mit Freunden auf einer Allee im Süden von Rostock verbrachte. Von dort war es nur ein Katzensprung nach Kavelstorf. Die DDR, erfuhr man via Stille Post, unterhalte dort ein geheimes Waffenlager, über welches sie Militärgüter in Krisengebiete in aller Welt verkaufe. Angeführt von Bürgerrechtlern und Ortsansässigen machten wir uns auf den Weg. Wir stellten die zivilen Stasi-Mitarbeiter zur Rede, die das Gelände bewachten, und drängten sie, die Lagerhallen zu öffnen. Als das Tor aufging, strömte die Menge hinein. Erstaunt und erschüttert liefen die Menschen an Regalreihen mit Tausenden Kisten voller Waffen, Munition und anderem NVA-Gerät vorbei. »Unglaublich« war das häufigste Wort, das man sich zuraunte, manchmal auch wütend rief. Die IMES GmbH, die das Lager mit direktem Gleisanschluss an den Überseehafen betrieb, gehörte zum geheimnisumwitterten Imperium des Devisenbeschaffers Alexander Schalck-Golodkowski. Nach diesem Fund, der schnell öffentlich wurde, realisierten auch viele der nach wie vor Gutmeinenden, wie doppelzüngig die DDR-Führung war. Ich machte etliche Fotos, die ein Freund, der im Fotolabor arbeitete, über Nacht entwickelte und die wir als Wandzeitung in der Kaserne aufhängten. Zwar sprachen einige Offiziere von »Wehrkraftzersetzung«, weil dadurch die Ideologie von der »Friedenswacht« der NVA in Zweifel zogen würde, aber selbst der Mut, die Wandzeitung abnehmen zu lassen, war ihnen mittlerweile abhandengekommen. Was für ein Kontrast: Noch zum 40. Jahrestag der DDR, am 7. Oktober 1989, hatten wir gefechtsbereit in der Kaserne gesessen, hoffend und bangend, dass wir nicht ausrücken müssten wie die chinesischen Soldaten, die im Juni desselben Jahres den Aufstand auf dem Pekinger Platz des Himmlischen Friedens mit Waffengewalt niedergeschlagen hatten. Nun war das Befehlssystem erodiert. Das Nachrichtenmagazin *Der Spiegel* schrieb nach einem Besuch in unserer Kaserne damals treffend: »Die DDR-Armee, einst der Stolz der SED, ist in wenigen Monaten zusammengebrochen, ein verlorenes Häuflein mit aufsässigen Soldaten und verängstigten Offizieren.«[11] Ein paar Wochen später wurden wir vorzeitig entlassen. Das aufregende Leben draußen begann, ausgehungert und hellwach stürzten wir uns hinein.

Der Zustand einer über Wochen und Monate anhaltenden kollektiven Erregung ist heute kaum mehr vorstellbar, aber vielen ehemaligen DDR-Bürgern ist diese Zeit noch sehr gegenwärtig. Euphorie vermischte sich mit Schwindelgefühl. In biografischen Erzählungen haben diese Wochen den Sonderstatus des Außeralltäglichen und einer Zäsur. Die Menschen beschreiben bis heute die besondere Stimmung einer verschworenen Gemeinschaft, in der alle sozialen Antennen aufgerichtet und auf Empfang geschaltet waren und man an jeder Stelle spürte, dass sich tektonisch etwas verschob. Wir sprechen hier nicht über eine Fußballweltmeisterschaft, die für drei, vier Wochen alle Aufmerksamkeit absorbiert, sondern über das plötzliche Wanken und letztendliche Zusammenbrechen eines gesellschaftlichen Gebäudes,

Abb. 11: Bürger versammeln sich im geheimen Waffenlager der IMES GmbH in Kavelstorf (2. Dezember 1989)

in dem sich viele halbwegs komfortabel eingerichtet hatten. Was die eigentlich risikoaversen DDR-Bürger trieb, war dabei weniger die Lust am Untergang als vielmehr die Hoffnung auf Veränderung. Das Umschlagen subjektiver Ohnmacht in kollektive Handlungsmacht hatte etwas Berauschendes – so habe ich es damals empfunden und so muss es vielen, vor allem den Jüngeren gegangen sein, selbst wenn sie nicht zur Opposition zählten. War bislang alles starr und vorbestimmt, hatten die versteinerten Verhältnisse, mit Marx gesprochen, nun plötzlich zu tanzen begonnen.

Allerdings hielt dieses Kontingenzerlebnis nicht lange an. Es dauerte nur wenige Monate, ehe die Mechaniken der politischen Verriegelung wieder einrasteten und von beweglich auf starr, von richtungsoffen auf zielgerichtet schalteten. Für diesen Wechsel von einer kurzzeitigen Massenmobilisierung hin zur Organisation von Interessen war die DDR-Gesellschaft jedoch kaum gerüstet. Die Initialerfahrung demokratischer Teilhabe war eine des Straßenprotests, mit dem man sich Gehör verschafft und die Oberen zu Zugeständnissen gezwungen hatte, keine der breiten zivilgesellschaftlichen Beteiligung, politischer Selbstorganisation oder kollektiver Willensbildung. Wo hätte das auch herkommen sollen? Die DDR verfügte ja nicht über die Grundausstattung moderner bürgerlicher Gesellschaften, also über eine kritische Öffentlichkeit, freie Medien, politische Grundrechte, Gewaltenteilung etc. An den runden Tischen wurden zwar neue gesellschaftliche Verhandlungsmodelle erprobt, in stabile Repräsentationsformen konnten sie aber nicht überführt werden.

Gemeinhin gilt die letzte Volkskammerwahl im März 1990 als die einzige Wahl der DDR, die demokratischen Grundsätzen entsprach. Man muss diese Einschätzung allerdings relativieren, rangen doch zum Teil Parteien und Personen miteinander, die eigentlich gar nicht zur Wahl standen. Auf den Marktplätzen der DDR kamen die Hauptredner aus Westdeutschland. Sie machten sich für ihre Kandidaten vor Ort stark, die zu reinen Platzhaltern degradiert wurden und deren politische Inhalte blass blieben. So kann man zwar im Hinblick auf die formalen Abläufe von freien Wahlen sprechen, die Standards eines fairen und offenen Wettbewerbs waren allerdings nicht erfüllt, da die neuen, unabhängigen Parteien zwischen den aus dem Westen gesteuerten Wahlplattformen und der nach wie vor finanz- und mitgliederstarken SED-Nachfolgepartei PDS förmlich zerrieben wurden. Vor allem das Wahlbündnis Allianz für Deutschland, bestehend aus der ehemaligen Blockpartei CDU, der neu gegründeten Deutschen Sozialen Union (DSU) und dem Demokratischen Aufbruch (DA), sowie die ostdeutsche SPD agierten ohne eigene politische Ideen und ohne elektorales

Hinterland letztlich als Auftragnehmer westdeutscher Parteien, die im Osten mit aller Kraft Fuß fassen und sich längerfristig Wählerschaften sichern wollten.

Da mein alter Betrieb keine Verwendung für mich hatte, arbeitete ich nach der Entlassung aus der NVA als ungelernter Krankenpfleger in einem Altersheim im benachbarten Neubauviertel Groß Klein. Viele Schwestern und Pfleger zog es gen Westen, weil dort mehr zu verdienen war. Unterbesetzt hielten wir die Stellung. Damals stoppten etliche VW-Busse mit Westkennzeichen vor dem Heim, um die Bewohner mit Wahlwerbung zu versorgen. Einen Kandidaten oder eine Kandidatin bekam man nicht zu Gesicht, dafür brachte man alten und dementen Menschen jede Menge Schokoladentafeln mit Parteilogo ans Bett. So mutierten Parteien zu reinen Verführungsagenturen: Selbst wenn man die historische Sondersituation und den Wunsch nach schneller Vereinigung oder zumindest einer raschen Verbesserung der wirtschaftlichen Lage in Rechnung stellt, wurde mit diesem Kapermanöver die gerade aufkeimende DDR-Demokratie schon wieder zertrampelt. Wer die machtvolle und selbstbewusste Demonstration am 4. November 1989 auf dem Berliner Alexanderplatz miterlebt hatte, rieb sich die Augen, was aus den von Fantasie und Demokratiesehnsucht geprägten Anfängen geworden war. Die letzte Wahl zur Volkskammer der DDR kann insofern nicht nur nach heutigen Standards als ein besonders eklatanter Fall der Einmischung in die Wahlen eines zwar dem Untergang geweihten, aber immer noch souveränen Staates gelten. Völkerrechtlich war die DDR noch am Leben, der Wettstreit um ihr Erbe wurde aber bereits mit harten Bandagen und ohne Rücksicht auf die politische Kultur vor Ort ausgefochten. Das Urerlebnis Demokratie in der DDR war somit eines der teils geduldeten, teils gewollten politischen Fernsteuerung, die die DDR-Bürger zur Verschiebemasse des westdeutschen Parteiensystems machte.

Die im Wahlergebnis zum Ausdruck kommende Zustimmung zu einem schnellen Beitritt leitete einen Prozess der kollektiven Unterordnung unter die Spielregeln der Bonner Politik ein, die sich von nun an gegen weiter gehende Mitsprachebegehren immunisieren konnte. Es handelte sich um eine Form der politischen Demobilisierung autochthoner politischer Akteure. Einzig die von der – letztlich doch sehr kraftlosen – Bürgerrechtsbewegung eingebrachte Aufarbeitung der Repressionspraxis der Stasi kann als Mitgift des politischen Umbruchs angesehen werden. Ausgerechnet sie fütterte dann jedoch regelmäßig die in der Bundesrepublik-West dominante Wahrnehmung der DDR als – vor allem – Unrechtsstaat und wurde gern ins Feld geführt, wenn es darum ging, »ostalgische Gefühle« zu diskreditieren.

Diese nur kurze Blüte der lebendigen Demokratie und ihr abruptes Ende sind vor allem deshalb kritisch zu sehen, weil sich mit der Hinwendung zur Hilfe von »außen« ebenjene etatistischen und nach »oben« gerichteten Orientierungen erneut festsetzten, die man gerade im Begriff war abzustreifen. Nachdem man sich aus dem Teufelskreis des Tausches staatlicher Vergünstigungen gegen politische Loyalität befreit hatte, stellte sich nun eine neue, im Wesentlichen auf das Konsumniveau und die Verbesserung des materiellen Lebensstandards fokussierte Erwartungshaltung ein, die das politische System mit recht weitgehenden Forderungen belastete. Die heilsbringerischen Versprechen der Politik (»blühende Landschaften«) taten ihr Übriges, um eine politisch-gesellschaftliche Dynamik der Erwartungen zu erzeugen, die früher oder später enttäuscht werden mussten.

Vor die Wahl zwischen einem Weiterbestehen der DDR und nationaler Einheit gestellt, entschied man sich damals aus guten Gründen – wozu auch der Druck der Straße, die wirtschaftliche und politische Insolvenz der Deutschen Demokratischen Republik und die fast erdrutschartige Abwanderung gehörten – für die zweite Option. Politisch kollabierte die DDR gewissermaßen in den Schoß der Bundesrepublik hinein. Es ist jedoch bis heute eine Bürde für die politische Kultur des Landes, dass es nicht gelungen ist, Formen und Foren zu finden, die sowohl das erwachende politische Selbstbewusstsein der DDR-Bürger wahren als auch die Weichen in Richtung Wiedervereinigung hätten stellen können. Der Verlust an sprachfähigen Akteuren, die Desavouierung der alten Eliten, die Handlungsschwäche der neuen politischen Köpfe, der Mangel an finanziellen und organisatorischen Ressourcen, der Professionalisierungsvorsprung westdeutscher Politikakteure, der rapide anschwellende Massenauszug – all das hat dazu beigetragen, dass die Bundesrepublik die Bedingungen der Abwicklung der DDR wie ein Insolvenzverwalter diktieren konnte. Die Mitglieder der sozialistischen Organisationsgesellschaft waren zur Passivität verdammt. Ohne in die Klage über die Entmündigung der Ostdeutschen oder die geraubte Revolution einzustimmen, kann man doch nüchtern festhalten, dass in diesem Übernahmemodus eine Distanz zwischen »den Leuten« und »dem System« angelegt wurde, die heute noch die Wahrnehmung vieler Ostdeutscher bestimmt. Die Bundesrepublik hat die DDR in ihr eigenes gesellschaftliches Modell inkorporiert und dabei bewusst das Risiko gescheut, diesen Vorgang durch eine größere Beteiligung der Ostdeutschen (etwa durch eine Volksabstimmung über den Einheitsvertrag) politisch zu gefährden. Die erdrutschartigen Entwicklungen ließen einen managerialen Ansatz plausibler und robuster erscheinen als einen, der auf längere Abstimmung und demokratische Willensbildung setzte. Politisch kam es in Ostdeutschland auch dadurch zu einem »Subjektverlust«, denn alle wichtigen strategischen Akteure stammten von außen, eigene Handlungsmacht wurde nicht ausgebildet.

Interregnum

Die Zeit zwischen dem Beginn der Wende im Herbst 1989 und der Wiedervereinigung im Oktober 1990 war eine Phase der extremen Destabilisierung und gesteigerten Fluidität der gesellschaftlichen Ordnung. Große Zäsuren wie die Öffnung der Mauer, die letzte Volkskammerwahl oder die Währungsunion waren prägend, zugleich weichten Routinen und Erwartungen bis in die feinsten gesellschaftlichen Kapillaren hinein auf. Sozial kann man durchaus von einem Ausnahmezustand sprechen: Die in den letzten Jahren der DDR zunehmend resignative und attentistische Gesellschaft war auf einmal wie von Adrenalin durchpulst. Niemand wusste so recht, wie es angesichts der zusammenbrechenden Ordnung weitergehen sollte, aber die Freiheitsgewinne, die Politisierung und die wiedergefundene Sprache euphorisierten zum Teil selbst jene, die dem System bis zuletzt treu ergeben waren. Zugleich setzte eine erhebliche Nervosität ein, die sich vor allem auf die soziale Sicherheit, auf Besitzstände und die Planbarkeit der eigenen Biografie richtete. Dazu kamen Ängste, die aus der Verwicklung mit dem System herrührten. Die Umwälzung in der DDR hat millionenfach Geschichten der Entscheidung, der Umorientierung, des Erkennens, der Emanzipation und des Mutes, aber auch der Irritation, der Verbitterung und Resignation hervorgebracht, die bislang nur in Ansätzen erzählt worden sind.

Etwas prosaischer formuliert kann man vom Zusammentreffen eines grundlegenden Strukturwandels mit gesellschaftsweiten prekären biografischen Passagen sprechen. An vielen Stellen waren auch anomische Tendenzen erkennbar. Im Regelfall sind Strukturen relativ stabil, und Individuen bewegen sich zwischen Positionen. Nun gerieten Strukturen und Personen gleichzeitig in Bewegung,[12] was die Handelnden vor besondere Herausforderungen stellte. In solchen Situationen laufen zuvor probate Handlungsroutinen ins Leere und müssen neu austariert werden. Allerdings kann dies nur dann erfolgreich gelingen, wenn es erkennbare und einigermaßen stabile Rahmenbedingungen für biografische Entscheidungen gibt. In einem taumelnden Gesellschaftssystem ist dies naturgemäß nicht der Fall. Interessanterweise konnte man in Lütten Klein trotz des inneren und äußeren Aufruhrs beobachten, wie viele alltägliche Routinen aufrechterhalten wurden: Menschen standen morgens auf, schickten die Kinder zur Schule, warteten auf den Bus und gingen – wenn sie noch Arbeit hatten – in den Betrieb. Wer die ganze Szenerie nur oberflächlich beobachtete, konnte meinen, hier sei vieles beim Alten geblieben, doch unter der Oberfläche brodelte es: Menschen machten neue berufliche Pläne, waren mit Abwanderungsgedanken beschäftigt, fingen an, sich wegen der Arbeitslosigkeitsrisiken zu sorgen, sprachen über Umtauschkurse, diskutierten mit Leidenschaft politische Themen. Je nach Nachrichtenlage musste man sich permanent neu justieren – die Nadel des inneren Kompasses zitterte heftig und fand selten einen Ruhepunkt.

Angesichts der für gesellschaftliche Krisen typischen Verkürzung des Handlungshorizonts schaltete das soziale Repertoire auf ein Fahren auf Sicht, auf Coping, wie Soziologen das nennen.[13] Das war vor allem für diejenigen belastend, die beruflich schon etabliert waren und Verantwortung für ihre Familien trugen. Die Jüngeren hatten weniger zu verlieren. Für mich und meine damals Anfang zwanzigjährigen Altersgenossen hat der Zusammenbruch der DDR eine Art von Gegenwärtigkeit erzeugt, in der es zwar eine unbestimmte Erwartung an eine bessere Zukunft gab, in der aber vollkommen unklar war, was man dafür individuell tun konnte. Es ist wohl keine Übertreibung zu sagen, dass der kurze Sommer der Anarchie für junge Menschen auch etwas Rauschhaftes hatte. Man fand sich in einem völlig neuen Kosmos der Gelegenheiten wieder.

So schlicht es klingt, aber die ersten sichtbaren Zeichen kapitalistischer Marktwirtschaft in Lütten Klein waren die Joghurtpaletten, die plötzlich in den Kaufhallen auftauchten (ja, Fruchtjoghurt war damals etwas ganz Besonderes). Dann wurden nach und nach alle DDR-Produkte aus den Regalen verdrängt. Mit der Währungsunion und der Einführung der D-Mark verbesserte sich die Kaufkraft über Nacht; es kam zu einer Aufwertung um mehr als 300 Prozent.[14] Die Ostdeutschen konnten nun an einem Konsummarkt partizipieren, der noch kurze Zeit vorher unerreichbar schien – allerdings entkoppelten sich die Einkommen damit von der Realwirtschaft. Aus den Kaufhallen wurden Supermärkte. Vieles an diesen »Kaufhäusern des Westens« war allerdings nur provisorisch: In Wellblechhallen und Zelten wurden die Waren unter die Leute gebracht, auf der grünen Wiese entstanden mit Wimpelketten eingezäunte Gebrauchtwagenmärkte. Massenkonsum löste die Mangelwirtschaft ab, so dass sich der Ausstattungsgrad der Haushalte bei wichtigen Gebrauchsgütern schnell verbesserte. Heute bestehen hier kaum noch große Ost-West-Unterschiede.[15]

Die Ostdeutschen kauften neben Fernsehern, Stereoanlagen, Küchengeräten und Fahrzeugen auch Kleidung, Lebensmittel und Modeprodukte. Sie griffen nach allem, was nach Westen aussah und roch. Auf dem ostdeutschen Zigarettenmarkt reüssierte die Marke »Golden American«, die zwar aus dem Westen kam, die dort aber fast niemand kannte. Auf der Müllkippe Kömmlitz bei Borna landeten Tausende neuwertige Bücher aus DDR-Verlagen – Klassiker, Belletristik, Kinderbücher –, die über Nacht unverkäuflich geworden waren. Andere wurden in Papierwerken makuliert oder in Kraftwerken verheizt. Während im Osten eine – zunächst noch wenig spürbare – ökonomische Talfahrt begonnen hatte, lief die westdeutsche Wirtschaft zur Höchstform auf. Der vornehmlich transferfinanzierte »Warenhunger« im Osten und die Einführung der D-Mark sorgten für einen Nachfrageboom wie seit Anfang der siebziger Jahre nicht und kurbelten damit die Beschäftigung im Westen an.

Wie im Zeitraffertempo kamen die Sparkassen- und Bankcontainer, die Sonnenstudios und die Videotheken, die die Menschen mit Geld, Bräune und Unterhaltung versorgten. Fast zeitgleich traten die Haustürgeschäftemacher hinzu, die viele Bewohner zu Zeitschriften-Abos, Teppichkäufen oder zum Abschluss von Versicherungen überredeten, die sie nicht brauchten oder oftmals nicht bezahlen konnten. Dabei kam es häufig zu unschönen Szenen, weil Ostdeutsche naiv in Konsumfallen hineintappten: Ältere Rentnerehepaare wurden genauso über den Tisch gezogen wie junge alleinerziehende Mütter und Diplomingenieure. Zum Staunen über die Warenvielfalt gesellte sich daher bald Misstrauen, musste man doch stets auf der Hut sein, um nicht übervorteilt zu werden.

Der Glanz des Konsums fand natürlich auch seine Kritiker, etwa den Schriftsteller Stefan Heym, der »für das Gedränge um den Tinnef bei Bolle und Bilka« kein Verständnis aufbringen wollte. Die demokratischen Proteste auf der Straße würden auf dem Tempel des Konsums geopfert, so sein konsumkritisches Credo. Enttäuscht waren viele Künstler und Intellektuelle auch darüber, dass das Interesse an Büchern, Theaterstücken, Liedern und Ausstellungen, die im DDR-Alltagsleben eine große Rolle gespielt hatten, dramatisch zurückging. Das war in Rostock nicht anders: Mit der Wende halbierte sich die Zahl der Museumsbesucher, das Volkstheater verlor über die Hälfte seiner Zuschauer, die Nutzerzahlen der Stadtbibliothek brachen ein.

Der wohl wichtigste Freiheitsgewinn war die Möglichkeit zu reisen – die Reisefreiheit hatte ja bekanntermaßen zum Kernkatalog der politischen Forderungen gehört. Westdeutschland war allerdings weniger interessant als Frankreich oder Italien, und im Sommer 1990 konnte man auf Zeltplätzen, in Bahnhofsmissionen und an Autobahnraststätten viele Ostdeutsche und Osteuropäer antreffen, die sich mit wenig Geld auf Erkundungstour nach West- und Südeuropa gemacht hatten. In den Monaten nach dem Fall des Eisernen Vorhangs herrschten im Westen enorme Neugier und Hilfsbereitschaft: Beim Trampen musste man niemals lange stehen, ein Schlafplatz fand sich immer, zur Not in einem zum Verkauf stehenden Gartenhaus vor einem österreichischen Baumarkt. In Massen übernachtete man am Strand in Italien oder Spanien, saß um Lagerfeuer herum, bekam etwas Essen aus den Restaurants gereicht und wurde dann frühmorgens vom Reinigungstross geweckt, der am Strand den Abfall aufsammelte. Der Sommer 1990 war ein großes Happening der Freiheit – erst recht, wenn man das Privileg der Jugend hatte und nicht allzu viel darüber nachdachte, was die Zukunft bringen würde. Freilich sollten sich viele Osteuropäer schon bald darüber wundern, dass der Westen, der jahrzehntelang Reisefreiheit gepredigt hatte, nach und nach begann, für Menschen aus etlichen dieser Länder eine Visumpflicht einzuführen und somit das Tor, das sich gerade sperrangelweit geöffnet hatte, wieder ein Stück schloss.

Auch daheim in der DDR tat sich in dieser Zwischenzeit einiges – emotionale Diskussionen über Stasi-Machenschaften und -verstrickungen wurden geführt, die Weichen in Richtung Wiedervereinigung gestellt, die Volkskammer verabschiedete das Treuhandgesetz, die Massenmigration von Ost- nach Westdeutschland schwoll weiter an, und das Bargeld sowie sämtliche Spareinlagen wurden nach einem festen Kurs in D-Mark umgetauscht. Vieles wurde umetikettiert und in Hauruckaktionen umgestaltet. Aus der Bezirksparteischule in Lütten Klein machten ehemalige Mitarbeiter über Nacht ein Kongresshotel (nunmehr befindet sich dort das Rostocker Finanzamt). Zugleich nutzten viele die sich auftuenden Lücken, um Neues zu probieren und Freiräume auszufüllen.

Im Herbst 1990, mit fast 22 Jahren, begann ich mein Studium an der Berliner Humboldt-Universität. Ich hatte meinen eigentlichen Studienplatz gleich nach dem Antritt zum Wehrdienst im November 1988 zurückgegeben, nicht wissend, ob es in der DDR für mich noch eine

Gelegenheit zum Studium geben würde. Während der Armeezeit lernte ich einen Reservisten kennen, der eigentlich Arabist war und mir ein kleines, im Leipziger Reclam Verlag erschienenes Max-Weber-Büchlein borgte (die Ausgabe von *Rationalisierung und entzauberte Welt* aus dem Jahr 1989 habe ich immer noch). Ich verstand wenig, war aber doch irgendwie fasziniert. Schon während der Lehrzeit hatte ich einmal einen Vortrag des in Ungnade gefallenen Rostocker Soziologen Peter Voigt gehört. Nun, da wir angesichts der Wende alle durch und durch politisiert waren, wuchs mein Interesse, Soziologie zu studieren. Ich bewarb mich kurzerhand an der Humboldt-Universität und wurde sogar zu einem Vorstellungsgespräch eingeladen. Damals musste ich noch erklären, warum ich mich nicht zu einem längeren Armeedienst verpflichtet hatte, und man machte mir wenig Hoffnung. Wenig später schien das keine Rolle mehr zu spielen, und ich bekam eine Zusage.

Der Beginn war holprig, auch dem Hochschulsystem stand eine Generalüberholung bevor. Am damaligen Institut für marxistisch-leninistische Soziologie der Humboldt-Universität, an dessen Nachfolgeeinrichtung ich heute arbeite, nahm der damalige Institutsdirektor – Artur Meier, der »Erfinder« der DDR als Ständegesellschaft – Pinsel und Farbe und übermalte das »marxistisch-leninistische«. Aber da es sich um ein gestanztes Türschild handelte, war die alte Aufschrift trotzdem noch gut zu lesen. Als ich dann Anfang September 1990 das Studium aufnehmen wollte, wurden wir gleich wieder in die Ferien geschickt. Das Wiedervereinigungsdatum nahte, in der Bundesrepublik dauerten die Semesterferien bis Mitte Oktober, so dass wir sechs Wochen länger frei machen konnten. Als wir zur Uni zurückkehrten, gab es kein Soziologiestudium mehr, aus mehreren Fächern hatte man einen Studiengang der Sozialwissenschaften geschnürt. Die alten HU-Dozenten, viele Kofferträger des Systems, aber auch etliche beschlagene Intellektuelle, die sich in der DDR als Reformsozialisten einen Namen gemacht hatten, stiegen mit uns gemeinsam in die Lektüre jüngerer sozialwissenschaftlicher Literatur ein. Als Vertreter ideologisch besonders belasteter Fächer, denen man eine Selbsterneuerung schon aufgrund der eigenen existenziellen Interessen nicht zutraute, mussten sie sich von einer Strukturkommission evaluieren lassen. Viele von ihnen – zuallererst die Vertreter eines orthodoxen Marxismus-Leninismus – wurden nach und nach »abgewickelt«, nur wenige blieben. An der HU geriet der beliebte Theologe Heinrich Fink, der erste nach der Wende frei gewählte Rektor der Universität, in den Verdacht, als IM »Heiner« für die Stasi gespitzelt zu haben. Es wurde heftig gestritten, der Umgang mit der Vergangenheit spaltete auch die Studierendenschaft. Studenten, die an Finks Unschuld glaubten, witterten den Versuch, einen unliebsamen Geist loszuwerden, andere wandten sich angewidert ab. »Den Heiner nimmt uns keiner«, skandierten Studierende auf der Straße, doch Fink musste seinen Stuhl räumen. Kaum ein IM trat in dieser aufgeheizten Zeit selbst aus dem Schatten und machte seine Verstrickung öffentlich. Eine Ausnahme war Michael Brie, ein kluger und belesener Sozialphilosoph an unserem Institut, der der Stasi Berichte, eigene Texte und Redemanuskripte geliefert hatte, um, so seine nachträgliche Begründung, Reformen anzustoßen und eigene Handlungsmöglichkeiten auszuweiten. Er wurde erst beurlaubt, dann entlassen.

Auch außerhalb der Universität ging es munter zu. In Ostberlin, wo ich wie Tausende andere eine der verlassenen Wohnungen im Prenzlauer Berg einfach öffnete und darin einzog, hatte sich nicht nur eine lebendige – und bis heute legendäre – Party- und Kultur-, sondern auch eine veritable Hausbesetzerszene herausgebildet, die im Endstadium der DDR weitgehend geduldet wurde. Wir bemalten die Hausflure, schleppten Sofas aufs Dach, irgendwann ging man zum Amt und versuchte, einen Nutzungsvertrag abzuschließen. Dann bezahlte ich monatlich 8,50 Mark der DDR und konnte mich einigermaßen sicher fühlen, dass ich nicht hinausgeworfen würde. In der Einzimmerwohnung mit »Klo halbe Treppe« funktionierte der Ofen so schlecht und waren die Fenster so undicht, dass man an kalten Tagen den Backofen anmachen musste, um es einigermaßen warm zu haben. Der Vormieter, der noch vor dem Fall der Mauer nach Westberlin gegangen war, klopfte irgendwann, um zu fragen, ob ich noch irgendwo seine damals zurückgelassene Lederjacke hätte. Glücklich war er, als ich sie ihm aushändigte.

Die Phase der Durchlüftung und der vielen unverhofften Möglichkeiten endete dann für mich nicht mit der Wiedervereinigung, sondern mit dem massiven Polizeieinsatz bei der Räumung der Mainzer Straße in Berlin-Friedrichshain im November 1990. Eine Straße, die die DDR eigentlich schon zum Abriss freigegeben hatte und die im Zuge der Wende zum Anziehungspunkt für zahlreiche Initiativen und Projekte der politischen und sozialen Selbstorganisation geworden war. Unmittelbar nach der Wiedervereinigung setzte der Senat alles daran, die Ostberliner Hausbesetzerszene einzudämmen. Rund um die Mainzer Straße entbrannten mehrtägige gewalttätige Krawalle, ein Barrikadenkampf mit über 400 Festnahmen, wie ihn die DDR in der Auseinandersetzung mit ihren Jugendlichen kaum je erlebt hatte. Die staatliche Autorität, die der DDR im Endstadium abhandengekommen war, sollte im wiedervereinigten Deutschland wiederhergestellt werden, auch wenn die Berliner Koalition darüber zerbrach. Für viele Ostberliner Jugendliche war dieser erste große Einsatz Westberliner Polizisten, insgesamt etwa 3000, eine Demonstration staatlicher Macht, ein Schock – und das Ende eines Interregnums.

2. Blaupause West

Übernahmepolitik

Mit der Wiedervereinigung im Oktober 1990 hat sich die Deutsche Demokratische Republik selbst ausradiert und so den Rückweg in die eigene Vergangenheit versperrt. Die deutsche Einheit wurde im Schnelldurchgang vollzogen, der Einigungsvertrag besiegelte die Abwicklung der Deutschen Demokratischen Republik. Im Vergleich zu anderen postsozialistischen Ländern beschritt die DDR einen Sonderweg, der von den östlichen Nachbarn als privilegiert empfunden wurde, weil ein potenter Partner bereitstand, um die größten Übergangsrisiken abzupuffern und zu kompensieren. Die anderen Länder des ehemaligen Ostblocks sahen hingegen erheblichen Einschnitten in einem »Tal der Tränen« entgegen, bei dem unklar war, wie lang und tief es sein würde. Vor allem die gleichzeitige Einführung von Demokratie und Marktwirtschaft stellte diese Länder vor das Problem, wie man Mehrheiten von einer schnellen Privatisierung und Liberalisierung überzeugen sollte, wenn von diesem Weg in die Marktwirtschaft zunächst nur wenige profitieren würden.[1] Um wie viel komfortabler erschien da der ostdeutsche Weg mitten in eine saturierte Wohlstandsgesellschaft hinein.

In einem Akt kollektiver Einwanderung migrierten die Ostdeutschen en bloc in die Bundesrepublik, ohne dabei ihr angestammtes Territorium verlassen zu müssen. Sie wurden einfach eingemeindet[2] – man könnte auch sagen: Die BRD hat sie sich einverleibt. Allerdings hatte auch das Inkorporationsmodell gesellschaftlicher Transformation seine Kosten. So kam es in Ostdeutschland zur Übernahme eines »ready-made-state« (Richard Rose) nach westdeutschem Vorbild, was eigene Gestaltungsmöglichkeiten abschnitt. Der Preis des Beitritts war der Verlust der Option, gemeinsam einen gesellschaftlichen Entwicklungspfad auszuhandeln und die eigenen Interessen stärker einzubringen. Ein recht hoher Preis, wenn man bedenkt, wie sensibel Gesellschaften zuweilen darauf reagieren, wenn ihnen von außen (man denke an das Wirken der Troika in Griechenland oder die EU allgemein) etwas diktiert wird. Wie bei einem Kopiervorgang wurde die Blaupause West auf den Osten übertragen. Bleiben durfte nur, so empfanden es zumindest viele Ostdeutsche, der grüne Pfeil für das Rechtsabbiegen an der Ampel – zunächst allerdings nur, Ordnung muss sein, auf der Grundlage einer Ausnahmeverordnung. Wo es zu institutionellen Neuerfindungen oder Veränderungen kam, wurden sie oft als Zumutung empfunden, man denke etwa an die für die schnelle Privatisierung der volkseigenen Betriebe zuständige Treuhandanstalt oder die Lockerung der Arbeitsmarktregulierungen, um die Steigerung der Lohnstückkosten im Osten zu dämpfen.

Im Westen erzeugten der Zusammenbruch der DDR und der Beitrittswunsch der großen Mehrheit der Ostdeutschen ein Gefühl der Überlegenheit und Unverwundbarkeit. An kaum einer Stelle sah man sich veranlasst, über das Selbstverständnis und die Besitzstände der westdeutschen Gesellschaft überhaupt nur nachzudenken (Veränderungen – ob bei der Liberalisierung des Arbeitsmarktes, der Verwandlung der Bonner in die Berliner Republik oder den Verschiebungen der politischen Kultur – ergaben sich erst schleichend, kamen oft durch die Hintertür). Ganz im Gegenteil: Der Zusammenbuch der DDR wurde bruchlos in die eigene Erfolgsgeschichte eingegliedert und als Beleg der Stärke des westdeutschen Modells verstanden. Der Soziologe Ulrich Beck diagnostizierte: »Die Erfolgsbilanz des bundesdeutschen Modells krönt [...] die Bundesrepublik. [...] In einem sehr konkreten Sinne wird von der Leichenfledderei der DDR, die nun auf Jahre die Öffentlichkeit beschäftigen wird, ein Glanz auf die Bundesrepublik ausgehen.«[3]

Eine Liste der »Errungenschaften der DDR« wurde nie verfertigt, die Abrissbirne umstandslos angesetzt. Man wollte nicht nach *best practices* Ausschau halten, Östliches und Westliches zu etwas Neuem kombinieren, Bewahrenswertes ausfindig machen oder Rücksicht auf vorhandene Routinen, Mentalitätsbestände oder lokales Wissen nehmen. Es gab sogar Stimmen, die wie der Historiker Arnulf Baring eindringlich vor der »Gefahr der Ver-Ostung« der Bundesrepublik warnten.[4] Hinzu kam, dass mit der Implosion des Staatssozialismus dem Westen auch die Systemalternative verloren gegangen war, die die eigene Selbstgewissheit hätte irritieren können. Das ohnehin nicht geringe, durch die wirtschaftlichen Erfolge der Nachkriegszeit, den allgemeinen Wohlstand sowie die funktionierende und robuste Demokratie gut verankerte Selbstbewusstsein der Bundesrepublik konnte sich jedenfalls bestätigt fühlen. Der von Westdeutschland zu entrichtende »Preis der Einheit« bestand in den flankierenden Transfers und der Eingliederung der Ostdeutschen in die wohlfahrtsstaatlichen Kompensationssysteme, nicht in Veränderungszumutungen grundlegender Art.

Die Ostdeutschen wiederum wurden von der *Landnahme* des bundesrepublikanischen Gesellschaftsmodells in die Rolle der passiven Beobachter gedrängt. Sie wurden Zeuginnen und Zeugen einer »Selbstauslieferung der realsozialistischen Konjunkturmasse« (Claus Offe) an eine weitaus potentere Übernahmegesellschaft,[5] die die Kontrolle übernahm, die Spielregeln bestimmte und das Geld lockermachte. Politisch war dies, so Klaus von Beyme, eine »machiavellistische Staatsübernahmestrategie«, die nicht auf Interessenausgleich und schon gar nicht auf eine Selbstbefragung der Westdeutschen ausgerichtet war.[6] Zwar gab es den breiten elektoralen Willen, die Einheit zu realisieren, doch der Einigungsvertrag kam einer bedingungslosen Kapitulation gleich. So entglitt dem Wahlvolk der DDR und den kaum organisierten Interessengruppen jede Möglichkeit der Mitbestimmung. Angesichts der bevorstehenden dramatischen Veränderungen war das an sich schon bemerkenswert. Es führte aber auch dazu, dass viele Anstrengungen, Interessen zu formieren und eine politische Kultur auszubilden, ausgebremst wurden.

Mit fahrlässiger Übertreibung – und unter Ausblendung der vorhandenen demokratischen Mitwirkungsmöglichkeiten – könnte man sagen, mit der Wiedervereinigung sei der »vormundschaftliche Staat«[7] durch den mindestens paternalistischen, wenn nicht gar seinerseits vormundschaftlichen Westen abgelöst worden, so dass der Umbruch in gewisser Weise an jene Verhältnisse anschloss, die er überwinden wollte.[8] Die Passivität und »Mündel-Mentalität«,[9] die den Ostdeutschen gemeinhin zugeschrieben wurden, ließen sich so jedenfalls nicht aushebeln. Damals dominierte im Osten das Gefühl des Überrollt-Werdens, der Überwältigung und der Verohnmächtigung, verbunden mit einer überdeutlichen »Duldungsstarre«.[10] Entsprechend zeigten in den neunziger Jahren im Osten durchgeführte Umfragen erhebliche Vorbehalte gegenüber dem Verlauf des Einigungsprozesses. Das ging bis zum Vorwurf, die Westdeutschen zeigten zu wenig Veränderungsbereitschaft, sie wollten nicht teilen (was wiederum mit dem Vorwurf gekontert wurde, die Ostdeutschen übten sich in Selbstmitleid oder seien dem Leistungsdruck der Marktwirtschaft nicht gewachsen). Erhebliche Teile der ostdeutschen Bevölkerung stimmten der Aussage zu, die Westdeutschen hätten die DDR im Kolonialstil erobert.[11]

Der Kolonialisierungsvorwurf ist zwar begrifflich irreführend und unlauter (zumal das Programm der wesentlichen Akteure in den folgenden Wahlen immer wieder bestätigt wurde), stützt sich aber auf vier zentrale Argumente, die für die Wahrnehmung und somit auch für das Verständnis des Einigungsprozesses im deutschen Osten eine Rolle gespielt haben dürften: Da ist erstens die These, man habe der Beitrittsgesellschaft einfach das komplette institutionelle, politische und rechtliche Korsett übergestülpt; dazu kommen zweitens die Lesart der »Liquidation« der soziokulturellen Traditionsbestände der ehemaligen DDR sowie drittens die ökonomische Dominanz Westdeutschlands durch die Abwicklung der DDR-Wirtschaft (und hierbei insbesondere das Wirken der Treuhand, das mit seinen Schattenseiten der Korruption und der Bereicherung bisweilen zwielichtiger Investoren bis heute nicht wirklich aufgearbeitet worden ist); viertens ist schließlich das Argument zu nennen, die Ostdeutschen hätten ihre politische Handlungsfähigkeit verloren und zusehen müssen, wie die Macht in die Hände westdeutscher Akteure und Institutionen verlagert wurde.[12]

Hier fühlte sich eine Teilgesellschaft untergebuttert, von wichtigen Entscheidungen ausgeschlossen und zur Hinnahmebereitschaft verdammt – eine Wahrnehmung, die bis heute mitursächlich für die innere Distanz zu und das Misstrauen gegenüber Institutionen sowie Macht- und Funktionseliten ist. Etwas milder und technischer kann man von einer Majorisierung des Ostens sprechen, weil die zahlenmäßige Minderheit der Ostdeutschen im wiedervereinigten Deutschland erleben musste, »dass die bloße Anwendung des Mehrheitsprinzips für sie zur Fremdbestimmung« wurde.[13] Die bisweilen arge Verständnislosigkeit, mit der sich Ost- und Westdeutsche in den neunziger Jahren begegneten, ist einer vexierbildhaften Verkennung der unterschiedlichen Erfahrungen im Zuge der Wiedervereinigung geschuldet: Aus ostdeutscher Perspektive kamen die Westdeutschen als Usurpatoren und »Besserwessis«, die nicht sehen konnten oder wollten, welche Erschütterungen sie bereits hatten durchmachen müssen; aus westdeutscher Perspektive fehlte es den »Jammerossis« an Umstellungsbereitschaft, Flexibilität und Dankbarkeit. Wenn die Ostdeutschen sich darüber beklagten, die Wiedervereinigung sei einseitig zu ihren Lasten gegangen, wurde ihnen mitunter von oben herab entgegengehalten, sie stellten »faule Bilanzen« auf, indem sie sich immerfort als Bedrängte und Beleidigte inszenierten, während ihre Lage sich doch in Wirklichkeit verbessert habe. Ein westdeutscher Beobachter, der FAZ-Journalist Volker Zastrow, meinte Ende der Neunziger gar, die Ostdeutschen gäben sich der »Untugend des Arme-Schweine-Kults« hin.[14]

Modernisierungsdruck

Auf den sozialwissenschaftlichen Beobachtungsposten hat man damals die fast schon vergessene Modernisierungstheorie wieder hervorgeholt, um sich einen Reim auf die Transformationsprozesse im Osten Deutschlands und Europas zu machen. Die Modernisierungstheorie war in den fünfziger und sechziger Jahren in den USA entwickelt worden,[15] als man sich fragte, was die Leistungsfähigkeit westlicher Gesellschaften ausmachte und welche Entwicklungsschritte Länder der – wie man damals sagte – Dritten Welt zu durchlaufen hätten, um aufzuholen. Die Revitalisierung dieser Theorie legte, holzschnittartig gesagt, nahe, dass die Transformation in den postsozialistischen Gesellschaften in Richtung des westlichen Modells verlaufen würde. Grundannahme war ein mehr oder weniger einheitlicher, linearer und planbarer Wandlungsprozess hin zu einem »modernen« oder »modernisierten« Gesellschaftstypus, der in funktionaler und normativer Hinsicht überlegen sei, weil er soziale Bedürfnisse und Interessen besser befriedigen könne und hochgradig anpassungsfähig sei. Anfang der neunziger Jahre hat jedenfalls kaum jemand ernsthaft daran gezweifelt, dass in Mittel- und Osteuropa mittelfristig die westlichen Basisinstitutionen Marktwirtschaft, Demokratie und Rechtsstaat nachgebaut würden.[16]

Der Markt und die Demokratie kamen buchstäblich über Nacht, wobei es an etlichen Ecken und Enden knirschte und sich vieles, was im Westen eingespielt war, als nicht kompatibel erwies oder an den Erwartungen vorbeilief. Enttäuschung machte sich breit. Bei der Einführung der Marktwirtschaft in Ostdeutschland setzte man auf schnelle Privatisierung, eine schlagartige Liberalisierung der Preise und Regulierungen und die Preisgabe betrieblicher Versorgungsaufgaben. Da man auf die spontane Selbstorganisation der entfesselten Marktkräfte hoffte, blieben die Anstrengungen, ein breiteres ökonomisches Transformationsprogramm zu entwerfen, begrenzt.[17] Zur Abfederung der sozialen Umstellungskosten verließ man sich auf die kompensierenden Wirkungen des bundesdeutschen Sozialsystems, das für diese Aufgabe jedoch weder vorbereitet noch ausgestattet war. Ähnlich beschränkte man sich bei der Einführung demokratischer Institutionen und Regelwerke darauf, formale Strukturen zu schaffen. Soziale Praktiken, Interessen und Motivationen, also die nichtinstitutionellen Voraussetzungen von Institutionen, wurden vernachlässigt.

In den Neubaugebieten im Rostocker Nordwesten legte der Rechtsstaat sogar mit einem seiner Flaggschiffe an. Mithilfe von Juristen der Universität Hamburg wurde die Rechtswissenschaftliche Fakultät wiederbegründet. Diese hatte 1419 zu den Gründungsfakultäten der Universität Rostock gehört,[18] war dann aber 1950 geschlossen worden, nachdem sich 58 Professoren und Dozenten gegen die Eingriffe der SED ins Studium gewehrt hatten. Nun wurde sie zwischen Lütten Klein und dem Nachbarstadtteil Lichtenhagen im Gebäude des alten

Lehrerbildungsinstituts, in dem der Bezirk Rostock früher seine Pionierleiterinnen ausgebildet hatte, untergebracht und mit neu berufenen Professoren aus dem Westen besetzt. Im Plattenbau konnte man nun bis zum Staatsexamen Rechtswissenschaft studieren, zudem wurden zahlreiche Schulungen und Weiterbildungen angeboten, um die Menschen für den Rechtsstaat fit zu machen. Mein Freund Hans, der damals frisch verheiratet mit zwei kleinen Kindern in der Helsinkier Straße in Lütten Klein wohnte, konnte zu Fuß zu seinen Lehrveranstaltungen gehen und schloss dort sein Studium ab. Er wurde Richter und arbeitet heute im Justizministerium in Berlin. 2008 stellte die Landesregierung den Studiengang wieder ein. Die Juristenausbildung wurde nach Greifswald verlegt, Professoren dorthin abgeordnet. Zu ihnen zählt Ralph Weber, der in Greifswald seit 2009 einen Lehrstuhl für Bürgerliches Recht innehat. Weber ist rechtspolitischer Sprecher der AfD-Landtagsfraktion und hat sich als der Identitären Bewegung nahestehender Rechtsaußen einen zweifelhaften Ruf erworben. In der Möllner Straße, wo etliche Jahre die rechtswissenschaftliche Zweigbibliothek der Universität Rostock untergebracht war, befindet sich heute eine Gemeinschaftsunterkunft für Geflüchtete.

Auch wenn die Modernisierungstheorie selbst einen zunehmend offeneren Umgang mit dem Eigensinn der Wirklichkeit fand, war die Annahme einer raschen Verwestlichung des Ostens alles in allem doch sehr optimistisch. Der Westen sah sich als Vorreiter, die anderen als Nachzügler in einem gerichteten Prozess. Der Kollaps des sowjetischen Imperiums wurde als Dammbruch verstanden, der einen Rückstau beendete. Selbst einer simplen Modernisierungsvorstellung unverdächtige Autoren wie Jürgen Habermas sprachen davon, dass sich in der DDR und den osteuropäischen Ländern eine »nachholende Revolution« vollziehe, die den Anschluss an die normativ und funktional überlegenen Gesellschaften des Westens herstelle.[19] Der »Geist des Okzidents« hole den Osten ein;[20] die Entwicklungen seien als »rückspulende Revolution« zu verstehen, »die den Weg frei macht, um versäumte Entwicklungen *nachzuholen*«.[21] Auch Teile der empirisch reichhaltigen Transformationsforschung konnten sich nicht von dieser Modernisierungsperspektive befreien.[22] Die Aktivierung ethnischer

Konflikte und die Ambivalenzen der Identitätspolitik kamen selten in den Blick. Auch das heute viel diskutierte Thema des Verfalls und des Substanzverlusts von Demokratien spielte damals keine Rolle,[23] so sehr war man von der Anziehungskraft des liberalen Modells überzeugt.

Vor diesem Hintergrund hat die Bundesrepublik die DDR als rückständige Gesellschaft empfangen, der es an vielem mangelte, was die Bundesrepublik schon hatte oder zu haben glaubte. Man sprach von *Modernisierungsdefiziten* und bezog sich damit auf eine ganze Batterie von als nicht mehr zeitgemäß, dysfunktional und gesellschaftlich nicht wünschenswert angesehenen Charakteristika, die nun verändert werden mussten. Es ging hier nicht nur um Politik oder Institutionen im engeren Sinn, sondern auch um Mentalitäten, Kompetenzen und die Einstellungen der Menschen. In der Anwendung der Modernisierungstheorie auf die ehemalige DDR waren die Charaktermasken für Ost- und Westdeutsche klar verteilt. Nimmt man heute Publikationen aus den frühen neunziger Jahren zur Hand, findet man bei tonangebenden Diagnostikern ausufernde Defizitlisten: Ostdeutsche wurden als Mängelwesen angesehen und sozial pathologisiert. Um nur ein besonders drastisches Beispiel anzuführen:

> Die heutige Lage in der ehemaligen DDR ist in der Tat vollkommen anders als bei uns nach 1945. Das Regime hat ein halbes Jahrhundert die Menschen verzwergt, ihre Erziehung, ihre Ausbildung verhunzt. Jeder sollte nur ein hirnloses Rädchen im Getriebe sein, ein willenloser Gehilfe. Ob sich heute einer dort Jurist nennt oder Ökonom, Pädagoge, Psychologe, Soziologe, selbst Arzt oder Ingenieur, das ist völlig egal [...]. Sie haben einfach nichts gelernt, was sie in eine freie Marktwirtschaft einbringen könnten.[24]

In der Tat war vieles für die Ostdeutschen ungewohnt, musste schnell und bisweilen schmerzhaft gelernt werden, auch wenn man die zitierte Schmähung getrost als einen Ausdruck von Ignoranz und Überheblichkeit werten kann. Schiebt man solche Ausfälle beiseite und wendet sich dem Thema etwas ernsthafter zu, lassen sich zahlreiche gravierende Unterschiede in der Sozialstruktur und bei den Mentalitäten benennen, man denke nur an den Kontrast zwischen der Werktätigen-Gesellschaft der DDR und der mittelschichtdominierten Bundesrepublik. In wirtschaftlicher Hinsicht wurden beispielsweise die industriegesellschaftlich geprägte Ordnung der DDR, der hohe Facharbeiteranteil in der Produktion, der geringe Anteil des Dienstleistungssektors sowie die Erwerbszentrierung des Alltagslebens als ostdeutsche Eigenarten ausgemacht.[25] Im Hinblick auf das Sozialverhalten galten die fortwährende Absicherung nach oben und die Scheu, Verantwortung zu übernehmen, als im Osten antrainierte Hemmnisse für eine erfolgreiche Marktbehauptung. Autonomie, Eigenverantwortung und Selbstorganisation seien in der DDR nicht entwickelt worden, in einer modernen Gesellschaft komme es hingegen auf genau diese Eigenschaften an. Ob die Dominanz der Kleinfamilie und die frühe Familiengründung, ob die Randständigkeit alternativer Lebensformen und die starke Verbreitung häuslicher und bescheidener Lebensstile oder das auf Versorgung ausgerichtete Staatsverständnis[26] – in fast jeder Hinsicht ließ sich die DDR-Gesellschaft vor dieser Bewertungsfolie als »rückständig«, »unmodern« und »insuffizient« klassifizieren. Eine gesellschaftliche Durchlüftung durch die Achtundsechzigergeneration hatte die DDR auch nicht erlebt. Allenfalls die höhere Erwerbsbeteiligung der Frauen galt, mit Einschränkungen, als »modern«. Wo sich die Bundesrepublik schon im postfordistischen Zeitalter wähnte, in dem Lebensstile und Identitäten sich pluralisierten, Erwerbsnormen sich liberalisierten, neue Wissenskulturen hervortraten und Subjekte ihre Biografien selbst gestalteten, traf sie – so wurde es oft empfunden – mit der Wiedervereinigung auf ihr homogenes, proletarisches und konformistisches Gestern. Aus westdeutscher Sicht stellte sich damit jedenfalls die Frage, wie die »Bekehrung zu unseren Normen und Werten«, die »Re-education des deutschen Ostens« möglichst friktionslos über die Bühne gebracht werden konnte.[27]

Für die Betroffenen war das Zeugnis des Modernisierungsdefizits alles andere als erfreulich, zielte es doch auf die ganze Person. Oft stolperten die Ostdeutschen unbeholfen in das neue System. Die Begrüßung per Handschlag, die egalitäre Orientierung, die Ausrichtung auf Vertrautheit, die Vermischung von professioneller und persönlicher Ebene, die Bescheidenheit – all das schien nicht mehr gefragt.

> Die Westdeutschen konnten sich halt besser verkaufen. Das haben wir eigentlich abgelehnt, wenn einer mehr darstellt, als er tatsächlich ist. Ich fand die ersten Westdeutschen, denen ich begegnet bin, immer kalt und berechnend, da war einfach keine Wärme da. Ich glaube, dass dieses Überhebliche einfach zur Marktwirtschaft dazugehört.

So beschreibt eine ehemalige Zahnarzthelferin ihre ersten Erfahrungen mit den Westdeutschen und dem Westen. Der Rückgriff auf die gewohnten kulturellen, sozialen und moralischen Repertoires war nicht mehr so einfach möglich. Solche Lebensweisen bestanden fort, eigene Traditionsmilieus bildeten sich aus, sie fanden aber keine gesellschaftliche Anerkennung. So ging es denn politisch auch nicht darum, die ostdeutsche Teilgesellschaft sozusagen unter Artenschutz zu stellen oder sich auf langfristig bestehende Besonderheiten einzurichten – man wollte keine »Politik der Mentalitäten«.[28] Im Gegenteil: Hergebrachte Lebens- und gesellschaftliche Regulationsweisen galten als Hypothek, nicht als Ressource. Die einzigen positiven Eigenschaften, die die ehemaligen DDR-Bürger in die westliche Moderne mitbrächten, seien allenfalls die »Netzwerkkompetenz« sowie eine gewisse »Chaosqualifikation«.[29] So wurde aus der Not punktuell eine Tugend, wurden die Ostdeutschen gar als Avantgarde gehandelt, die mit ihrer ernötigten Flexibilität so etwas wie Pioniere einer atypischen Erwerbsgesellschaft darstellten.[30]

Die modernisierungstheoretische Lesart der Wiedervereinigung ist natürlich nicht unwidersprochen geblieben. Zum einen wurde kritisiert, damit sei ein enger Korridor gesellschaftlicher Entwicklung vorgezeichnet worden, der jeden Eigensinn, jede Pfadabweichung oder Neuerfindung von vornherein ausschloss.[31] Ein zweiter Einwand lautete, die Theorie lasse offen, wer eigentlich die Akteure und Träger dieses Prozesses sein sollten. Drittens wurde schließlich die Gleichsetzung von Modernisierung und Verwestlichung hinterfragt. Die ganze Theorie beinhalte eine Überhöhung, ja Idealisierung des westlichen Gesellschaftsmodells, das als geradezu sakrosankt hingestellt werde. Steuerungsdefizite, ein unterkomplexes Transformationsmodell, die Immunisierung gegenüber ostdeutschen Interessen sowie der institutionelle Garantismus für westdeutsche Besitzstände sind aus heutiger

Sicht nur einige der problematischen Aspekte des damaligen Modernisierungspfades.

Habituelle und kulturelle Akkommodation

Die Bundesrepublik hatte in der Nachkriegszeit trotz erheblicher Erblasten der NS-Diktatur mithilfe von außen – durch die westlichen Besatzungsmächte (die es allerdings den Westdeutschen überließen »ihre« politischen Institutionen und Organisationen zu errichten) – einen Weg in die Demokratie gefunden, so dass anzunehmen war, dass dies mit der Inkorporation der DDR in die Bundesrepublik auf ähnliche Weise gelingen würde.[32] Es sollte über kurz oder lang zu einer mentalen Einpassung in die Demokratie, den Rechtsstaat und die Marktwirtschaft kommen. Ungleichgewichte und übergangsweise Fehlanpassungen – verursacht durch die »Langsamkeit der Individuen«[33] – seien normal; erst nach und nach komme es zu einer habituellen Umgewöhnung. Langfristig seien die Effizienzgewinne und die funktionale Überlegenheit des neuen Institutionensets entscheidend. Diese zuversichtliche Perspektive der *Umorientierung durch Effektivitätsdemonstration* gab denen gute Argumente an die Hand, die sich gegen zu viel Rücksichtnahme auf eine ostdeutsche Sondermentalität aussprachen. Stimmen, die davor warnten, all »jene östlichen Verhaltenstraditionen ›abzuwürgen‹, die der westlichen Selbstbestätigungslogik zuwiderlaufen, sie als bloße ›Störfaktoren‹ in Verruf zu bringen«,[34] sind auch aus diesem Grund ungehört verhallt.

Wenn aber »neue Institutionen« zu »alten Individuen« kommen und (zunächst) keine Passung gegeben ist, können auch die Institutionen und ihre Funktionalität selbst in Mitleidenschaft gezogen werden. »Unverträglichkeitserscheinungen« bergen, so Claus Offe, das Risiko des Institutionenversagens.[35] Dysfunktionalitäten sind dann zu erwarten, wenn die »Lücke« zwischen den institutionellen Formaten und den lebensweltlichen Gegebenheiten zu groß wird. Dann bleiben die Institutionen reine Fassaden, die sozial nicht hinreichend »gefüllt« werden können. Institutioneller Über- und sozialmoralischer Unterbau greifen nicht ineinander, ein Umstand, der aus der Entwicklungspolitik gut bekannt ist. Offe hat vor über 25 Jahren auf Grundlage solcher Überlegungen eine pessimistische, aber doch irgendwie prophetische Prognose abgeben:

> Weder bestehen in den Bundesländern der ehemaligen DDR gute Aussichten dafür, daß sich dort der gleiche Prozeß der unauffälligen, relativ friktionslosen und prosperitätsgestützten »Eingewöhnung« in das demokratisch-kapitalistische Institutionensystem abspielen wird, der in der Bundesrepublik stattgefunden hat. Noch gibt es verläßliche Anzeichen dafür, daß dieser allemal defizitäre und anfällige Prozeß der bloßen Gewöhnung auch in der ehemaligen DDR durch das Auftreten von Bewegungen reflexiv überhöht und korrigiert werden könnte, die sich [...] als zivilisierender Korrekturfaktor in die Routinen der staatlichen Politik einmischen.[36]

Insofern sei die ostdeutsche Gesellschaft gegen regressive und autoritäre Abweichungen vom »Modernisierungspfad« nicht im gleichen Ausmaß immun wie die alte Bundesrepublik.

Im deutsch-deutschen Fall kann man solche Inkompatibilitäten für einen Teil der Parteien- und Verbandsstrukturen ohne Weiteres diagnostizieren – die meisten Westparteien sind im Osten, etwa was ihre Mitgliederzahlen anbelangt, Bonsai-Organisationen geblieben, wodurch ihre Repräsentationsfunktion eingeschränkt bleibt. Die »Rekrutierungsfähigkeit« der Volksparteien CDU und SPD ist in den östlichen Bundesländern nicht einmal halb so groß wie im Westen. Konkret: Während im Jahr 2016 im Westen 0,69 Prozent (das Mindestalter liegt bei 14 bzw. 16 Jahren) der potenziell Beitrittsberechtigten Mitglieder der SPD und 0,87 Prozent der CDU waren, kamen die beiden Parteien im Osten nur auf Werte von 0,18 bzw. 0,39 Prozent. In Mecklenburg-Vorpommern hat die SPD gerade einmal knapp über 2700 Mitglieder (in Lütten Klein plus Evershagen sind es 43 bei über 30 000 Einwohnern), die CDU kommt auf 5200, was wiederum bedeutet, dass diese Landesverbände in den Bundesparteien wenig Gewicht haben. Allein in Nordrhein-Westfalen gab es 2016 mehr als 108 000 SPD- und 130 000 CDU-Mitglieder. Zwar leben dort auch mehr als zehnmal so viele Menschen wie in Mecklenburg-Vorpommern, aber die »Mitgliedschaftsdichte« der Volksparteien ist damit viermal bzw. mehr als zweieinhalbmal so hoch. Einzig die Linkspartei war mit einem festen Wählerstamm im Osten von Anbeginn verankert, wobei die Mitgliederbasis durch das Wegsterben der Älteren immer schmaler wird.[37] Die AfD beginnt seit einiger Zeit, mehr und mehr Mitglieder einzusammeln – Ende 2018 waren es in Mecklenburg-Vorpommern schon über 750, die ausgegebene Zielmarke ist 1000. Schaut man auf die Ergebnisse der letzten Europawahl im Mai 2019, scheint die AfD auf dem Weg zur ostdeutschen Regionalpartei, die die traditionellen Volksparteien zum Teil überholt. Geschickt bespielt sie die Stimmungen vor Ort.

Was aus einer modernisierungstheoretischen Perspektive damals als ratsam galt, nämlich den Institutionentransfer über die Bühne zu bringen, ohne lokale Sonderwünsche oder vorhandene Mentalitätsbestände groß zu berücksichtigen, ist nunmehr mitursächlich für anhaltende Repräsentationsmängel und die Schwächen der Zivilgesellschaft. Daran hat natürlich nicht nur die etablierte Politik ihren Anteil, sondern ebenso eine Vielzahl korporativer Organisationen (von den kassenärztlichen Vereinigungen über die Kammern bis hin zu den Wohlfahrtsverbänden). Das Programm hieß Ausdehnung in der Fläche, nicht Adaptation und schon gar nicht Neuerfindung. Schlussendlich führte das zu einer Passivisierung autochthoner Akteure und zu einem bis heute anhaltenden antiinstitutionellen Affekt. Die Ostdeutschen waren vor allem als Politiknehmer gefragt.

Im Osten hat man sich zu dieser Zeit – und mitunter bis heute – häufig gefragt, warum dieses schablonenhafte, oft als »Plattmachmentalität« verstandene institutionelle Mimikry so rücksichtslos durchgezogen wurde und warum lokal gewachsene und alles in allem funktionsfähige institutionelle Lösungen – beispielsweise die Polikliniken im Gesundheitssystem – beiseitegeschoben werden mussten. Das hatte nicht nur damit zu tun, dass man davon ausging, »DDR-sozialisationsbedingte[r] biografische[r] Defizite« würden ohnehin rasch überwunden werden,[38] sondern auch mit Besitzstandsinteressen und Befindlichkeiten in Westdeutschland. Zwar hat sich die Erwartung der Einsozialisation der Ostdeutschen in das übertragene institutionelle Arrangement *grosso modo* erfüllt. Indem man sich für einen jedwede

Abweichung ausschließenden Weg entschied, nahm man aber zugleich in Kauf, dass viele Menschen eine wachsende soziale Distanz empfanden oder das System sogar ablehnten.

Das nationale Projekt

Auch wenn bis heute meist von Wiedervereinigung die Rede ist, handelte es sich formal – ähnlich wie schon 1957 im Fall des Saarlands – um einen Beitritt der DDR zum Geltungsbereich des Grundgesetzes gemäß Artikel 23. Man entschied sich damit ausdrücklich gegen das in Artikel 146 vorgesehene Verfahren, das ursprünglich als Provisorium gedachte Grundgesetz nach der »Vollendung der Einheit und Freiheit Deutschlands« durch eine vom »Volk in freier Entscheidung« beschlossene Verfassung zu ersetzen. Auch in dieser Hinsicht wurden die Ostdeutschen also von Anfang an in eine Beobachterrolle gedrängt. Zwar haben die Bürger Westdeutschlands das Grundgesetz ebenfalls nie ratifiziert, sie haben es sich aber durch eine jahrzehntelange soziale und politische Praxis angeeignet. Es mag gute politische Gründe gegeben haben, die Büchse der Pandora im Jahr 1990 nicht zu öffnen und das bewährte Grundgesetz nicht zur Disposition zu stellen, etwa die Interessen der westlichen Alliierten zum Beispiel und das Risiko einer Destabilisierung in einer ohnehin prekären Phase. Für die Ostdeutschen bedeutete das jedoch, dass die Grundprinzipien des Zusammenlebens nicht gemeinsam erarbeitet, sondern von einer Seite vorgegeben wurden. Es musste alles schnell gehen, der kritische Faktor Zeit erstickte jedwede Diskussion. Selbst auf Evaluierungsfristen oder salvatorische Klauseln mochte man sich nicht einlassen.

Dabei hätten, aus ostdeutscher Sicht, möglicherweise weniger die konkreten Inhalte im Vordergrund gestanden als vielmehr Fragen der Beteiligung – oder wenigstens der Beteiligungsillusion. Eine breitere Debatte hätte die Chance geboten, das argumentative Arsenal auszuloten und zu verfeinern, die Ausbildung eigener Meinungen wäre ermuntert worden usw. Der Verzicht auf die Option, die Menschen durch ein Referendum oder einen Verfassungskonvent einzubinden, hat dazu geführt, dass der ganze Prozess als kalter administrativer Akt empfunden wurde. Das gewählte Prozedere hatte, so gesehen, einen durchaus beachtlichen Preis: Es versperrte den Ostdeutschen den Weg zu einem Selbstverständnis, das die kollektive Bindung an die Verfassungsprinzipien hätte stärken und ein gemeinsames Selbstverständnis hätte befördern können – auch und gerade als Gegengewicht zu den erheblichen ökonomischen und machtpolitischen Asymmetrien.

Abb. 12: Bundeskanzler Helmut Kohl auf einer Rostocker Wahlkampfveranstaltung der Allianz für Deutschland (9. März 1990)

Stattdessen griffen die maßgeblichen Akteure auf die einheitsstiftende Kraft der deutschen Geschichte, Kultur und Sprache zurück, wobei im Osten auch das Erbe des DDR-Nationalismus hilfreich gewesen sein dürfte. Die neue politische Gemeinschaft wurde also nicht über die politische Praxis einer gemeinsam ausgehandelten Verfassung konstituiert, vielmehr strapazierte man – quasi als funktionales Äquivalent – die Bande nationaler Einheit. Dieser funktionale Nationalismus war sowohl an besorgte Steuerzahler in den alten Ländern gerichtet, denen ja immerhin ein gewisses Maß an Solidarität abgenötigt wurde, als auch an die Ostdeutschen, denen die Gewissheit vermittelt wurde, trotz schmerzhafter Anpassungsleistungen dazuzugehören. Der damalige Fokus auf die nationale Zusammengehörigkeit legte möglicherweise den Grundstein dafür, dass die Menschen im Osten Deutschlands im Zuge von Öffnungs- und Migrationsprozessen auf den Katalog der nationalen Vorrechte pochen. Diese Verschiebung hatte sich freilich bereits im Zuge der Massendemonstrationen im Jahr 1989 angekündigt, als der Slogan »Wir sind das Volk« sukzessive durch den Ruf »Wir sind ein Volk« ersetzt wurde. Diese gleichsam naturalisierende Gemeinschaftsunterstellung wurde von den wichtigen politischen Akteuren der Bundesrepublik rasch aufgegriffen, um den Vereinigungsprozess emotional zu flankieren. Die lange nur leise mitgesummte Zeile »Deutschland einig Vaterland« der DDR-Hymne orchestrierte nun den Geleitzug Richtung Wiedervereinigung. Schon im November 1989 hatte Helmut Kohl sein »Zehn-Punkte-Programm« vorgelegt, im März 1990 sprach er auf einer Wahlkundgebung der Allianz für Deutschland auf dem Platz der Fischerbastion in Rostock. Tausende Menschen feierten ihn frenetisch. Deutschlandfahnen wurden geschwenkt, Kohl versprach seinen »Landsleuten« die baldige Einheit. Innerhalb weniger Monate hatte die nationale Euphorie die friedliche Revolution abgelöst.

Die politischen Führungsgruppen in Deutschland, so etwa Claus Offes kritische und sicherlich nicht unumstrittene Bewertung damals, hätten den nationalen Imperativ als sinngebenden Bezugspunkt der Eingliederung absichtlich gewählt:

> Sie bringen damit keineswegs eine in der Bevölkerung tatsächlich vorherrschende Gefühlslage *zum Ausdruck*, sondern sind gerade umgekehrt bemüht, das nationale Motiv *zur Erzeugung* jener Akzeptanz zu funktionalisieren, ohne die das Management der aktuellen Probleme nicht gelingen kann.[39]

Die Aufwertung von Herkunft und Zugehörigkeit – das nationale Projekt – überlagerte das demokratische Projekt der deutschen Einheit. So wurde letztlich das Politische durch das Nationale immunisiert, was nicht wenige linke Intellektuelle und Politiker kritisch sahen. In Berlin gab es in den Tagen der Wiedervereinigung Großdemonstrationen linker Gruppen unter dem Leitspruch »Nie wieder Deutschland«. Der später als Inoffizieller Mitarbeiter der Staatssicherheit enttarnte Autor Rainer Schedlinski warnte vor einem »plebejischen Volksgemeinschaftsdünkel«, in dem sich völkischer Mief und vulgärsozialistische Tradition verbinden würde.[40] Heiner Müller diagnostizierte mit der ihm eigenen Lakonie gar eine »nationale Besoffenheit«.

Die national grundierte Wiedervereinigung, so sagte Jürgen Habermas damals voraus, werde »den inneren Zustand der Bundesrepublik belasten«,[41] in der Folge könne es gar zu einer »Sogwirkung des nationalen Syndroms«[42] kommen. Grund dafür sei unter anderem die Distanz der Ostdeutschen zur republikanischen Tradition des Westens. Die Wiedervereinigung steht, so gesehen, für eine *Unternutzung* des demokratischen Potenzials der friedlichen Protestbewegung und für eine *Übernutzung* des nationalen Potenzials politischer Mobilisierung. Den nun ehemaligen DDR-Bürgern wurde zu verstehen gegeben, dass sich ihre Stellung und ihr Status vor allem vom Deutsch-Sein ableitet und nicht auf ein republikanisches Verständnis der Mitgliedschaft zurückgeht. Angesichts des Verlusts der »Heimat DDR« und der gleichzeitigen kulturell-politischen Entwertung dieser Identitätsressource nimmt es nicht wunder, dass sich viele Ostdeutsche bereitwillig auf dieses neue Identitätsangebot einließen. Die DDR war keinesfalls frei von nationalen Anwandlungen, im Prozess der Vereinigung wurden diese Leidenschaften aber weiter forciert und identitätspolitisch aufgeladen.

3. Vermarktlichung

Kommodifizierung der Werktätigen

Die Einführung der Marktwirtschaft in der ehemaligen DDR glich einem gesellschaftlichen Tsunami. Private Gewinninteressen wurden in Szene gesetzt und ermächtigt, bislang abgeschirmte Bereiche den Imperativen des Marktes unterworfen, Werktätige in marktfähige Güter verwandelt. Solche Vorgänge beinhalten stets die Zerstörung bestehender Strukturen, weil tradierte Ansprüche, Schutzinteressen, Bindungen und Reproduktionsweisen unter Druck geraten.[1] Mit nicht zu leugnender Unbarmherzigkeit, welche die gerade noch zelebrierten Bande der nationalen Gemeinschaft vergessen ließ, wirkten diese Kräfte nun im eben noch plansozialistischen Habitat. Bei der Marktschaffung standen nicht die Sanierung und das geduldige Aufpäppeln schwächelnder Industrien im Vordergrund, sondern die schnellstmögliche Bereinigung des Marktes von sozialistischen Relikten. Unter der Ägide einer eigens gegründeten Privatisierungsagentur wurden alle ehemals volkseigenen Betriebe vom Markt geräumt, die sich nicht als »überlebensfähig« erwiesen. Die Treuhandanstalt setzte auf Zerschlagung und Verkauf, nicht auf den Erhalt eigenständiger industrieller Kerne. Als sie Ende 1994 aufgelöst wurde, hatte sie über 14 000 Betriebe und Unternehmensteile verkauft oder kommunalisiert, nur 140 Firmen waren noch übrig. Schocktherapie (statt Gradualismus) hieß das verdächtig klingende Zauberwort, das eine baldige Gesundung in Aussicht stellte. Für die meisten Ostdeutschen bedeutete das jedoch – trotz aller flankierender sozialpolitischer Maßnahmen – vor allem Entsicherung und Statusturbulenzen.

Allein von 1989 auf 1990 brach die Industrieproduktion der DDR um über vierzig Prozent ein, weil im Osten die Märkte wegfielen und man gegenüber dem Westen nicht konkurrenzfähig war; die ersten Entlassungswellen trafen die Menschen aus heiterem Himmel. Die eben noch durchorganisierte Arbeitsgesellschaft mit Beschäftigungsgarantie wurde innerhalb kurzer Zeit zur Sammelstelle der Massenarbeitslosigkeit. Ich selbst wurde vom VEB Schiffselektronik mit einem dürren Schreiben gekündigt. Der Betrieb als Hort der sozialen Integration und Versorgung hatte über Nacht seine Funktion verloren. Wohl hatten sich alle auf größere Umstrukturierungen gefasst gemacht, dass die Marktwirtschaft aber mit einem Hinauswurf – oder die Freiheit mit Freisetzung – begann, verunsicherte die Menschen ganz erheblich. Aus vielen Werktätigen wurden *Untätige*. Man wies ihnen zwar einen Platz in den wohlfahrtsstaatlichen Auffangbecken zu, de facto blieben sie jedoch für den Rest ihres Lebens erwerbsmäßig abgeschaltet.

Von den im Jahr 1989 Erwerbstätigen arbeiteten vier Jahre später gut zwei Drittel nicht mehr im ursprünglichen Beruf, bei Personen auf höheren Leitungspositionen waren es neunzig Prozent.[2] Arbeitslosigkeit wurde binnen kürzester Zeit zum ostdeutschen Kollektivschicksal, wobei die Folgen weit über den Kreis der unmittelbar Betroffenen hinausgingen. In praktisch jeder Familie musste(n) ein oder gar mehrere Mitglieder zu Hause bleiben, die urplötzlich nichts mehr mit sich anzufangen wussten und darauf warteten, dass die Gesellschaft ihnen ein Angebot machen würde. Nur eine recht kleine Minderheit gehörte zur Gruppe der *good copers*, die die Auszeit etwas gelassener nahmen.[3] Die Erwartung mancher Wirtschaftspolitiker, ein in der DDR aufgestauter unternehmerischer Drang ließe sich über Nacht entfesseln und Investoren würden großflächig neue Jobs schaffen, hat sich nicht realisiert. Die »ostdeutsche[n] Arbeitsspartaner«,[4] die in Beschäftigung blieben, unterwarfen sich den Erwartungen der Arbeitgeber in der Regel ohne großen Widerspruch. Es gab ein dialektisches Spiel zu besichtigen: Die Aktivierung der Ostdeutschen als Marktinsassen wurde über die Passivisierung eines erheblichen Teils der Erwerbsbevölkerung erreicht, der in arbeitsmarktexterne Warteschleifen verwiesen wurde. Die im Westen nicht unumstrittene Eingliederung der ehemaligen DDR-Bürger in die bundesdeutschen Sozialsysteme war das Palliativ, um den Schmerz des Absturzes einigermaßen zu lindern.

In Rostock wurde vor allem der als Kombinatsindustrie organisierte Schiffbau geschleift, dem die Sowjetunion als der wichtigste Kunde wegbrach. Immerhin sechzig Prozent der Produktion waren in die UdSSR geliefert worden. Noch Anfang 1990 vereinbarten die DDR-Regierung und die UdSSR den Bau neuer Schiffe, die Auftragsbücher schienen auf Jahre voll, doch mit der Währungsunion waren die Verträge ökonomisch nicht mehr tragfähig, da der Transferrubel als Verrechnungswert faktisch ausgedient hatte. Die vereinbarten Preise deckten kaum die Materialkosten. Aufgrund der Zahlungskrise lagen Ende 1991 fünfzehn fertige Schiffe vor der Ostseeküste auf Reede, für andere wurde ein Baustopp verhängt. Das führte zu einem massiven Rückgang der Beschäftigung: Die Warnowwerft in Warnemünde hatte vor der Wende fast 6000 Mitarbeiter, die Neptunwerft über 7000. In »meinem« VEB Schiffselektronik, der Schiffe mit Schalt- und Steuerungsanlagen ausrüstete, waren 3000 Menschen tätig. Bei der Schiffselektronik Rostock GmbH sind heute nur noch vierzig Mitarbeiter übrig. Die Neptunwerft wurde 1991 in die Bremer Vulkan eingegliedert, musste den Schiffsneubau aber aufgrund EU-rechtlicher Beschränkungen alsbald einstellen. 1994 arbeiteten dort nur noch knapp über 1000 Mitarbeiter. Nach der Pleite der Vulkan AG wurde die Werft für einen Spottpreis weiterverkauft und baut heute Flusskreuzfahrtschiffe. Die Warnowwerft wurde über die Jahre von einem norwegischen Schiffsunternehmen zu einer russischen Investorengruppe zu einem asiatischen Großkonzern weitergereicht und überlebte dabei diverse Insolvenzen. Heute stehen dort 1500 Mitarbeiter in Lohn und Brot, neuerdings werden wieder Arbeitskräfte gesucht.

Die Schiffbaukrise hatte den Westen schon zwanzig Jahre früher erfasst und ganze Städte wie Bremerhaven in die Krise geführt, daher stieß die Ausweitung der Kapazitäten dort auf wenig Gegenliebe. An der Ostseeküste zwischen Wismar und Stralsund wiederum herrschte Argwohn, weil etliche leitende Manager und Berater, die die Geschäfte mit der Treuhand anleierten, von ebenjenen Unternehmen kamen, mit denen man nun in Konkurrenz treten sollte. Man unterstellte ihnen, die ostdeutschen Werften plattmachen zu wollen. Diese Kritik an der Ad-hoc-Abwicklung stellte beileibe keine Außenseitermeinung oder reine Betroffenenempörung dar, sie ist auch von kühlen Ökonomen geäußert worden.[5] Leitende Mitarbeiter der Bremer Vulkan wurden später wegen Veruntreuung angeklagt, man warf ihnen vor, einen hohen dreistelligen Millionenbetrag, der als Beihilfe für die Ostseewerften gedacht gewesen war, für die Standorte im Westen abgezweigt zu haben. Das Verfahren wurde nach vierzehn Jahren eingestellt. Als Folge der disruptiven Privatisierung schrumpfte das einst so stolze Schiffbauermilieu innerhalb einer sehr kurzen Zeitspanne zusammen, doch auch wer bleiben durfte, war noch lange nicht aus dem Schneider. Selbst nach der großen Schmelze war es mit den Hiobsbotschaften nicht vorbei, immer wieder kam es zu Liquiditätsengpässen, Umstrukturierungen und Weiterverkäufen. Über sehr lange Zeit war kein – bleiben wir maritim – sicherer Hafen in Sicht.

In den Folgejahren kam es in ganz Ostdeutschland im Zeitraffer zu einem dramatischen Anstieg der Arbeitslosigkeit bis auf Höchstwerte von über zwanzig Prozent. Vierzig Prozent aller Beschäftigten waren bis 1996 mindestens einmal arbeitslos.[6] Die Frauen waren davon noch deutlich stärker betroffen als die Männer, was auch damit zu tun hatte, dass sie häufig in Sektoren arbeiteten, in denen der Strukturwandel besonders hart zuschlug: Von den zum Zeitpunkt der Wende erwerbstätigen Frauen waren 1994 über vierzig Prozent arbeits- oder erwerbslos, von den übrigen sechzig Prozent hatte ein Drittel bereits Arbeitslosigkeitserfahrungen gemacht.[7] Begleitet wurde die krankmachende Gesundschrumpfung durch eine ganze Reihe arbeitsmarktpolitischer Maßnahmen, die für Ostbiografien als typisch gelten können: Vorruhestand, Arbeitsbeschaffungsmaßnahmen, Umschulungen und Kurzarbeit machten aus ehemaligen Werktätigen Kostgänger des Sozialstaates, die nun am Tropf öffentlicher Zuwendungen hingen. Nicht umsonst hat man die Ostdeutschen als »Pioniere der Prekarität«[8] bezeichnet.

Die Restrukturierung der ostdeutschen Wirtschaft war ein deprimierendes und für die Betroffenen demotivierendes Unterfangen – trotz umfangreicher Investitionen in die Infrastruktur und trotz der zahlreichen Fördermaßnahmen, auf die manche Städte und Gemeinden im Westen neidisch blickten. Ein wirtschaftlicher Neustart, bei dem schöpferische Zerstörung Innovation hervorbringt, misslang. Ostdeutsche Betriebe wurden zu verlängerten Werkbänken westdeutscher Unternehmen, es kam zu Deindustrialisierung in der Fläche und regionaler Verödung.

Erst Mitte der nuller Jahre setzte ein Rückgang der Arbeitslosigkeit ein, wobei zu berücksichtigen ist, dass nun geburtenstarke Jahrgänge das Rentenalter erreichten und weiterhin viele Menschen in den Westen abwanderten. Viele der neuen Jobs haben mit dem alten Facharbeitermodell nichts mehr zu tun. Es handelt sich mehrheitlich um einfache Dienstleistungstätigkeiten, oft schlecht bezahlt und mit beschränkten Karriereaussichten; im Osten fehlen die großen, innovativen Unternehmen, die Wirtschaft ist insgesamt recht kleinteilig, wenig exportorientiert. Was Einkommen, Beschäftigungssicherheit und berufliche Perspektiven angeht, liegt über dem ostdeutschen Arbeitsmarkt noch immer ein großer Schatten.

Unglaubliche drei Viertel der ostdeutschen Erwerbsbevölkerung wurden in den ersten Jahren nach der Wende in arbeitsmarktpolitische Maßnahmen gebracht, um ihre »Marktgängigkeit« zu erhöhen; nur etwa ein Viertel blieb im Betrieb beschäftigt. Als »Arbeitskraftunternehmer« (Gerd-Günter Voß/Hans J. Pongratz)[9] sollte man sich den Erfordernissen des Marktes anpassen. Dies galt nicht nur in fachlicher, sondern auch in habitueller Hinsicht: Die im Staatssozialismus erlernten Mentalitäten, Sozialtechniken, Hierarchiebegriffe und Loyalitäten sollten zugunsten adäquaterer Verhaltensweisen aufgegeben werden. Ohne übertrieben viel Fingerspitzengefühl führte die gesamtdeutsche Öffentlichkeit *Diskurse des Ungenügens*, wobei mahnende Stimmen immer wieder Respekt vor den Lebensleistungen der ehemaligen DDR-Bürger einforderten.

Die frühen Umsteuerungsversuche, an denen mein Vater, damals Mitte fünfzig und Abteilungsleiter in einem VEB, noch teilnahm, zielten unmittelbar auf das Erlernen von Marktverhalten. Betriebswirtschaftsstudenten aus Köln machten mit den DDR-geprägten Angestellten Trockenübungen zur Kontaktaufnahme mit potenziellen Kunden, übten Smalltalk mit ihnen oder zeigten, wie die richtige Sitzordnung an einem Konferenztisch auszusehen hatte. Man mag schulterzuckend sagen, das sei nun einmal so, wenn man sich auf das Wagnis Marktwirtschaft einlasse. Die Betroffenen empfanden dies jedoch oft als herabwürdigend.

Glück hatten deshalb all jene, denen mit Mitte oder Ende fünfzig der Übergang in den Ruhestand gelang. Sie mussten zwar Rentenabschläge hinnehmen, blieben aber immerhin von den »Folterwerkzeugen« (O-Ton eines Gesprächspartners) der aktiven Arbeitsmarktpolitik verschont. Mehr als eine Million Menschen zwischen 50 und 65 gingen in »Vorruhestand«, eine dramatisch hohe Zahl, wenn man bedenkt, dass 1989 in der DDR 8,6 Millionen Personen erwerbstätig gewesen waren. Auch mein Vater überstand die Wende trotz seiner Trainingsstunden in Marktwirtschaft nicht unbeschadet: Rollte die erste Entlassungswelle noch an ihm vorbei, wurde er von der zweiten erfasst und in ebenjenen Vorruhestand geschickt. Anders als im westlichen Bundesgebiet, wo sich dieses Instrument ebenfalls einer gewissen Beliebtheit erfreute, handelte es sich im Osten weder um freiwillige noch um geplante frühzeitige Altersübergänge, sondern um zwangsweise Abbrüche, die mitten ins Leben grätschten. Zu den Folgeproblemen gehörten neben der materiellen Schlechterstellung aufgrund der kürzeren Lebensarbeitszeit auch Kontaktverluste, zusammenbrechende soziale Netzwerke und Selbstwerteinbußen. Das wog umso schwerer, als die gesellschaftliche Integration in der DDR in einem noch größeren Ausmaß als in der Bundesrepublik über die Erwerbstätigkeit funktioniert hatte; alternative soziale Rollen waren nur rudimentär ausgebildet. So wie Betriebe wurden auch Menschen in ihren beruflichen Biografien stillgelegt. Insbesondere im Vergleich zu denjenigen, die noch in der DDR in Ruhestand gingen, lange Erwerbsbiografien vorzuweisen hatten und durch die Einbeziehung in die Rentenversicherung vielfach eine materielle Besserstellung erlebten, sehen sich viele Vorruheständler als die eigentlichen Verlierer der Wende, als materiell, sozial und kulturell deklassiert.

Zonierung und Differenzierung

Um den grundlegenden Wandel der Arbeitswelt und die massenhafte Prekarisierung zu beschreiben, hat der französische Soziologe Robert Castel ein Modell mit unterschiedlichen Zonen entwickelt.[10] Im Zentrum liegt dabei eine Zone der Integration mit stabiler und gesicherter Beschäftigung und auskömmlichen Einkommen; daran schließt sich eine Zone der Verwundbarkeit an, die bereits vom Risiko instabiler Beschäftigung und schlechteren Arbeitsbedingungen geprägt ist; als Nächstes kommt ein Kranz der Fürsorge, in welchem Menschen alimentiert werden; ganz außen folgt schließlich die Zone der Exklusion und Entkopplung, in der Bindungen zerreißen und soziale Isolation droht. Diese *Zonierung* ist heute in allen Industrieländern anzutreffen, in Ostdeutschland vollzog sie sich allerdings im Schnelldurchlauf. Durch die Fliehkräfte des sozialen Wandels wurden viele Menschen innerhalb weniger Monate aus dem gesellschaftlichen Kern in die Außenbereiche geschleudert. Dort wurden sie, etwas zynisch gesprochen, zur »überschüssigen Bevölkerung« (Heinz Bude),[11] die auf staatliche Unterstützung angewiesen war, einige fielen sogar ganz durchs Netz. So ist am Fuß der sozialen Hierarchie eine neue Unterschicht entstanden, deren Situation oft auch durch gesundheitliche Probleme und Einsamkeit geprägt ist. Auch wenn ähnliche Tendenzen in manchen westdeutschen Regionen, im Norden Frankreichs oder in strukturschwachen Gebieten in Großbritannien zu beobachten sind, weisen Ostdeutschland und die postsozialistischen Staaten mit der Verschränkung von politisch-institutionellem Systemumbruch und gesellschaftlichem Strukturbruch doch eine Besonderheit auf.

Die *korrosiven Wirkungen* dieser Umwälzung können gar nicht überschätzt werden. Hier wurden die Fundamente einer Gesellschaft angegriffen, die über Arbeit und die Zugehörigkeit zu Betrieben nicht nur strukturiert, sondern insgesamt zusammengehalten wurde. Auch unser Stadtviertel veränderte sich und wurde mir fremder. Ich kam als Student, der seinen Lebensmittelpunkt nun im Prenzlauer Berg in Berlin hatte, nur hin und wieder nach Hause. Aus der Teilnehmer- wechselte ich in eine Besucher- und Beobachterperspektive, was für mich als jungen Soziologiestudenten natürlich besonders interessant war, da ich mich intensiv mit der damals boomenden Transformationsforschung beschäftigte. Das Zerfasern der einstmals arbeitszentrierten Gesellschaft war unübersehbar. Das Feldexperiment lief auf vollen Touren und erfasste Bekannte, Nachbarn, ehemalige Mitschüler, von denen manche heftig strauchelten. Plötzlich traf man im Wohngebiet auch auf jüngere Menschen, die unter der Woche schon vormittags auf Parkbänken oder vor dem Supermarkt saßen, manchmal mit zerschlissener Kleidung, umweht vom Alkoholdunst und mit unruhigem Blick. Einmal bettelte mich ein Mann an, den ich über eine gemeinsame Freundin kannte und der, als er sich an mich erinnerte, fragte, ob ich ihm eine Flasche Korn aus dem Supermarkt mitbringen könne. Es entstand eine lokale Population Marginalisierter, die nach und nach, wie von einem Strudel in die Tiefe gerissen wurde, den Halt verlor. Gerade weil sie aus der Mitte der Gesellschaft stammten, war es umso schwerer zu ertragen, mit ansehen zu müssen, wie sie unter die Schwelle vor Kurzem noch geltender Anerkennungsstandards gerieten. In unserer ehemaligen Kaufhalle betreibt die Rostocker Stadtmission nun ein Sozialkaufhaus, in dem Haushaltsgegenstände, Kleidung und gebrauchte Möbel preiswert an Bedürftige abgegeben werden. Gleich um die Ecke – in einem schmucklosen unsanierten Flachbau – entstand eine Ausgabestelle der Rostocker Tafel. Gebrochene Biografien mit Krankheit, Insolvenz und Alkoholproblemen waren und sind in Lütten Klein zahlreich zu finden, aber auch viele, die sich wieder aufgerappelt haben und heute stolz darauf sind. Wissenschaftler des Max-Planck-Institutes für demografische Forschung in Rostock haben gezeigt, dass mit den sozialen Brüchen auch Einschränkungen der Lebenserwartung verbunden sind. Der Schock der Wiedervereinigung, die Arbeitslosigkeit und die damit verbundenen ökonomischen Belastungen kosten, so die Forscher, die heute 65-jährigen Männer in Ostdeutschland durchschnittlich etwa ein Jahr an potenzieller Lebenszeit, wobei der Effekt bei den einkommensschwachen Gruppen noch einmal deutlich stärker sein dürfte.[12]

Natürlich gab es auch ein paar Gewinner, was zu neuen sozialen Sortierungen und Abstandnahmen führte. Rund um Rostock wurden Felder in Bauland umgewandelt, an den Stadtausfahrten standen Hinweisschilder zum Musterhausbesuch, und diejenigen, denen es finanziell besser ging, verließen Lütten Klein: »Die Frage, wo ich wohne und was ich habe, ist wichtiger geworden«, sagt Herr F. »Früher hat

Abb. 13: Das Sozialkaufhaus in der ehemaligen Kaufhalle Ahlbecker Straße (Dezember 2018)

das eigene Haus keine Rolle gespielt, ja eigentlich nur Ärger gemacht, heute träumen alle davon.« Die leitenden Angestellten, die Ärzte, der Handwerker, das Lehrerehepaar – sie alle suchten das Weite und realisierten ihren Traum vom Haus im Grünen. Meine Eltern zogen in eine auf einem ehemaligen Spargelfeld errichtete Einfamilienhaussiedlung am Rand von Lütten Klein, kaum einen Kilometer von unserem Hochhausturm entfernt. Zurück blieben all jene, die diese finanzielle Last nicht tragen konnten, weil ihr Einkommen zu klein, der Job zu unsicher oder sie einfach zu alt waren, um einen höheren Kredit zu schultern. Sie klagen heute, dass der Zusammenhalt schwächer, der

Kontakt zu den Nachbarn loser, das Wohnen anonymer geworden sei. Rostock ist durch diese Entwicklung zu einem im Städtevergleich stark segregierten Sozialraum geworden, die Schere zwischen den Großsiedlungen und den aufgewerteten Innenstädten sowie den neuen Vororten hat sich besonders weit gespreizt.[13] »Wie Bodensatz kamen wir uns vor«, kommentiert ein rüstiger Rentner die große Abwanderung. Im Viertel machte sich das Gefühl breit, man sei zum Abstieg freigegeben, worauf manche mit verbittertem Statusfatalismus, andere mit trotziger Selbstbehauptung reagierten. Ein neuartiger »Kampf um Respektabilität« wurde eingeläutet.[14]

Die viel beschworene Individualisierung ging in Ostdeutschland mit sozialer Separierung einher. Freundeskreise zerrissen, Familienbande lockerten sich, Bildungskarrieren entwickelten sich auseinander, die Nähe des Wohnens wurde aufgehoben. Konkret stellten sich Fragen wie: Wer in meinem Freundeskreis kann sich den Restaurantbesuch oder eine gemeinsame Urlaubsreise leisten? Die formierte und auf einheitlich getrimmte Gesellschaft wurde fragmentierter, was auch bedeutete, dass die Individuen aufgefordert waren, sich in einer unübersichtlicher werdenden Statuslandschaft neu zu verorten. Junge Leute wie ich, die weggingen und Bildungswege einschlugen, die ihnen neue Türen öffneten, hatten es leichter als jene, die schon älter waren und vor Ort blieben. Viele erlebten diese gesellschaftliche Sortierung als belastend. Der ausgeprägte Egalitarismus der DDR machte es besonders schwer, eine positive Haltung zu diesen neuen Ungleichheiten zu entwickeln.[15] Das traf vor allem jene Gruppen hart, die nicht auf die Gewinnerseite hinüberwechseln konnten und deren Alltag sich in einen fortwährenden Überlebenskampf verwandelte.

Wer gehofft hatte, nach dem Ende der DDR-typischen politisierten Verteilung von Positionen und Ressourcen würden nun meritokratische Prinzipien einziehen, wurde enttäuscht. Statt Qualifikation und Leistungsbereitschaft waren es kontingente Umstände, die die Post-Wende-Biografien dirigierten: der richtige Ort, die richtige Zeit oder die richtigen Kontakte. Meine Mutter konnte sich in den Räumlichkeiten ihrer alten Poliklinik als Kassenärztin niederlassen. Dafür musste sie zwar mit über fünfzig Unternehmerin werden und Kredite schultern, aber die Arbeit blieb ihr erhalten. So half den einen das Quäntchen Glück, andere gerieten in die Teufelsmühle von Jobverlust, Arbeitsbeschaffungsmaßnahmen und Umschulung. Die DDR-Bürger hatten bei der Leistungsgesellschaft angeklopft, vielen öffnete nun Bruder Zufall. Allerdings wurde nicht nur gewürfelt, auch die berühmt-berüchtigten Seilschaften kamen ins Spiel. Personen, die schon in der DDR Schlüsselpositionen innehatten, konnten sich im Zuge der Privatisierung Vorteile verschaffen und Pfründe sichern. Noch heute wird schnell Unmut laut, wenn das Gespräch auf dieses Thema kommt.

Politische Ökonomie der Unsicherheit

Die »politische Ökonomie der Unsicherheit«[16] wurde zwar durch das Wegbrechen der industriellen Basis – eine Deindustrialisierung im Zeitraffer – in Gang gesetzt, es gab jedoch auch zahlreiche politische Weichenstellungen, die die regulative Dichte der Arbeitsbeziehungen aushöhlten und Arbeit prekärer machten. In diesem Feld wurden – aus wettbewerbs- und wirtschaftspolitischen Gründen – nicht einfach die Weststrukturen übertragen, vielmehr franste das bundesrepublikanische Tarifmodell zunehmend aus. Arbeitgeber durften nach unten vom Tarifniveau abweichen, um das Überleben von Unternehmen zu sichern, der Kündigungsschutz wurde gelockert. Die industriellen Beziehungen wurden »verbetrieblicht«, die Tarifpartner gestanden einzelnen Firmen eigene Lösungen zu, Tarifbrüche häuften sich. Die Zahlen sprechen für sich: Wo im Westen heute 51 Prozent der Erwerbstätigen von Branchentarifverträgen erfasst werden, sind es in Ostdeutschland gerade einmal 36 Prozent, nur für ein Drittel der ostdeutschen Beschäftigten in der Privatwirtschaft gibt es einen Betriebsrat.[17]

Kundige Beobachter erkannten frühzeitig, dass die Tendenzen der Deregulierung und Flexibilisierung auch eine Ansteckungsgefahr für das westdeutsche Arrangement bargen.[18] Das Experimentierfeld Ostdeutschland ermöglichte Arbeitgebern und Politik eine Aufweichung des festgezurrten Sozialmodells, das dann später, wie der Historiker

Philipp Ther überzeugend argumentiert hat, eine »Kotransformation« des Westens nach sich zog.[19] Hier öffnete sich eine Tür in Richtung der Arbeitsmarkt- und Sozialreformen der Schröder-Regierung, mit denen ab den frühen nuller Jahren der Druck auf die Arbeitslosen noch einmal erhöht werden sollte.[20]

Während also ansonsten die gesamte institutionelle Architektur Westdeutschlands übertragen wurde, nutzte man die Osterweiterung zugleich für arbeitsmarktpolitische Lockerungsübungen. Der Osten wurde zur Pionierregion neoliberaler Deregulierung, die nicht nur etablierte Unternehmen anlockte, sondern auch Hasardeure und unlautere Geschäftemacher, die diese Freiräume zu ihrem Vorteil nutzten – nicht selten sekundiert von anpassungswilligen ostdeutschen Managern und Subalternen, die sich an einem »Zerrbild ›frühkapitalistischer‹ westlicher Verhältnisse«[21] orientierten und allzu marktgläubig die Arbeitnehmerrechte schliffen. Auch die wirtschaftliche Globalisierung schlug hier erkennbare Schneisen, führte zu einem Wegbrechen und zum Ausverkauf ganzer Branchen.

Für die Struktur von Arbeitsmarkt und Beschäftigung bedeutete dies, dass sich schlagartig atypische und diskontinuierliche Beschäftigungsformen verbreiteten. Hier findet man die Vorboten der Jobnomaden, Niedriglöhner, Saisonpendlerinnen und Gelegenheitsarbeiter, die heutige Dienstleistungsökonomien allgemein auszeichnen.[22] Entsprechend sind viele ostdeutsche Biografien Zickzackbewegungen oder Berg-und-Tal-Fahrten, keine geraden Linien. Die Menschen haben es immer wieder mit neuen Arbeitgebern, Einsatzorten, Kollegenkreisen zu tun, auf eine Um- folgt bald die nächste Anlernphase. Ostdeutsche Männer der Geburtskohorte 1971 wechselten bis zum Alter von 34 Jahren fast fünfmal den Job, die Frauen etwas weniger als viermal.[23] Das Überleben, das Irgendwie-Durchkommen wurde zu einem starken Motiv. Eine Lütten Kleinerin, die heute als Rentnerin mit kleinem Portemonnaie in einer Zweizimmerwohnung lebt, sagte mir, über zwanzig Jahre lang habe sie sich »wie im Schleudersitz« gefühlt. Einer Perlenkette gleich reihten sich vom Jobcenter verordnete Bewerbungstrainings, Gelegenheitsjobs, Arbeitsbeschaffungsmaßnahmen, reguläre, aber befristete Jobs, Versuche der Selbstständigkeit, längere Krankheitsphasen, Aushilfstätigkeiten im Laden einer Bekannten und Solounternehmertum aneinander. Wirklich einen Fuß in die Tür hat sie in all diesen Jahren nicht bekommen: »Irgendwann wollte ich nur noch raus. Da wollte ich nur noch in Ruhe gelassen werden.« So war sie froh, als sie in Rente gehen konnte, auch wenn sie sich nun noch weiter einschränken musste.

Hier finden sich durchaus Anklänge an das, was Ulrich Beck einmal die »Brasilianisierung des Arbeitsmarktes« genannt hat.[24] Die Formel zielt auf die Erosion des Normalarbeitsverhältnisses und die Ausbreitung des Prekären, bisweilen auch der chronischen Unterbeschäftigung. In jüngerer Zeit hat sich die Lage am Arbeitsmarkt etwas entspannt, wozu neben der länger anhaltenden guten Konjunktur auch demografische Verschiebungen beigetragen haben dürften. Die erwerbsbiografischen Erfahrungen in der »Zone der Verwundbarkeit« sind aber bis heute ein Grund für die starke Sehnsucht nach Halt und Sicherheit.

Gerade weil der Schock der Vermarktlichung so tief saß, sind die Anfang der nuller Jahre unter der Überschrift »Fördern und Fordern« lancierten Arbeitsmarktreformen vor allem in Ostdeutschland auf Skepsis und Ablehnung gestoßen. Sie galten als weitere Stufe der Entsicherung, die nicht durch Puffer wie Vermögen oder familiale Netzwerke abgefedert werden konnte. Der *neue* Sozialstaat mit seiner Ausrichtung auf Aktivierung und Eigenverantwortung stellte individuelle Mängel in den Vordergrund, strukturelle Faktoren wurden ausgeblendet. Einmal mehr fühlten sich die Ostdeutschen als Adressaten einer politisch forcierten Vermarktlichung. Vor allem die Öffnung der Lohnskala nach unten sollte den Weg in die postindustrielle Dienstleistungsökonomie freimachen, in der nicht nur Hochqualifizierte Beschäftigung finden, sondern auch einfache Tätigkeiten nachgefragt werden. Neue Zumutbarkeitsregeln und Nachweispflichten erhöhen den Druck auf Arbeitslose und setzen sie permanent dem »Stress von Bewährungsproben« aus.[25]

In der Folge entfernte sich Deutschland von einem statussichernden Modell, das »Armut trotz Arbeit« im Grunde ausschloss. Plötzlich gab es auch hier immer mehr »working poor«. Selbst viele sozialversicherungspflichtig Vollzeitbeschäftigte müssen sich mit niedrigen Löhnen begnügen. Einst stolze Werftarbeiter füllen nun Regale im Supermarkt auf; andere heuern beim Wachschutz oder einem Gebrauchtwagenhändler an. Laut neuerer Zahlen verdienen deutschlandweit 17,7 Prozent der Vollzeiterwerbstätigen weniger als 2000 Euro brutto im Monat. Dieser Trend betrifft natürlich auch Beschäftigte in Nordrhein-Westfalen oder Niedersachsen, in Ostdeutschland ist er allerdings schon in den neunziger Jahren angekommen und er erfasst dort anteilsmäßig eine viel größere Zahl von Arbeitnehmern. Im Osten ist das Segment der Niedrigeinkommensbezieher mit 31,2 Prozent mehr als doppelt so groß wie im Westen (14,7 Prozent).[26] Es ist daher wenig überraschend, dass ostdeutsche Bundesländer nach Bremen zur Gruppe der Regionen mit den höchsten Armutsgefährdungsquoten gehören. Dauerhafte Armut (über einen Zeitraum von fünf Jahren) kommt hier sechsmal so häufig vor wie in den alten Bundesländern, wo wiederum 95 Prozent der Einkommensreichen zu finden sind.[27]

Auch wenn es erhebliche Fortschritte bei der Annäherung der Lebensverhältnisse gegeben hat, auch wenn die Innenstädte durchsaniert und mit Shoppingcentern zugepflastert wurden, auch wenn eine Modernisierung der Infrastruktur, substanzielle Verbesserungen beim Lebensstandard und der Wohnsituation zu konstatieren sind, bleibt Ostdeutschland doch abgeschlagen: Es konnte seine Wirtschaftskraft steigern, hinkt aber nach wie vor hinterher. Die Löhne haben aufgeholt, aber nicht aufgeschlossen – die Lohnkonvergenz ist sogar zum Stillstand gekommen. War in Artikel 72 Grundgesetz einst das Handlungsziel »einheitlicher Lebensverhältnisse« verankert, wurde das Adjektiv »einheitlich« 1994 durch das interpretationsoffenere »gleichwertig« ersetzt. Skeptiker mahnen schon länger an, Deutschland müsse sich auf eine dauerhafte sozioökonomische Spaltung einstellen. In Anlehnung an die wirtschaftliche Kluft zwischen Nord- und Süditalien ist als Negativszenario allenthalben von einer *Mezzogiornisierung Ostdeutschlands* gesprochen worden. Aufgerufen ist damit die Vorstellung einer peripheren Region, der es nicht gelingt, einen aus sich heraus tragfähigen Entwicklungspfad einzuschlagen, und die auf absehbare Zeit von der Alimentierung durch den Westen abhängig bleiben wird.[28] Ein abgeschwächtes Negativszenario sieht Ostdeutschland als Billiglohnland ohne nennenswerte industrielle Kerne und Großunternehmen, mit niedrigeren Einkommen, aber auch geringeren Lebenshaltungskosten. Man darf allerdings nicht übersehen, dass es auch im Westteil strukturschwache und deindustrialisierte Regionen gibt, die mit ähnlichen Problemen zu kämpfen haben. Ein Denken in Landesteilen oder Bundesländern verstellt dafür oft den Blick. Betrachtet man eine Karte der Regionen, sieht man einen Flickenteppich von Gewinner- und Verliererlandkreisen – das boomende Teltow-Fläming versus das zurückfallende Oberspreewald-Lausitz, Heilbronn versus die wachstumsschwache Südwestpfalz.[29] Diese Regionalisierung sozialer Ungleichheit scheint weiter voranzuschreiten, allerdings nicht so stark, dass die Ost-West-Kluft dadurch vollständig überlagert oder ausradiert würde. Das mittlere Einkommen liegt im Osten bei 81 Prozent des Westniveaus, bei der Produktivität erreicht keines der neuen Bundesländer das Niveau des Saarlands als westdeutschem Schlusslicht.[30]

Der Osten ist und bleibt eine besondere Problemzone, nicht nur wegen der andauernden Strukturschwäche, auch wegen der Narben der Vergangenheit. Im Zuge der Transformation waren erhebliche Teile der Bevölkerung bis dato ungekannten disruptiven Belastungen und erheblichem Anpassungsstress ausgesetzt. Als Neuankömmlinge in der Marktgesellschaft trafen sie nicht auf einen wohlfahrtsstaatlich gezähmten Markt, sondern auf ein Modell, das selbst schon mit Erosionstendenzen und Dysbalancen zu kämpfen hatte.[31] Nicht dass die gesamte Sozialstaatlichkeit ins Rutschen gekommen wäre, aber das Prinzip der Lebensstandardsicherung bei Alter und Arbeitslosigkeit wurde durchlöchert und die Rolle privater Vorsorgezumutungen gestärkt. Ohne Wohlstandspolster und stabile Halteleinen stürzten viele Menschen in Existenzkrisen, was wiederum zu Risikoaversion und der Ausbildung einer Besitzstandsmentalität führte. Auf diese Kombination aus den Altlasten einer sozialistischen Prägung und den Schocks zunächst der Marktbildung, später der Liberalisierung und Globalisierung ist zurückzuführen, dass die Bereitschaft, weiteren Wandel zu verdauen, nach wie vor unterentwickelt ist. Diese Prozesse mögen – glaubt man dem Mantra vieler Wirtschaftswissenschaftler – ökonomisch unvermeidbar gewesen sein, sozial haben sie Frakturen hinterlassen, welche die Dynamik der gesellschaftlichen Veränderung auch heute noch beschränken.

4. Unterschichtung, Überschichtung

Statusbezogene Deklassierung

Sozialstrukturell gesehen, war das Zusammengehen des relativ armen Ostens und des wohlhabenden Westens eine Mesalliance. Gezeigt hat sich das nirgends besser als auf dem deutsch-deutschen Partnerschaftsmarkt. Frauen, so weiß man, heiraten – aller Individualisierung zum Trotz – allgemein eher statusaufwärts, Männer eher statusabwärts. So bestätigen es auch in diesem besonderen Fall die Zahlen: Etwa siebzig Prozent der nach der Wende geschlossenen Ost-West-Ehen vereinen einen West-Mann und eine Ost-Frau.[1] »Test the West« und »Kost the Ost« war zuvorderst eine Angelegenheit westdeutscher Männer und ostdeutscher Frauen.[2] Der Westen übernahm, im übertragenen Sinne, den männlichen, der Osten den weiblichen Part.

Der statusüberlegene, Modernität verkörpernde Eroberer aus dem Westen setzte sich auf dem gesamtdeutschen Partnerschaftsmarkt erfolgreich durch. Wanderungsbewegungen spielten dabei ebenfalls eine Rolle: Von den Westdeutschen, die unmittelbar nach der Wende in den Osten kamen, waren zwei Drittel Männer. Als Geschäftsleute, Filialleiter oder Amtsrichter brachten sie das Flair der großen weiten Welt in ostdeutsche Provinzstädte. Die ostdeutschen Männer, die zum Arbeiten in den Westen gingen, gliederten sich in die unteren Ränge der Erwerbshierarchie ein. Sie sicherten sich zwar ein Einkommen, wurden aber auf subalterne Positionen verwiesen, was ihre Chancen auf dem Partnerschaftsmarkt schmälerte.

Man kann derartige Sonderlichkeiten des Vereinigungsprozesses leicht ins Lächerliche ziehen – der zu kurz gekommene Ostdeutsche hier, der überlegene und potente Westdeutsche dort –, aber sie sind doch ein Indiz für die angesprochene Mesalliance. Generell führte die Wiedervereinigung zu einer Unterschichtung der alten Bundesrepublik, während der Osten überschichtet wurde. Das hatte eine ökonomisch-materielle Seite, betraf aber zugleich das Statusgefühl. Auch in Lütten Klein machte man einschlägige Erfahrungen: Eben noch Bewohner eines begehrten Quartiers, wurde man über Nacht zum Verlierer aus der »Platte«. Im Westen rümpfte man die Nase über die Neubauviertel, zeigte darauf, wenn die DDR als grau und ästhetisch schlicht hingestellt werden sollte. Christoph Weinhold, der Stadtplaner der ersten Stunde, beklagt das sich ausbreitende Gefühl der Zweitklassigkeit:

> Die Anerkennung war 1990 mit einem Mal weg. […] Es wurde viel Polemik gegen die Neubauviertel gemacht. Dann hieß es, die müssen alle weggerissen werden, da will ja keiner drin wohnen, igittigitt. […] Dann begannen alle, sich von diesen Wohngebieten abzuwenden. So hieß es bei den Jungen und denen, die was auf sich halten: Man wohnt nicht in der Platte.

Der Anschluss der DDR an die Bundesrepublik stellte insgesamt ein recht komplexes Statusgeschehen dar. Zunächst einmal gab es in der ehemaligen DDR eine Wohlstands- und Konsumexplosion. Das ostdeutsche Bruttoinlandsprodukt pro Kopf wurde von dreißig auf siebzig Prozent des westdeutschen Werts gehievt.[3] Diese Zuwächse waren aber im Wesentlichen transferfinanziert und basierten nicht auf eigener wirtschaftlicher Leistungskraft. Konterkariert wurde dieser Trend durch die relative soziale Deklassierung, wanderten die Ostdeutschen doch kollektiv in eine wohlhabendere und statusmäßig höher gestellte Gesellschaft ein. Immerhin 27 Prozent der ostdeutschen – aber nur 5 Prozent der westdeutschen – Bevölkerung wurden 1991 dem auf Bescheidenheitsnormen verpflichteten »traditionsverwurzelten Arbeiter- und Bauernmilieu« zugeordnet; die »Gruppe mit Arbeiterhabitus«, wozu auch das »traditionslose« und das »hedonistische Arbeitermilieu« gehören, wurde insgesamt auf 40 Prozent geschätzt (im Westen auf 22 Prozent). Das kleinbürgerlich-materialistische Milieu umfasste noch einmal 23 Prozent und war damit ähnlich groß wie im Westen.[4] Diese Asymmetrie bestätigte sich auch in der subjektiven Wahrnehmung: In den ersten gesamtdeutschen Umfragen zählten sich nur 37 Prozent der

Ostdeutschen zur Mittelschicht, im Westen waren es 60 Prozent. 60 Prozent der Ostler rechneten sich hingegen der Arbeiter- und Unterschicht zu (West: 30 Prozent). Eine selbstdeklarierte Oberschicht gab es in Ostdeutschland praktisch gar nicht (Ost: 2 Prozent, West: 11 Prozent).[5] Über die Jahre haben sich diese subjektiven Schichteinstufungen erheblich verändert, das Selbstbild hat sich verwestlicht. Doch auch wenn sich die Ostdeutschen heute überwiegend der Mittelschicht zuordnen, zählten sich 2016 immer noch auffällig viele zur Arbeiterschaft (Ost: 35 Prozent, West: 22 Prozent).[6]

Aber: Wann immer ich in Lütten Klein nach der subjektiven Schichtzugehörigkeit gefragt habe, haben meine Gesprächspartner ausweichend geantwortet. Die Selbstetikettierung als Unterschicht wurde selbst von denen vermieden, die soziale Härten durchleben. Das Arbeiterschichtlabel funktionierte nur bei Personen, die in einem betrieblichen Kontext einer manuellen Tätigkeit nachgingen und sich mit dieser identifizierten. Viele Ältere ordneten sich nach mehrmaligem Nachfragen der unteren Mittelschicht zu. Besonders häufig wurde als Selbstbeschreibung jedoch eine Formel genannt, die in sozialwissenschaftlichen Studien so gar nicht vorkommt, nämlich die der ganz normalen Leute. Damit assoziierten meine Gesprächspartner Dinge wie Bescheidenheit, Vernunft und Sein-Auskommen-Haben. Aus der *Gesellschaft der Werktätigen* ist eine *Gesellschaft der Leute* geworden. Diese Identifikation funktioniert nicht zuletzt darüber, dass man sich von den Gutsituierten abgrenzt, die die Gesellschaft dominieren und sich ihrerseits vom Lebensstil und den Werten der einfachen Leute distanzieren. Oft ist die Bewertung derer »da oben« auch moralisch konnotiert, man betrachtet sich selbst als ehrlicher oder sozialer und nimmt somit eine Grenzziehung zwischen »seinesgleichen« und den »anderen« vor.[7]

Sozialstrukturelle Verschiebungen erkennt man auch, wenn man die Verteilungen der Berufe und Berufspositionen betrachtet. Die Facharbeiterschicht war 1990 im Osten anteilsmäßig fast doppelt so groß wie im Westen, wurde dann aber rasend schnell dezimiert. Zumindest in dieser Hinsicht lässt sich nicht mehr ohne Weiteres von einer »Facharbeitergesellschaft« sprechen.[8] Die Gruppe der Personen in leitenden

Positionen (Manager in der Privatwirtschaft, Beamte im gehobenen und höheren Dienst etc.) ist in den neuen Bundesländern weiterhin deutlich kleiner. Der Anteil der Selbstständigen und Freiberufler hat zwar Westniveau erreicht, viele von ihnen erzielen aber lediglich mittlere Einkommen. Selbstständig zu sein, macht im Osten nicht unbedingt wohlhabend.[9]

Die Gleichzeitigkeit von Wohlstandszugewinnen und Unterschichtung stellt eine Besonderheit des deutsch-deutschen Vereinigungsprozesses dar, weil sich nun zwei Rechnungen aufmachen lassen – mit jeweils anderen Folgen für die mentale Lage: einerseits die Gewinnrechnung, die die Verbesserung von Lebensstandard und Konsummöglichkeiten ins Zentrum stellt, andererseits eine Verlustrechnung, die sich auf die relative Stellung im Statusgefüge bezieht. Aus der Theorie der relativen Deprivation[10] wissen wir freilich, dass die Wahrnehmung des eigenen Status nicht daran hängt, über welche Güter man verfügt – also nicht an der absoluten Ausstattung –, sondern an der Position im sozialen Gefüge und damit verbundenen Gefühlen des Zu-kurz-Kommens, der Ungerechtigkeit oder Frustration.

Aufstieg für alle?

Nun wäre es zu kurz gedacht, die Folgen der Wiedervereinigung für die soziale Hierarchie allein im Sinne einer Verschiebung der Vergleichsgruppe zu deuten, schließlich wurden die Ostdeutschen ja wirklich massenhaft deklassiert. Qualifikationen waren plötzlich wertlos, Menschen wurden zurückgesetzt oder fühlten sich gar überflüssig. All dies waren keine Einzelerfahrungen, es handelt sich vielmehr um das Kollektivschicksal vor allem der mittleren Generationen. Auch bei denjenigen, die mit dem Umbruch erst ins Berufsleben eintraten, zeigen sich deutliche Risse in der Berufsbiografie und eine – im Vergleich zu den gleichaltrigen Westdeutschen – massive Schlechterstellung.[11] In den ersten Jahren nach der Wende war der Anteil der Abstiege – Verlust der beruflichen Position oder des Arbeitsplatzes – mehr als dreimal so groß wie der der Aufstiege.[12]

Viele Werktätige, die im Endstadium der DDR in der zweiten oder dritten Reihe gestanden hatten, gerieten in Sackgassen, und wenn es ganz schlimm kam, öffneten sich Falltüren nach unten. Dietrich, damals ein junger, aufstrebender Diplomingenieur in einem Volkseigenen Betrieb, erinnert sich:

> Nachdem sie mir den Stuhl vor die Tür gestellt hatten, ging gar nichts mehr. Das, was ich konnte, brauchte keiner. Ein Baumarkt hat mich dann im Lager angestellt. Als der dichtmachte, hing ich erstmal an der Flasche, aber das war auch nichts ... Meine damalige Freundin hat mich dann da rausgeholt.

Bei den Hochqualifizierten fällt auf, dass Männer häufiger abstiegen als Frauen.[13] Ebenso bemerkenswert ist, dass es vor allem den jüngeren Kohorten nicht gelang, einmal erklommene Statuspositionen zu verteidigen.[14]

Natürlich gab es auch Gruppen, die ihren Status einigermaßen halten konnten oder sogar in die Führungsebene aufstiegen.[15] Vor allem Personen, die in der öffentlichen Verwaltung einen speziellen Sachbereich – kommunale Energiewirtschaft etwa oder Wasserversorgung – vertraten, konnten auf berufliche Kontinuität hoffen. Sie mussten mitunter vorübergehend auf eine subalterne Ebene wechseln, konnten ihre Karrieren jedoch von dort aus fortsetzen. Andere freigesetzte Vertreter des DDR-Aufstiegsmilieus heuerten bei Versicherungen, Banken oder Krankenkassen an. In der Industrie waren es vor allem ehemalige Führungskräfte, die über Ausgründungen oder die Sanierung tragfähiger Geschäftsfelder den Übergang in die Privatwirtschaft bewerkstelligten.[16] Aus manchem Altkader wurde so über Nacht ein Jungunternehmer. Sie profitierten dabei nicht nur von ihrer Fachkenntnis, sondern erwiesen sich auch als wandlungsfähig und fassten aufgrund der ihnen eigenen Kombination aus Anpassungsbereitschaft, Chuzpe und Durchsetzungswillen im neuen System schnell Fuß. Allerdings oblag ihnen nun oft die Aufgabe, Unternehmen durch Personalabbau drastisch zu verkleinern; diejenigen, die so ihre Arbeit verloren, betrachteten sie deshalb als Wendegewinner. Diese autochthonen Eliten haben sich in ihren Einstellungen stark von der ostdeutschen Mentalität entfernt und wirtschaftsliberale Auffassungen ausgeprägt.[17] Gewerkschaften lehnen sie ab, gegenüber staatlichen Eingriffen hegen sie große Vorbehalte.[18]

Im Großen und Ganzen war der Kreis der Wendegewinner aber begrenzt. Zwar öffneten die weiterführenden Bildungsinstitutionen ihre Pforten, wurde das Recht auf freie Berufs- und Bildungswahl durchgesetzt und stieg die Studierendenquote auf Westniveau an, ein nach oben gerichteter Mobilitätsschub entstand aber nicht. Die Bleiplatte, die auf der Sozialstruktur der späten DDR gelastet hatte, wurde ein wenig angehoben, doch dann trafen die Ostdeutschen auf zusammenbrechende Märkte, soziale Abschließungen und bereits besetzte Positionen. Analysen zeigen, dass die Wiedervereinigung – wider Erwarten – nicht mehr, sondern weniger Aufstiegschancen für die mittlere und jüngere Generation brachte: Betrachtet man die Wahrscheinlichkeiten für intergenerationale Auf- und Abstiege im Klassengefüge, so schneiden vor allem ostdeutsche Männer schlecht ab. Während in den neunziger Jahren etwas weniger als jeder dritte Sohn eine bessere Klassenposition erreichte als sein Vater, gelingt dies heute nur noch einem Viertel – in Westdeutschland liegt dieser Wert bei 38 Prozent. Von den westdeutschen Männern steigen mehr als doppelt so viele auf wie ab; in Ostdeutschland halten sich Auf- und Abstiege in etwa die Waage.[19] Sechzig Prozent der Söhne, deren Väter höheren Berufsklassen angehörten oder gehobene Mittelschichtberufe innehatten, sind sozial abgestiegen.[20] Man muss bei diesen Zahlen berücksichtigen, dass wir generell eine Aufwärtsbewegung der Sozialstruktur beobachten können: Mit höheren Bildungsabschlüssen, berufsstrukturellem Wandel, Technisierung und der zunehmenden Bedeutung des wissensintensiven Dienstleistungsbereichs kommt es tendenziell zu einer »Umschichtung nach oben«. Niedrige Aufstiegsraten bedeuten also, dass Gruppen unterproportional daran partizipieren und zurückfallen. Wenn man zudem noch einrechnet, dass in Ostdeutschland die unteren Lagen stärker besetzt sind, weshalb die statistische Wahrscheinlichkeit für Aufstiege höher ist, wiegt dieser Befund doppelt schwer.

Vor allem in den jüngeren Kohorten gibt es dramatisch weniger Aufstiege als in Westdeutschland (Schaubild 6).[21] Im Hinblick auf die ostdeutschen Kohorten im Erwerbsalter – und hier wiederum vor allem für die Männer – ist für die Zeit nach der Wiedervereinigung von einer »Vernichtung von Aufstiegschancen« gesprochen worden.[22] Entsprechend ist die Selbsteinschätzung als sozialer Absteiger in Ostdeutschland verbreiteter.[23] Auch bildungsbezogen finden wir im Osten im Kohortenvergleich eine signifikante Zunahme der Bildungsabstiege, die deutlich über dem Westniveau liegt.[24] Bei den Schulabschlüssen ist es mit der Wiedervereinigung zu einer stärkeren sozialen Polarisierung gekommen: Die mittleren Schulabschlüsse – in der DDR der Standard – nahmen ab, in der Hauptschule konzentrieren sich nun die Kinder aus den unteren und der Arbeiterschicht; die bessergestellten Gruppen machen Abitur oder nutzen die erweiterten Möglichkeiten, einen Hochschulzugang zu erwerben.[25]

Nach 1989 wurden die Mobilitätsblockaden der ostdeutschen Gesellschaft also nicht aufgelöst, sondern vertieft. Statt auszuheilen, ist die Erstarrung mit einem weiteren Bruch überlagert worden, der auch die nachfolgenden Kohorten einschränkt. In Bezug auf die erneute Aushärtung nach der Wende ist von *sozialstruktureller Petrifikation* oder Versteinerung gesprochen worden.[26] Man kann das aber auch anhand des Spiels »Reise nach Jerusalem« veranschaulichen: Nachdem es jahrzehntelang kaum Bewegung gegeben hatte und alle an ihren Stühlen klebten, spielte plötzlich die Musik. Manche sprangen beherzt auf, viele wurden, ob sie wollten oder nicht, hochgerissen. Doch bevor es so richtig losging, verstummte die Musik wieder. Nun fehlte allerdings nicht nur ein Stuhl, sondern gleich mehrere, so dass für viele kein Platz mehr war. Und diejenigen, die einen ergattert hatten, hielten sich mit aller Kraft daran fest. An Bewegung war nicht mehr zu denken.

Die auch nach der Wende gehemmte Aufstiegsmobilität in Ostdeutschland hat unter anderem damit zu tun, dass die gesellschaftliche Entwicklung der Bundesrepublik zu diesem Zeitpunkt ihrerseits bereits erlahmt war, so dass wir es mit einer doppelten Fraktur zu tun haben. Die vor allem auf Westdeutschland bezogene Diagnose einer »Abstiegsgesellschaft« (Oliver Nachtwey) mag etwas zu plakativ sein,[27] aber tatsächlich war die Phase quasi ungebremster Wohlstandsgewinne und massenhafter Aufwärtsmobilität vorerst vorbei.[28] Konnte man

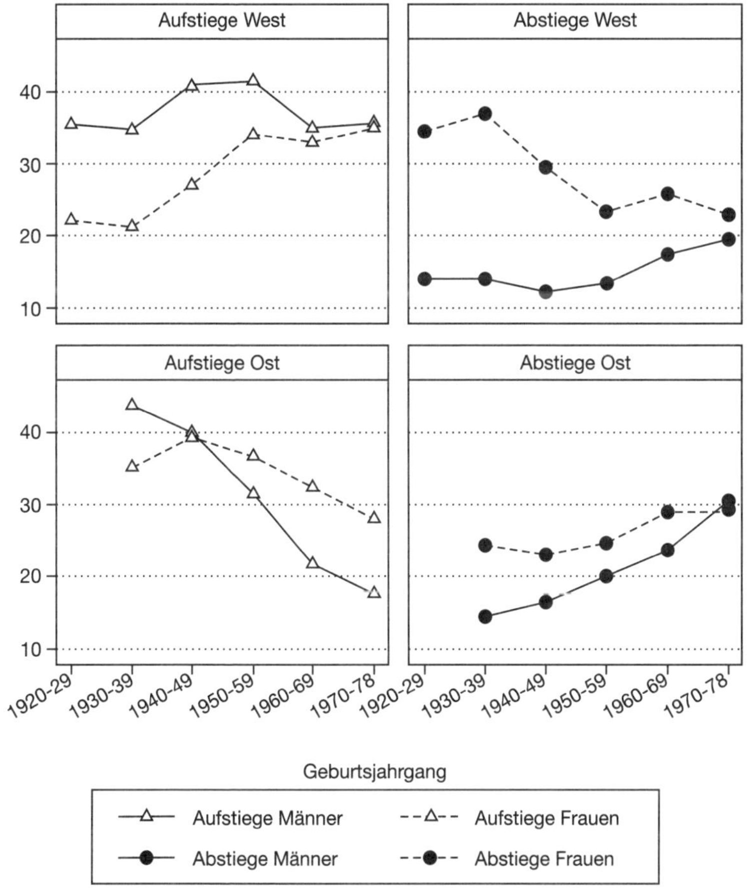

Schaubild 6: Entwicklung von sozialen Auf- und Abstiegen im Kohortenvergleich. Hinweis: Es werden insgesamt sieben Klassenpositionen unterschieden, zwischen denen Wechsel als Auf- oder Abstiege erfasst werden. Angegeben sind prozentuale Anteile der jeweiligen Geburtsjahrgänge.
Datenquellen: Die Daten stammen aus unterschiedlichen Studien und Erhebungen: Allbus 1980-2008, Sozioökonomisches Panel, ZUMA-Standarddemografie 1976-1982, deutsche Lebensverlaufsstudien, International Social Justice Project.
Quelle: Pollak 2010: 18

in den Achtzigern noch unverblümt vom »Ende der Knappheit« und von einem kollektiven »Fahrstuhl« (Ulrich Beck) sprechen, der immer nur nach oben fuhr,[29] zeigte dieses Modell in den Neunzigern mehr und mehr Risse. Aufstiegskanäle schlossen sich, Einkommenszuwächse fielen schmaler aus, jüngere Jahrgänge konnten nicht mehr ohne Weiteres Vermögen aufbauen, befriedet geglaubte Verteilungskonflikte kehrten auf die Agenda zurück. Die Öffnung osteuropäischer Märkte löste zwar kurzfristig einen Wachstumsschub aus, daraus entstand aber keine sozialstrukturelle Dynamik, wie sie etwa die Wirtschaftswunderjahre gekennzeichnet hatte. Die Ostdeutschen kamen in der Bundesrepublik an, als der Fahrstuhl oder die Rolltreppe nach oben gerade ins Stocken geriet. Stellt man nun noch in Rechnung, dass sich sozialer Status oft über mehrere Generationen hinweg vererbt und dass der »Herkunftsmalus« schwerer wiegt als die Ausgleichswirkung des Bildungssystems, sind massenhafte Aufstiege auch in Zukunft eher unwahrscheinlich.[30] In sozialstruktureller Hinsicht bleibt der Osten trotz aller Zugewinne nicht zuletzt aus diesem Grund ein »Land der kleinen Leute«. Auch darin liegt das oftmals so empfundene Auseinanderfallen von öffentlichen und elitendominierten Diskursen einerseits und den Weltsichten vieler Ostdeutscher andererseits begründet, die sich nicht gesehen, nicht gehört und nicht verstanden fühlen.

Gesellschaft der Habenichtse

Ein weiterer wichtiger Aspekt ist, dass die Ostdeutschen als Habenichtse in die Einheitsgesellschaft eintraten. Vermögensakkumulation spielte in der DDR kaum eine Rolle, die Spareinlagen waren äußerst bescheiden. Immobilienbesitz und privates Produktivvermögen waren marginalisiert, einen üppigen Bausparvertrag oder eine Lebensversicherung hatte niemand. Zeitgleich entwickelte sich die Bundesrepublik in Richtung einer Erben- und Vermögensgesellschaft. Unternehmens- und Kapitaleinkünfte wurden als Einkommensquelle immer wichtiger. Die Ostdeutschen blieben hier weitgehend außen vor – viele Immobilien in ländlichen Räumen verloren durch die demografische Entwicklung sogar an Wert, manche galten bald als unverkäuflich. Das Produktivvermögen hatte den Werktätigen zu DDR-Zeiten ohnehin nur auf dem Papier gehört. Im Zuge der Turboprivatisierung wurde dann vieles – auch Erhaltenswertes – plattgemacht oder an Westdeutsche verscherbelt, was wiederum von manchen als kollektive Enteignung angesehen wurde. Nur fünf Prozent des Produktivvermögens ging in ostdeutsche Hände, alle Bestrebungen, die ehemaligen DDR-Bürger durch ein Anteilscheinsystem zu beteiligen, wurden abgewehrt, der eigene Zugang zu Kapital und Investoren gestaltete sich schwierig. Teil*nehmer* des Marktes sollten die Ostdeutschen werden, Teil*haber* nicht. Sehr deutlich und unverblümt hat Jens Bisky auf dieses Problem hingewiesen:

> Als es um die Zukunft der neuen Länder ging, als durch Privatisierung Strukturen für die kommenden Jahrzehnte geschaffen wurden, sind Ostdeutsche mit System auf die niedrigen Plätze verwiesen worden: kleinere Gaststätten und Läden, Management-Buy-out, wenn kein anderer wollte. Die Treuhandpolitik, vollzogen unter Aufsicht des Bundesfinanzministers, führte zum kollektiven Ausschluss der Ostdeutschen von der Verfügungs- und Entscheidungsgewalt in der Wirtschaft. […] Der Sozialismus war nicht dazu angetreten, Unternehmer hervorzubringen, Vermögensbildung und bürgerliche Tugenden zu fördern. Es ist ein Skandal, mit welcher Nonchalance die Kohl-Regierung diese staatssozialistische Zurichtung der Ostdeutschen zu Untertanen akzeptierte. Dass sie zu Unternehmern, Investoren, Managern nicht taugten, nahm sie hin wie eine Naturtatsache.[31]

Es ist heute sicherlich müßig, Was-wäre-wenn-Fragen zu stellen. Aber auch schon zum damaligen Zeitpunkt gab es in der Bevölkerung großes Unbehagen angesichts des »Ausverkaufs« der ostdeutschen Betriebe. Im Zuge der von der Treuhand – die man getrost als »erinnerungskulturelle ›Bad Bank‹ des Ostens«[32] bezeichnen darf – im Hauruckverfahren vorangetriebenen Privatisierung fand eine schamlose Bereicherung durch diejenigen statt, die sich ohne Skrupel Unternehmen samt ihren Liegenschaften aneigneten und diese dann nach und nach ausweideten, ohne je ernsthaft am Aufbau neuer wirtschaftlicher Strukturen interessiert zu sein. Die Spielräume der Treuhandmanager, nach eigenem Gutdünken Verkaufsentscheidungen zu fällen, waren recht groß. Vieles blieb im Zwielicht. Zwar hat sich in Ostdeutschland seither eine Gruppe von Unternehmern und Selbstständigen entwickelt, aber sie ist – wie nicht anders zu erwarten – ökonomisch viel weniger potent als im Westen, weshalb sie auch als Trägergruppe für die Herausbildung einer politischen Kultur kaum in Erscheinung tritt. Eine umfassende Wiederbelebung des alten Mittelstandes oder gar die »Installierung einer Unternehmerklasse« (Claus Offe)[33] gelang nur im Zwergenformat; die schwache unternehmerische Tradition, das schwierige wirtschaftliche Umfeld und der Kapitalmangel sind die wesentlichen Gründe dafür. Ein großangelegtes Start- und Hilfeprogramm zur Herausbildung einer breiten Schicht der Eigentümer und Entrepreneure wurde nicht lanciert. Wo es in Ostdeutschland heute Unternehmertum gibt, handelt es sich eher selten um größere oder mittelständische Betriebe, sondern viel häufiger um Klein- und Kleinstgewerbe im Handwerk, Handel und Dienstleistungsbereich, also um einen eher kleinteiligen Familienkapitalismus.[34] Den Hauptsitz eines DAX-Konzerns sucht man hier ebenfalls vergebens.

In die Bilanz der Wiedervereinigung gehört daher, dass Deutschland im Hinblick auf Vermögen und Vermögensbildung ein gespaltenes Land ist und – trotz der Zuwächse im Osten – vermutlich auf Dauer bleiben wird. Das ist eine Fraktur, die sich nicht ohne Weiteres heilen lässt. Dass im Fall von Vermögenswerten, die in der DDR enteignet und in Volkseigentum überführt worden waren, das Prinzip »Rückgabe vor Entschädigung« zur Anwendung kam, hat die Situation der Ostdeutschen auch nicht gerade verbessert. Die millionenfach geltend gemachten Ansprüche auf Rückübertragung von Betrieben und Immobilien begünstigten vor allem Westdeutsche, die mit Fug und Recht als »Gewinner der partiellen Überschichtung« (Rainer Geißler)[35] bezeichnet werden können. Eine entsprechend klare Sprache sprechen die Zahlen: 2017 erreichten die durchschnittlichen Nettovermögen in Ostdeutschland gerade einmal 34,5 Prozent des Westniveaus, 2014 waren es noch 39 Prozent[36] – es gibt eine regelrechte und sich anscheinend erhöhende »Vermögensmauer«.[37] Über nennenswertes Vermögen verfügen in den neuen Bundesländern vor allem Handwerker, Ärztinnen oder Besitzer von Hotels und Gaststätten. Bei selbstgenutzten Immobilien stagnieren die Zuwachszahlen – der Ostdeutsche bleibt in der Hauptsache Mieter. In Rostock haben sich, wie anderswo in den Universitätsstädten und urbanen Zentren, die Miet- und Immobilienpreise in den vergangenen Jahrzehnten deutlich nach oben bewegt, Wohnen wird auch hier zu einer zunehmend drängenden sozialen Frage. Ohne Vermögen, Erbschaften und potente Eltern fällt der Erwerb von Wohneigentum selbstredend schwer. Nur ein Drittel der Ostdeutschen besitzt Wohneigentum, der Verkehrswert der Immobilien liegt allerdings aufgrund der schlechteren regionalen Entwicklung bei gerade einmal der Hälfte des westdeutschen.[38] Die geografische Verteilung der Vermögen ist dabei freilich ohnehin wenig aussagekräftig, da aufgrund der heftigen Migration viele der reichsten Personen im Osten Westdeutsche sind. Die aus dem Westen zugezogenen Villenbesitzer Potsdams, mit denen am Groß Glienicker See erbitterte Auseinandersetzungen über den Zugang zu den Uferwegen geführt werden, sind in vielen Statistiken qua Wohnort als Ostdeutsche etikettiert.

Diese strukturell ungleiche Vermögensakkumulation wiegt schwer. In einer Erbengesellschaft, in der jüngere Menschen leistungslos zu größeren Besitztümern kommen, fällt ein Schatten auf das Leistungsprinzip als zentrale Legitimationsformel der bürgerlichen Marktgesellschaft. Manche sprechen gar schon von einer »Refeudalisierung der sozialen Ungleichheit« (Sighard Neckel).[39] Die angehäuften Besitzstände führen langfristig zu einer Verholzung am oberen Ende der Sozialstruktur. Die Profiteure dieser Verschiebung – also die Erben, die Rentiers und die Kapitalbesitzer – werden auch in ferner Zukunft aus dem Westen kommen.

Transfereliten

Wesentlich für die Überschichtung der Sozialstruktur in Ostdeutschland war der Elitentransfer von West nach Ost. Dieser dürfte eine mittlere fünfstellige Zahl an Personen umfasst haben. Viele der politisch verbrannten Kader und der Personen in herausgehobenen Positionen mussten gehen, zugleich wurden viele neue Funktionsbereiche geschaffen, für die man nun ebenfalls Personal brauchte. Zwar wurden keinesfalls alle gesellschaftlichen Leitungsfunktionen von Westdeutschen übernommen, doch insbesondere für die Nachwendezeit galt die Formel: Je höher, je einflussreicher, je bedeutsamer eine Position war, desto wahrscheinlicher wurde sie mit jemand aus dem Westen besetzt. Die Potsdamer Elitenstudie ermittelte für die frühen Neunziger einen Wert von vierzig Prozent.[40] Und das betraf nicht nur Politik und Wirtschaft, sondern auch Behörden, Gerichte, Universitäten, Medien oder die Bundeswehr. Die »Westimporte« wurden mit Zulagen und Vergünstigungen in den »nahen Osten« geschickt. Sie repräsentierten den personellen Neubeginn. Für die Alteingesessenen bedeuteten sie häufig eine Art Erstkontakt mit dem Westen, sie wurden als mit Definitionsmacht und Kompetenzvorsprüngen ausgestattete »Obertanen« beargwöhnt. Einen solch umfänglichen Elitenaustausch hat kein osteuropäisches Land erlebt, da die neuen Eliten in Polen, Ungarn usw. »von innen« rekrutiert wurden. Vermutlich war selbst die Elitenkontinuität in Westdeutschland nach 1945 in einigen Bereichen ungleich größer als in der Nachwendezeit in Ostdeutschland.

Dieser Elitentransfer ließ sich zunächst funktional begründen: Die »importierten« Führungskräfte brachten den Sachverstand mit, der vor Ort nicht existierte, waren als Infusion von Kompetenz und Wissen für das ermattete und marode Beitrittsgebiet gedacht. Der Geleitzug vom Staatssozialismus in die Marktwirtschaft lief ja nicht von selbst, sondern brauchte Berater, Mentoren, Einflüsterer, How-to-do-Experten. Etwas differenzierter gilt es jedoch anzuerkennen, dass das Spektrum des in die fünf neuen Bundesländer abgeordneten Personals doch recht breit war. Es reichte vom pensionierten Schuldirektor aus Schleswig-Holstein über den Professor mit west-ostdeutscher Pendelwoche und den Verwaltungsjuristen bis zum Junginvestor, der mit der Treuhand lukrative Geschäfte machte. Auch die Verbindungen zur Gesellschaft vor Ort gestalteten sich sehr unterschiedlich. Was die Mentalität und den Habitus anging, waren die Importeliten ganz anders als die alten DDR-Kader, bei denen es sich mehrheitlich um Aufsteiger aus kleinen Verhältnissen gehandelt hatte. Die mit dem »Aufbau Ost« befassten Personen stammten hingegen oft aus dem Bürgertum oder der aufstiegsorientierten Mittelschicht und hatten mit der arbeiterlichen

Lebensweise – etwa dem frühen Aufstehen und Feierabendmachen – nach ostdeutscher Landesart wenig am Hut.[41] In einigen Landstrichen tauchte überdies eine ganz andere – allerdings zahlenmäßig sehr schmale – »vorsozialistische« Elite wieder auf, die auf dem Ticket »Rückgabe vor Entschädigung« Landgüter zurückerhielt und den Lebensmittelpunkt nach Ostdeutschland verlegte.

Auffällig ist jedenfalls, dass der »wilde Osten« vor allem von Westmännern erobert wurde, die durch geografische Mobilität Statusgewinne erzielen konnten. Dieses Muster ist nicht unbekannt und wird als »social spiralism«[42] bezeichnet (»moving out to move up«): Blockierter Aufstiegsmobilität (im Westen) wird durch horizontale Ausweichbewegungen (in den Osten) begegnet. Man wandert in ein regionales Umfeld, in welchem sich die eigenen Karriereaspirationen besser realisieren lassen. Spiralförmigkeit kommt zustande, wenn diese Personen mehrere aufeinander aufbauende Karrierestationen in verschiedenen Regionen absolvieren – auch das ein Muster, das sich bei den nach Ostdeutschland zugewanderten Eliten häufig findet. Viele dieser Wanderer standen in Westdeutschland in der zweiten Reihe und rückten nun durch den Umzug auf – der Historiker Andreas Rödder spricht gar etwas despektierlich von »minderqualifizierten Westdeutschen«, die ostwärts Karrieren machten, die »ihnen zuvor nicht ohne Grund versagt geblieben waren«.[43] Die zahlreichen Vakanzen stellten für diese Personengruppe jedenfalls eine ebenso attraktive wie unverhoffte Chance dar. Dazu kamen großzügige Gehaltszuschlägen (die berühmte »Buschprämie«), die im Osten eine doppelte Einkommensstruktur je nach Herkunft erzeugten.[44] Während manche sich dauerhaft niederließen und durch Familiengründungen an das neue Umfeld banden, blieben die fünf neuen Bundesländer für andere eine Durchgangsstation. Sobald sich eine adäquate Position im Westen, möglicherweise gar in der Herkunftsregion auftat, packte man wieder seine Sachen. Die Erfahrung in der Ex-DDR blieb dann eine Episode, von der man gern und häufig erzählte. Nicht selten steigerte sich das zur romantischen Verklärung der Freiheit zur Improvisation, die beim »Aufbau Ost« oftmals mit dazugehörte. Selbst altgediente Treuhandmanager bekommen bis heute feuchte Augen, wenn sie sich an die »patriotisch-unternehmerische[n] Abenteuergemeinschaft im chaotischen ›Osten‹« erinnern.[45]

Während in Osteuropa oftmals heftige Kämpfe zwischen alten und neuen Eliten entbrannten, wurden die alten ostdeutschen Kader in großer Zahl (nicht vollständig!) stillgestellt oder sie traten in die zweite Reihe und sorgten mit ihren Kenntnissen der lokalen Strukturen dafür, dass sich die neuen Häuptlinge aus dem Westen zurechtfanden. Zuweilen führte das unter der Hand zur Fortsetzung eines eingespielten, nun entpolitisierten Klientelismus, der jenen Vorteile und Pfründe sicherte, denen es bereits in der DDR recht gut gegangen war. Bald beklagte man in diesem Zusammenhang die »alten Seilschaften«. Insbesondere die Personengruppen, die in der DDR handfeste Nachteile erlebt und sich von der Wende die Chance versprochen hatten, nun endlich durchzustarten, mussten enttäuscht feststellen, dass sie kaum zum Zug kamen.

Der Zustrom externer Eliten verlief freilich nicht immer reibungslos. Insbesondere jene Gruppen, für die der Einzug eines neuen Establishments mit sozialer Deklassierung verbunden war, übten sich im Ressentiment. Sighard Neckel hat in seiner Gemeindestudie *Waldleben* aus dem Jahr 1999 sehr anschaulich beschrieben, dass es an vielen Orten letztlich drei Gruppen waren, die sich miteinander arrangieren mussten: die alten lokalen Kader, die Köpfe der Bürgerrechtsbewegung und das neue Führungspersonal aus dem Westen, dem nicht selten eine Mittlerfunktion zufiel.

> Das aus Westdeutschland importierte politische und ökonomische Personal sprang als Amtsleiter, Richter, Unternehmensberater oder kommunaler Entwicklungshelfer in jene unbesetzte Funktionslücke ein, die die Paralyse der lokalen Eliten hinterließ. Im allgemeinen durch persönliche Aspirationen motiviert, die sich wahlweise auf ökonomische Vorteile, Karriere oder sozialen Status bezogen, gelang es den Westdeutschen gleichwohl, sich in den ersten Monaten ihrer Tätigkeit als Vermittler zwischen die rivalisierenden Gruppen zu schieben.[46]

Aber:

> In dem Maße, wie das westdeutsche Engagement eine gemeinsame ostdeutsche Mentalität negativ mobilisierte, stieß es an eben jene informelle Grenze, die es eigentlich aufheben sollte. Das westdeutsche Personal konnte daher die Funk-

tionslücke, die der ostdeutsche Elitenkonflikt hinterließ, nicht wirklich ausfüllen. Zwar schrieb man ihm Sachkompetenz zu – an der Schwierigkeit aber, dieses Fachwissen in die lokale Gemeinschaft einbinden zu können, wurden die Schranken sichtbar, die dem Institutionentransfer in kultureller Hinsicht gesetzt wurden.[47]

Vorbehalte gab es aber nicht nur bei den zurückgesetzten Eliten, sondern in der gesamten Bevölkerung. Unbehagen und ein Gefühl der Fremdbestimmung verbreiteten sich zum einen dann, wenn die westlichen Funktionseliten wenig Sensibilität für die kulturellen und mentalen Besonderheiten vor Ort an den Tag legten. Zum anderen herrschten mitunter auch handfeste Zweifel an der Kompetenz der Zugewanderten. So hatten viele den Eindruck, im Osten werde vor allem die »zweite Garnitur« des Westens aktiv. All das führte dazu, dass man sämtliche Folgeprobleme der Einheit, den ausbleibenden Aufschwung etwa und die Massenarbeitslosigkeit (von der die Westdeutschen selbst ja nicht betroffen waren), auf das neue Personal projizierte, das unter der Leitformel angetreten war, »blühende Landschaften« schaffen zu wollen. Dazu trat noch die Enttäuschung über die Erkenntnis, dass ein Rechtsstaat mit der Herstellung von Gerechtigkeit nicht identisch ist.

Auch drei Dekaden nach der Wende hat sich die Elitenrekrutierung nicht in dem Sinne normalisiert, dass nun vermehrt Ostdeutsche in Führungspositionen aufrücken würden. In den oberen Etagen der ostdeutschen Politik, Medien, Wirtschaft und Wissenschaft stellen Ostdeutsche (hier definiert nach Herkunft, nicht nach Wohnort) einer neueren Studie zufolge nur 23 Prozent des Personals – und das mehr als ein Vierteljahrhundert nach der Wende![48] In einigen Bereichen ist der Anteil der Ostdeutschen seit 2004 sogar weiter abgeschmolzen, so etwa in den Geschäftsführungen der hundert größten ostdeutschen Unternehmen, bei den Regionalzeitungen, in den Hochschulleitungen. In den Führungsetagen der größeren Forschungsinstitute kommt nur jede siebte Spitzenkraft aus dem Osten, womit der Anteil deutlich unter dem der ausländischen Wissenschaftler liegt. Bei den Ministerpräsidenten, wo unmittelbar nach der Wende »Westimporte« wie Kurt Biedenkopf, Werner Münch und Bernhard Vogel die Szenerie dominierten, sieht es heute besser aus. Allerdings sitzen auf den Regierungsbänken jetzt weniger Ostdeutsche als noch 2004 (bei den ostdeutschen Staatssekretären gab es allerdings einen Anstieg). In den wenigen Bereichen, wo die Ostdeutschen aufholen konnten, reden wir von Fortschritten im niedrigen einstelligen Prozentbereich: in der Richterschaft insgesamt von 11,8 auf 13,3 Prozent, bei den Präsidenten und Vizepräsidenten der obersten Gerichte sowie den Vorsitzenden Richtern der einzelnen Senate von 3,4 auf 5,9 Prozent. Jeweils in Ostdeutschland wohlgemerkt, nicht bundesweit.[49]

Man mag angesichts dieser Zahlen einwenden, eine proportionale Elitenrepräsentation sei in vielen Funktionsbereichen nicht notwendig, ja möglicherweise gar nicht wünschenswert. Warum sollten bayerische oder hessische Richter an niedersächsischen Gerichten weniger gute Arbeit leisten als Juristen aus Hannover oder Emden? Versteht man die Elitenschwäche jedoch als Ausdruck einer gesellschaftlichen Fraktur, erkennt man, dass es sich hier um einen neuralgischen Punkt handelt. Es geht nicht nur um normative Fragen der Gerechtigkeit oder Repräsentation, sondern um Kollateraleffekte für die Integration insgesamt. Die vorhandenen Muster der Elitenrekrutierung sind dafür verantwortlich, dass es in Ostdeutschland nur ein sehr loses Band zwischen dem Spitzenpersonal und dem Rest der Bevölkerung gibt und dass sich die Wahrnehmung einer Spaltung zwischen dem »Volk« und »denen da oben« immer mehr festsetzt. Viele können sich weder sozial noch mental, noch vom eigenen Weltbild her in den Eliten spiegeln. Sich »fremdregiert« zu fühlen, wie es einer meiner Gesprächspartner nannte, ist in den mittleren und älteren Kohorten kein untypisches Gefühl. Hinzu kommt, dass sich die aus Ostdeutschland stammenden Spitzenpolitiker aufgrund ihrer Einbindung in die Institutionen in ihrem Denken und Verhalten viel stärker an traditionelle bundesdeutsche Standards angepasst haben als die übrige Bevölkerung. Diese im Grunde gelungene Integration hat zur Folge, dass die Distanz in den politischen Orientierungen und Präferenzen zwischen der Elite und der ostdeutschen Bevölkerung größer ist als in Westdeutschland.[50]

»Da wurde ja eine Lunte für Populismus in Ostdeutschland gelegt«, kommentierte ein amerikanischer Kollege, dem ich vom Elitenwandel in den neuen Ländern erzählte, kurz und knapp: »Wenn man Leute aus

Washington auf diese Weise nach Wisconsin schicken würde, gäbe es früher oder später einen Aufstand.« Diese Meinung muss man nicht teilen: Natürlich waren die Aufbauleistungen der vielen westdeutschen Helfer wichtig (manchmal sogar heroisch), ohne sie hätte das Transformationsvorhaben nicht so effizient und zügig durchgeführt werden können. Es bleibt aber der fade Nachgeschmack, dass es bis heute nicht gelungen ist, ostdeutsche Aufstiege in die gesellschaftliche Führungsebene zum Normalfall werden zu lassen. Während es in Osteuropa schon früh zahlreiche Minister und sogar Regierungschefs unter vierzig gab – Viktor Orbán begann seine erste Amtszeit als Ministerpräsident 1998 im Alter von 35 Jahren –, traute man den Ostdeutschen lange nicht zu, den Anforderungen von Markt, Demokratie und Rechtsstaat gerecht zu werden und höhere Ämter bekleiden zu können. Das schnelle Auffüllen von Vakanzen durch mobilitätsbereite Westdeutsche »verstopfte« zudem auf Jahre die Aufstiegsmöglichkeiten jüngerer ostdeutscher Kohorten.

Was in diesem Bereich verpasst wurde, lässt sich auch an einer persönlichen Episode veranschaulichen. Im Herbst 1998 ging ich ans Europäische Hochschulinstitut in Florenz, um dort zu promovieren. Diese Einrichtung versteht sich als europäische Eliteschmiede und lässt jährlich nach Länderkontingenten etwa hundert Doktorandinnen und Doktoranden zu. Für viele osteuropäische Länder hatte das Institut schon früh nach dem Fall des Eisernen Vorhangs spezielle Zugangsmöglichkeiten geschaffen. Ich war dort allerdings – neun Jahre nach der Wende! – der erste Ostdeutsche. Bei der Vergabe des deutschen Kontingents, etwa zehn Stipendien pro Jahr, wurde nicht nach Ost- oder Westherkunft unterschieden, so dass die Ostdeutschen nicht zum Zuge kamen. Wo bitte schön, kann man fragen, waren die Förder- und Stipendienprogramme, die der jungen ostdeutschen Generation Türen hätten öffnen können?

Auch die gesamtdeutsche Elite ist deshalb – von den bekannten Ausnahmeerscheinungen abgesehen – eine weitgehend »ossifreie Zone« geblieben.[51] Laut einer Studie aus dem Jahr 2016 sind bundesweit nur 1,7 Prozent aller herausgehobenen Spitzenpositionen mit Ostdeutschen besetzt,[52] andere Quellen sprechen von zwei bis drei Prozent,[53] wobei innerhalb dieser kleinen Gruppe der vergleichsweise hohe Frauenanteil auffällt.[54] Etwas besser sieht es in der Kunst- und Kulturszene, die auch Abweichung prämiert, sowie im Sport aus, man denke an den Theaterregisseur Frank Castorf, die Maler Norbert Bisky und Neo Rauch, die Eisläuferin Katharina Witt, den Boxer Henry Maske oder die Schwimmerin Kristin Otto, die heute als Sportreporterin beim ZDF vor der Kamera steht. Der aus Greifswald stammende Toni Kroos, Fußballweltmeister und vierfacher Champions-League-Sieger mit Bayern München und Real Madrid, besuchte in seiner Jugend das Ostseegymnasium in der Rostocker Plattenbausiedlung Evershagen. Doch von 196 DAX-Vorständen stammen gerade einmal vier aus Ostdeutschland (davon drei Frauen), kein Vorstandsvorsitzender kommt aus den neuen Ländern. Unter den Präsidenten bzw. Rektorinnen der 81 staatlichen Universitäten sind keine Ostdeutschen.[55] Bei den Direktorinnen und Direktoren außeruniversitärer Forschungsinstitute, bei Fellowships und wichtigen Forschungspreisen sieht es ähnlich niederschmetternd aus. Auf der vom Magazin *Cicero* anhand von Medienpräsenz, Internetzitationen und Google Scholar ermittelten Rangliste der einflussreichsten Intellektuellen im deutschsprachigen Raum fanden sich 2019 in den Top 100 gerade einmal fünf Personen mit Ostbiografie, der erste war Wolf Biermann auf Platz 30.[56] Viele derer, die im *Cicero*-Ranking auftauchen, sind auf innerdeutsche Themen abonniert. Zu Digitalisierung, Globalisierung oder Europa hört man sie nicht oder kaum.

Mitunter werden zur Erklärung dieser Ungleichgewichte eine angeblich geringere Risikobereitschaft, fehlender Aufstiegswille oder Elitenskepsis herangezogen, im Vergleich zu anderen Faktoren spielen diese aber vermutlich eine nachrangige Rolle. Bei Aufstiegen in die Spitze spielt immer eine Mischung aus Gelegenheiten, ungleichen Startpositionen, Netzwerken und Zufall eine Rolle. Wenn es wenig große Unternehmen im Osten Deutschlands gibt, dann sind dort auch betriebsinterne Laufbahnkarrieren bis in den Vorstand eines Weltkonzerns eher unwahrscheinlich. Darüber hinaus sind Fragen des Habitus von Relevanz, allerdings weniger als Zurückweisung der Ostdeutschen denn als Vorteil der kulturellen Passfähigkeit und der sozialen

Ähnlichkeit. Von offener und systematischer, an den Gruppenmerkmalen ansetzender Diskriminierung kann man hierbei schwerlich sprechen, von strukturellen Defiziten und Benachteiligungen allerdings durchaus. Aufstiege aus sozial schwächeren Milieus nach ganz oben sind allgemein eher unwahrscheinlich, auch im Westen.

Es ist sicherlich keine allzu gewagte Spekulation, zu behaupten, dass eine derartige Unterrepräsentation, wären die Ostdeutschen phänotypisch erkennbar, schon längst zum Skandalon geworden wäre und weiter gehende Forderungen nach einer Quotierung oder besonderen Förderung nach sich gezogen hätte. Westdeutsche wissen oft nicht, wer aus dem Osten kommt, viele Ostdeutsche aber schon, zugleich verschwimmen mit der Zeit aber die Möglichkeiten der eindeutigen Zuordnung.

Die wenigen, die es in die Elitenränge geschafft haben, berichten von einer großen Entfremdung von den Herkunftsmilieus; nicht selten stammen sie selbst aus den einigermaßen privilegierten oder den kleinen bürgerlichen Milieus der DDR. Viele sind schon früh aus dem Osten abgewandert, um anderswo ihr Glück zu versuchen, und dann nicht mehr zurückgekehrt. Der aus dem Vogtland stammende ostdeutsche Vorstandsvorsitzende eines großen Unternehmens hat mir einmal berichtet, dass er nur deshalb eine Glanzkarriere hinlegen konnte, weil er unmittelbar nach der Wende die Chance bekam, als junger Forscher bei IBM in den USA zu arbeiten. Flexibilität, die Bereitschaft, sich zu verändern, sieht er als Schlüssel für den Unterschied zu vielen seiner ehemaligen Kommilitonen, aber er benennt auch strukturelle Gründe: Wer im alten Umfeld blieb, durfte nicht auf einen Aufstieg hoffen. Das Weggehen hat Distanz erzeugt. Viele ostdeutsche Aufsteiger gehen mit ihrer Herkunft nur sehr verhalten um, manche verheimlichen sie sogar. Nur sehr wenige haben sie bewusst kultiviert und in einen Vorteil umgemünzt, die meisten ließen ihr soziales und mentales Gepäck zurück, um einen Neustart hinzubekommen. Die erfolgreichen Ostdeutschen sind jedenfalls durch rasche Anpassung aufgestiegen, nicht durch die Pflege einer Sonderidentität oder das Bespielen von Partikularinteressen. Als Repräsentanten einer Ostbefindlichkeit kommen sie daher kaum infrage.

5. Demografischer Umbruch

Vereinigungsschock

Von »Gebärstreik«, »demografischer Revolution« oder einer »Krise im Kreißsaal« wurde gesprochen, als Anfang der Neunziger erste Zahlen zu den dramatisch absinkenden Geburten in Ostdeutschland publik wurden. Im Zuge des Zusammenbruchs der DDR und aufgrund der Unwägbarkeiten des Übergangs kam es zu einem regelrechten demografischen Schock. Wie von einer Kältestarre erfasst, stellten die Menschen über Nacht das Kinderkriegen ein. Wo der Osten eben noch als kinderfreundlich galt, wo Sozialforscher das Leben in der DDR als familienzentriert beschrieben, wo manche in der westdeutschen Politik neidisch auf die höhere Geburtenrate schauten und sich von der Vereinigung auch demografische Impulse erhofften, blieben nun die Kinder aus: 200 000 Geburten zählten die Statistiker im Jahr 1990, vier Jahre später sollten es dann nur noch 100 000 sein – insgesamt ein Rückgang auf fünfzig Prozent (Schaubild 7). Die Gesamtfertilitätsrate in Ostdeutschland sank auf 0,77 Kinder pro Frau,[1] also einen extrem niedrigen Wert; rechnerisch braucht es 2,1 Kinder pro Frau, damit die Bevölkerung stabil bleibt. Deutliche Geburtenrückgänge stellten sich damals in vielen osteuropäischen Gesellschaften ein, die ihr Rendezvous mit der Marktwirtschaft zu verkraften hatten. Diese fielen aber nicht in einen so tiefen demografischen Dornröschenschlaf wie die neuen Bundesländer, denen es wirtschaftlich deutlich besser ging.

Der Geburtenrückgang in Ostdeutschland bescherte mir meinen ersten wissenschaftlichen Artikel. Wolfgang Zapf, der dieses Thema damals anregte, und ich gingen der Frage nach, ob es für einen derart dramatischen Einbruch historische Vorbilder gab, etwa im Zuge der Weltkriege oder nach 1945.[2] Damals, noch als Student, nahm ich mir

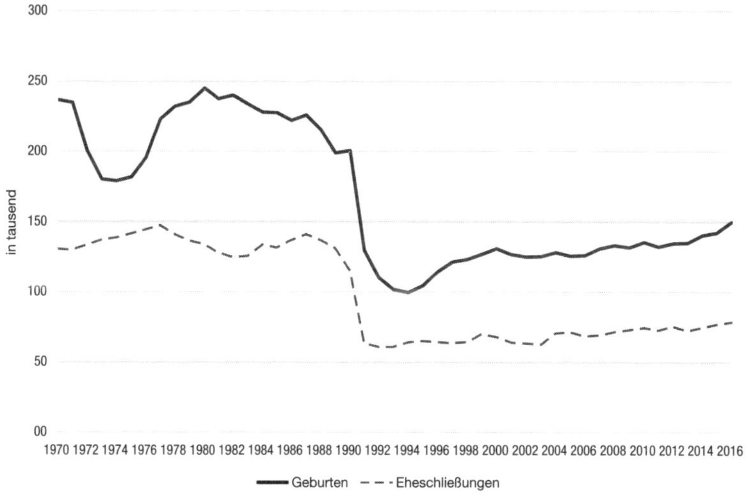

Schaubild 7: Zahl der Geburten und Eheschließungen in der DDR bzw. Ostdeutschland (1970-2016, in tausend)
Hinweis: bis 1989 DDR, ab 1990 Ostdeutschland einschließlich Berlin
Datenquelle: Statistisches Bundesamt, Berechnungen: Bundesinstitut für Bevölkerungsforschung; eigene Darstellung

in der Berliner Staatsbibliothek die Statistischen Jahrbücher des Deutschen Reichs, der Bundesrepublik und der DDR vor und schrieb die Zahlenkolonnen heraus. Bis 1910 reichten die Daten zurück. Als wir eine Übersicht gewonnen hatten, konnten wir feststellen: Dieser plötzlich einsetzende Geburtenrückgang war präzedenzlos. Die stärksten Ausschläge nach unten finden sich in den Kriegsjahren 1915 und 1916 sowie 1942, aber diese waren bei Weitem nicht so heftig wie die Veränderungsraten im Zuge des Zusammenbruchs der DDR. In Schaubild 7 ist auch der »Pillenknick« Anfang der siebziger Jahre erkennbar, bevor die DDR dann verstärkt in die Förderung der Familiengründung investierte.

Auch die anderen demografischen Kennziffern wiesen extreme Bewegungen auf: Die Zahl der Eheschließungen sank von 1990 auf 1991 um mehr als die Hälfte, im darauffolgenden Jahr ging sie noch einmal zurück – 1992 lag sie um 65 Prozent niedriger als 1988. Besonders stark, nämlich um 80 Prozent, brach die Zahl der Scheidungen ein (wozu auch eine veränderte Rechtslage beitrug). Natürlich lässt sich daraus nicht der Schluss ziehen, die Amplituden der Demografie verwiesen auf ähnliche Nöte und Existenzsorgen wie in den Kriegsjahren oder der Weltwirtschaftskrise, denn immerhin verbesserte sich die materielle Situation ja für die Mehrzahl der Bürger. Dennoch kam das demografische Verhalten fast zum Stillstand. Viele Menschen entschlossen sich, erst einmal abzuwarten, ehe sie sich dauerhaft banden, Kinder in die Welt setzten oder eine Scheidung riskierten.

Der demografische Schock der ostdeutschen Teilgesellschaft speiste sich aus unterschiedlichen Quellen: Gesellschaftliche Krisenphänomene haben eine Verkürzung des sozialen Handlungs- und Entscheidungshorizonts zur Folge, er schrumpft auf das Hier und Jetzt zusammen. Familiengründungen oder auch die Auflösung einer Bindung sind hingegen langfristiger Natur, das Kinderkriegen sogar irreversibel.[3] Außerdem hatte man schlicht genug mit sich selbst zu tun. Wer arbeitslos wurde oder stundenlang über Autobahnen pendelte, für den wurde ein Kind zum Risiko, wenn nicht gar zum Klotz am Bein. Die »riskanten Freiheiten«[4] geboten es, von der »Last« eines Kindes erst einmal Abstand zu nehmen. Dazu kamen natürlich auch neue Optionen, denn die Welt des Reisens und des Konsums öffnete sich ja gerade erst.

Während das demografische Verhalten einbrach, blieben die Familienorientierung und der Kinderwunsch der jungen Ostdeutschen dennoch bestehen.[5] Die auf dieser Basis formulierte Prognose, sie würden die ausgefallenen Geburten in den folgenden Jahren nachholen, hat sich allerdings nicht bewahrheitet. Einen Kinderwunsch kann man nicht wie ein Auto parken, um zu einem späteren Zeitpunkt einfach weiterzufahren. Aus aufgeschoben wurde für viele aufgehoben, weil sich der richtige Zeitpunkt einfach nicht mehr ergab. Auf das »Geburtenloch« folgte kein »Geburtenhoch«. Heute sind die stark dezimierten Nachwendejahrgänge im Familiengründungsalter, was die absolute Zahl der Neugeborenen nur langsam wachsen lässt, obwohl die Geburtenzahl pro Frau wieder deutlich angestiegen ist.

Die Folgen dieser Zäsur zeigen sich in der Auslastung von Kinder-

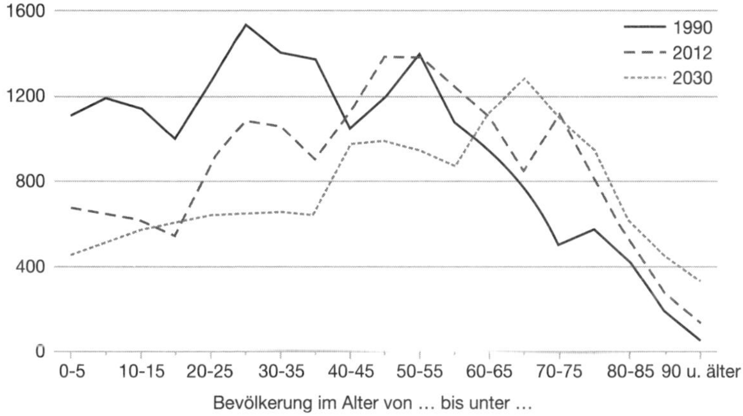

Schaubild 8: Ostdeutsche Bevölkerung nach Altersgruppen (Anzahl in tausend, einschließlich Berlin).
Hinweise: Die Berechnungen für 2012 beruhen auf der Fortschreibung früherer Volkszählungen. Die Fortschreibung auf Basis des Zensus 2011 ergibt aber nur geringfügige Abweichungen. 2030: Ergebnisse der 12. koordinierten Bevölkerungsvorausberechnung des Bundes und der Länder. Daten des Statistischen Bundesamtes; Berechnungen durch das Bundesinstitut für Bevölkerungsforschung (BiB).
Quelle: Der Beauftragte der Bundesregierung für die neuen Bundesländer 2019

gärten und Schulen oder im Generationenverhältnis. Die Alterspyramide Ostdeutschlands ist im unteren Bereich stark ausgedünnt. Der Anteil der unter Zwanzigjährigen ist von 1990 bis 2016 von 25,2 auf 16,8 Prozent zurückgegangen.[6] Das Durchschnittsalter ist in die Höhe geschossen, in vielen Ortschaften dominieren Seniorinnen und Senioren das Straßenbild. Gemäß aktuellen Prognosen werden sich diese Trends fortsetzen. Sie sind den Entwicklungen in Westdeutschland einige Schritte voraus, was auch für die Wirtschaft zum Problem wird (Schaubild 8). In Rostock ist das Durchschnittsalter erheblich gestiegen, obwohl die Universität junge Menschen anzieht. In Lütten Klein blieben vor allem die Älteren, wenige Junge zogen nach. Im Schnitt waren die Menschen 2018 knapp über fünfzig – zehn Jahre älter als noch 1990. Fast ein Viertel der Bewohner ist 75 oder älter.[7] Wo früher Kitas standen, werden nun Seniorenheime gebaut. Eine entfernte Tante ist in ein Pflegeheim gezogen, das genau dort steht, wo sie früher als Erzieherin tätig war.

Wolfgang Zapf und ich nahmen damals an, die Ostdeutschen würden sich mittelfristig den westdeutschen Familienmustern anpassen. Heute gehen Bevölkerungsforscher davon aus, dass dauerhaft zwei unterschiedliche demografische Regimes parallel existieren werden. Ostdeutschland hat sich also auch in diesem Bereich nicht einfach verwestlicht.[8] Die Orientierung auf ein Leben mit Kindern ist nach wie vor stark ausgeprägt, die Rate der Kinderlosen ist heute geringer als im Westen. Kinder zu bekommen ist im Osten eine nahezu universelle Erfahrung, auch bei hochqualifizierten und berufstätigen Frauen. Allerdings werden hier über sechzig Prozent aller Kinder außerhalb einer Ehe geboren. Eine Retraditionalisierung der Familien- und Geschlechterbeziehungen nach westdeutschem Vorbild hat nicht stattgefunden, und da Ostdeutschland eine weitgehend säkularisierte Region ist, in der religiöse Werte kaum eine Rolle spielen (in Lütten Klein liegt der Anteil der Personen mit konfessioneller Bindung unter zehn Prozent), werden sich die bürgerlichen Ehenormen der alten Bundesrepublik hier auch in Zukunft kaum durchsetzen. Die Demografie lehrt uns also, was auch in vielen anderen Bereichen erkennbar ist: Kulturelle und soziale Prägungen können politische Systeme überleben.

Schrumpfgesellschaft

Das Thema Abwanderung hatte die DDR seit ihren Anfängen beschäftigt, auch nach Zusammenbruch und Wiedervereinigung war es nicht vom Tisch – im Gegenteil: Der Strom der Wegzüge erreichte ungekannte Ausmaße. »Kommt die D-Mark, bleiben wir, kommt sie nicht, geh'n wir zu ihr«, hieß es schon während der Montagsdemonstrationen Anfang 1990, wobei bis heute ungeklärt ist, wie dieser Slogan entstand. Während vor 1989 die wirtschaftliche Situation der DDR, der Drang nach Freiheit und die Konsumwelt des Westens als Push- und-Pull-Faktoren wirkten, waren nun die desaströse Arbeitsmarktlage und die besseren Einkommenschancen im Westen die wesentlichen Motive der Abwanderung. Dass sich die Demografie in der ostdeutschen Fläche derart dramatisch veränderte, hatte natürlich auch Folgen für die Infrastruktur: Postfilialen schlossen, Schulen gaben den Betrieb auf, in ländlichen Regionen trocknete das soziale Leben aus. Auch das war freilich keine exklusiv ostdeutsche Entwicklung, ähn-

Abb. 14: Wochenmarkt in der Warnowallee (Dezember 2018)

liche Trends gab es auch in einigen Regionen Westdeutschlands, in vielen osteuropäischen Ländern oder im Rust Belt in den USA.

Allein 1989 und 1990 verlor das kleine Ostdeutschland jährlich fast 400 000 Einwohner. Danach ging die Zahl der Abwanderer zunächst etwas zurück, Anfang der nuller Jahre stieg sie erneut deutlich an. Von 1991 bis 2013 verließen insgesamt fast 1,8 Millionen Menschen Ostdeutschland, mehr als zehn Prozent der Bevölkerung. In einzelnen Regionen in Sachsen-Anhalt oder im südlichen Brandenburg waren es gar mehr als ein Viertel. Berücksichtigen muss man zudem den nach wie vor bestehenden »Pendlerüberschuss«: Über 400 000 ostdeutsche Beschäftigte pendeln in den Westen, fast dreimal so viel wie in die Ge-

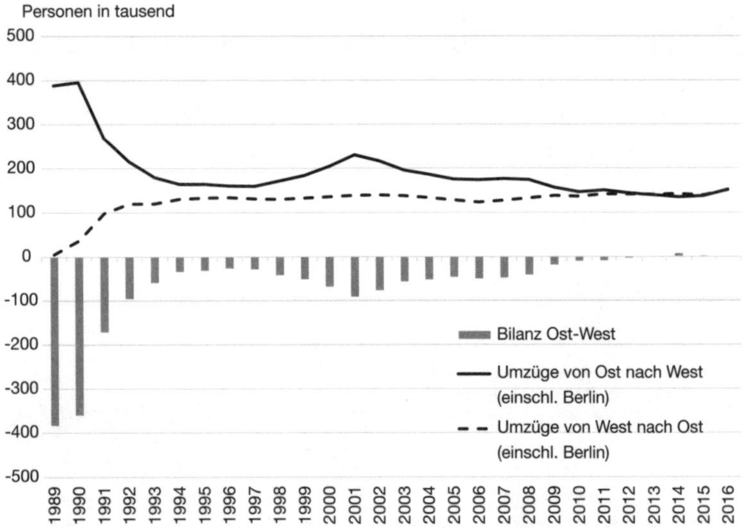

Schaubild 9: Wanderungen zwischen Ost- und Westdeutschland (1989-2016)
Datenquelle: Statistisches Bundesamt, Berechnungen: BiB; Zahlen für 1989 und 1990 aus Wendt 1993/94: 354f.; eigene Darstellung

genrichtung. Erst in jüngerer Zeit ist es gelungen, von einer Aus- zu einer Zuwanderungsregion zu werden (Schaubild 9), wobei sich die Zuzüge auf ein paar Kernregionen konzentrieren und die meisten Gemeinden Ostdeutschlands nach wie vor von einem Bevölkerungsverlust betroffen sind. Zuvor waren jährlich weit über 100 000 Menschen von Ostdeutschland nach Westdeutschland gezogen; nur eine weitaus geringere Zahl – Westdeutsche, Rückkehrer und Ausländer (deren Anteil heute in den neuen Bundesländern bei etwa vier Prozent liegt) – wanderte in die umgekehrte Richtung. Rostock verlor nach der Wende etwa ein Fünftel seiner Einwohner, im letzten Jahrzehnt ging es dann wieder bergauf. Heute herrschen Engpässe bei der Versorgung mit Wohnraum. In Lütten Klein gibt es so gut wie keinen Leerstand mehr, aufgrund der veränderten demografischen Struktur und dem Neuzuschnitt vieler Wohnungsgrundrisse ist die Einwohnerzahl jedoch auf 17 000 zurückgegangen.

Die Bereitschaft zur Mobilität entschied oft darüber, wer zum Gewinner und wer zum Verlierer der Wende wurde. Wer etwas riskierte, sich auf den Weg machte, konnte drohender Arbeitslosigkeit entgehen und sich materiell verbessern. Natürlich hatte die Migration auch ihren Preis. Oftmals waren es *Wanderungen wider Willen*, die nicht von Neugierde und Aufbruchsstimmung getrieben wurden, die Menschen wollten sich schlicht aus Notlagen und von Existenzsorgen befreien. Mit dieser inneren Haltung gestaltete sich das Ankommen schwierig: Der Westen wurde oft als kühl und desinteressiert empfunden, die Sehnsucht nach der heimatlichen Geborgenheit und dem sozialen Umfeld hielt an, was auch die nicht unerheblichen Rückwandererquoten erklärt.[9] Viele Ost-West-Wanderer berichten von innerer Zerrissenheit, langen Zeiten des Anpassens und Einfädelns, Schwierigkeiten, einen gleichwertigen Freundeskreis aufzubauen. Zumindest in den ersten Jahren beschrieben sich viele als »Fremde«, die trotz kultureller und sprachlicher Gemeinsamkeiten Distanz und Anderssein empfanden. Thorsten, der seine Stelle als Dreher im Dieselmotorenwerk verloren hatte und es bei MAN in Hamburg versuchte, kehrte nach einem Jahr nach Rostock zurück: »Das war eine andere Mentalität dort«, sagt er, »so richtig bin ich nicht klargekommen.«

Ostdeutschland wurde – sieht man von »Zuzugsinseln« wie Berlin, Leipzig oder Jena ab – in dieser Zeit zu einer Schrumpfgesellschaft, der Talent, Jugend und Wissen abhandenkamen. Es wanderte ja schließlich nicht der statistische Durchschnittsostler ab, sondern vor allem junge Menschen, die Mehrzahl war zwischen achtzehn und dreißig Jahre alt. Zusammen mit dem Geburtenrückgang führte dies zu einer rasanten Alterung der Bevölkerung. Zudem gingen verstärkt jene mit hoher formaler Bildung und Qualifikation.[10] Hatte der Osten in den neunziger Jahren noch einen höheren Anteil Hochqualifizierter, so ist dieser Vorsprung gegenüber dem Westen längst geschwunden.[11] Ostdeutschland litt also wie viele osteuropäische Staaten unter einem selektiven Aderlass, der die Gesellschaften nicht nur ausdünnte, sondern auch ihre Potenziale schwächte. Vor unser aller Augen vollzog sich ein *brain drain* par excellence – Ökonomen sprechen von »human capital flight«. Während Waren und Sozialtransfers von West nach Ost flossen, floh das Humankapital in die entgegengesetzte Richtung. Zwar investierten die neuen Länder massiv in Schulen, Ausbildungsstätten und Universitäten, einen regionalen »Klebeeffekt« konnten sie mangels adäquater Arbeitsplätze dennoch nicht erzeugen. »Es gab ja nichts, da mussten die ganzen jungen Leute eben weggehen«, beschreiben die grauhaarigen Rentner Lütten Kleins die damalige Situation, als im Viertel Wohnungsfenster zu schwarzen Löchern wurden und jeder wusste, dass dort niemand mehr lebte. Angesichts der globalen Bevölkerungsexplosion mag die ostdeutsche Demografie unerheblich sein, für einen gesellschaftlichen und mentalen Aufbruch wirkte sie jedoch wie eine Bremse. Was aus arbeitsmarktpolitischer Sicht sinnvoll war, um das dramatische Hochschnellen der Arbeitslosigkeit wenigstens etwas abzuschwächen, ist nun zu einer sozialen Fraktur geworden.

Durch den Wegzug so vieler Menschen über einen so langen Zeitraum – im Grunde muss man die Jahrzehnte seit 1949 mit einschließen – verlor Ostdeutschland nicht nur an Einwohnern und Arbeitskräften, sondern auch an Ressourcen für zivilgesellschaftliches Engagement und Innovation: Fußballvereinen kamen ihre ehrenamtlichen Trainer abhanden, Chören die tragenden Stimmen und Umweltverbänden ihre Mitglieder. Auch sozial entstanden Lücken, die ungeschlossen blieben. In Lütten Klein sind es die Kinder der älteren Bewohner, die nunmehr in der Ferne wohnen und vor Ort fehlen. Etliche Gesprächspartner klagen über zu wenig Kontakt zu Kindern und Enkelkindern, manchen setzt die Einsamkeit zu, dazu kommen handfeste Probleme bei der Versorgung und Pflege im Alter.

Männerüberschuss

Unter den Mobilen waren überproportional viele Frauen, die sich als flexibler und pragmatischer erwiesen als die Männer. Durch ihre starke Erwerbsorientierung, das in der DDR ausgeprägte Selbstverständnis der ökonomischen Unabhängigkeit und die alltagspraktische Emanzipation gelang es ihnen, vergleichsweise gut im westdeutschen Arbeitsmarkt unterzukommen. In der Folge geriet in Ostdeutschland das Geschlechterverhältnis durcheinander. Der männliche »Held der Arbeit« war nicht nur von Deklassierungsprozessen betroffen, er fand sich in einem zunehmend männlich dominierten Umfeld der Zurückbleiber wieder. Zwischen 1992 und 1996 war die Zahl der weiblichen Abwanderer mehr als doppelt so hoch wie die der Männer. Von den unter Dreißigjährigen, die zwischen 1991 und 2005 Ostdeutschland verließen, waren zwei Drittel Frauen.[12] Das ist bemerkenswert, denn traditionell sind die Männer die Wanderer, während die Frauen eher daheim bleiben. Heute spricht man global von einer »Feminisierung der Migration«, die sowohl mit dem Aufstieg des Dienstleistungssektors als auch mit sich wandelnden Geschlechterrollen zu tun hat. In Deutschland hat sich das Geschlechterverhältnis der Wanderung erst seit 2007 leicht zugunsten der Männer verschoben, allerdings bei stark sinkenden Salden. In der Folge dieser vor allem weiblichen Wanderung bildete sich in fast allen Regionen Ostdeutschlands (Berlin und Leipzig sind die Ausnahmen) in den jüngeren Kohorten ein deutlicher Männerüberschuss heraus.[13] Der Lütten Kleiner Altersbaum (Schaubild 10), der ohnehin ziemlich ausgefranst aussieht und sowohl Überalterung als auch den Geburteneinbruch 1990 anschaulich macht, zeigt den starken Männerüberhang für die Altersgruppe der heute 25- bis 40-Jährigen; erst ab 65 Jahren dominieren zahlenmäßig die Frauen.

Das Geburtentief in den Wendejahren und die überproportionale Abwanderung der Frauen sind zeitversetzt mit einem Syndrom verbunden, das in der wissenschaftlichen Literatur unter der Überschrift »marriage squeeze« behandelt wird.[14] Hierbei geht es darum, dass sehr ungleich besetzte Kohorten (also Gruppen bestimmter Jahrgänge) zu Ungleichgewichten auf den Partnerschaftsmärkten führen. Wie weibliche Abwanderung hierbei wirkt, dürfte auf der Hand liegen. Etwas komplizierter sind die Effekte des plötzlichen Rückgangs der Geburtenrate. Da Männer im Durchschnitt zwei bis drei Jahre älter sind als ihre Partnerinnen, bedeutet ein plötzliches Geburtentief, dass die Zahl der potenziell zur Verfügung stehenden Frauen kleiner ist als die der Männer, wenn diese Jahrgänge ins Erwachsenenalter eintreten: Gleichaltrige Frauen sind schon vergeben, die etwas jüngeren Jahrgänge insge-

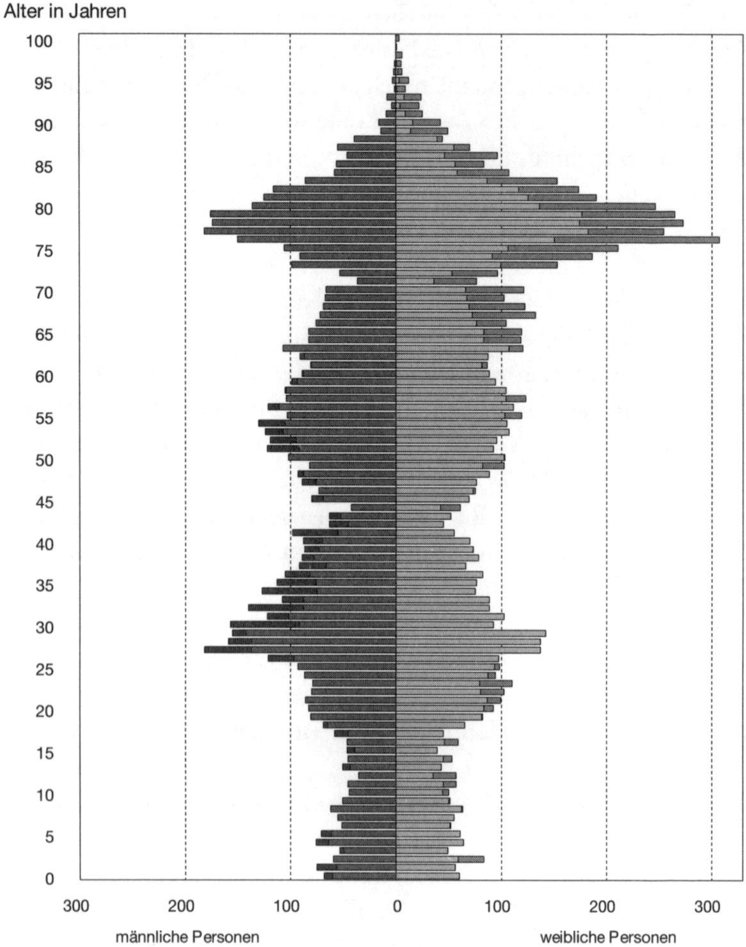

Schaubild 10: Altersstruktur nach Geschlecht in Lütten Klein (2017)
Quelle: Hanse- und Universitätsstadt Rostock 2018: 375

samt kleiner. Es kommt zu einem numerischen Männerüberhang, der dann mit erhöhter Wahrscheinlichkeit zu einem Singledasein führt. Normalerweise beobachtet die Forschung Unterschiede im einstelligen Prozentbereich; wenn die Zahl der Geburten jedoch in sehr kurzer

Zeit um mehr als fünfzig Prozent zurückgeht, fehlen statistisch (und real) für fünfzig Prozent der Männer Partnerinnen – ein extremer Wert. Analysen zu den ab 1986 Geborenen – unter Absehung von gleichgeschlechtlichen Partnerschaften – zeigen diesen Jahrgangsgrößeneffekt sehr deutlich:[15] Aufgrund der typischen Altersrelationen in den Paarbeziehungen kamen auf 100 im Jahr 1992 geborene Frauen im Alter von 18 Jahren 134 altersrelevante Männer. Berücksichtigt man nun die tatsächliche »Verfügbarkeit« der Frauen und stellt damit in Rechnung, wer tatsächlich schon in einer Paarbeziehung gebunden ist, sieht das Ganze noch ungünstiger aus: Für denselben Jahrgang kommen nun auf 171 alleinstehende Männer nur noch 100 ledige Frauen. Dieses Ungleichgewicht verschärft sich im Lebensverlauf immer weiter, da mehr und mehr Personen Beziehungen eingehen, wodurch die Zahl der »Übrigbleibenden« weiter sinkt. Anzunehmen ist zudem, dass es eine Stratifikation nach Bildung gibt, durch die sich die Situation zusätzlich verschärft, da Frauen in der Regel Partner mit gleicher oder höherer Bildung bevorzugen und in Ostdeutschland mehr Frauen als Männer Abitur machen. Bezieht man diesen Faktor in die Berechnung ein, ergibt sich folgendes Bild: Für ostdeutsche Männer mit Abitur stellt sich die Situation auf dem Partnermarkt etwas besser dar, für ostdeutsche Männer ohne Abitur ist sie dramatisch schlecht. Ein paar Zahlen, die es in sich haben: Im Jahr 2012 kamen bei den Zwanzigjährigen auf 100 potenziell partnerlose Frauen ohne Abitur sage und schreibe 300 ungebundene Männer ohne Abitur. Man kann hier getrost von einer geradezu extremen demografischen Fehlstellung sprechen, die sich durch den gesamten Lebenslauf dieser Kohorten zieht: Ostdeutsche Frauen haben viele Möglichkeiten auf dem Partnerschaftsmarkt, ostdeutsche Männer sind mit einem starken Frauenmangel konfrontiert.

Damit kommt es in den betroffenen Jahrgängen zu einer *demografischen Maskulinisierung*, zu deren sozialen Folgeproblemen diverse Hypothesen zirkulieren (die allerdings empirisch nicht alle als bestätigt gelten können).[16] Eine Hypothese lautet beispielsweise, dass Männerüberschussgesellschaften eine höhere Gewaltneigung aufweisen. Studien legen nahe, dass der Testosteronspiegel von Männern innerhalb von Beziehungen niedriger ist (insbesondere wenn sie Väter sind). Wenn viele Männer um wenige Frauen konkurrieren, kann aggressives, auf körperliche Dominanz ausgerichtetes Verhalten vor allem für weniger Privilegierte ein Mittel sein, sich zu behaupten.[17] Dies führt dann möglicherweise bei bestimmten Gruppen zu einer Überhöhung eines auf Kraft, Durchsetzungsvermögen und Körperlichkeit ausgerichteten Männerbilds. Bei ostdeutschen Männern mittleren Alters findet sich zudem besonders häufig ein als »death of despair« (Tod aus Verzweiflung) bezeichnetes Phänomen, also Suizide und Todesfälle aufgrund von Drogenmissbrauch oder alkoholbedingten Lebererkrankungen:[18] Diese Todesursache ist bei ihnen fast doppelt so häufig wie bei westdeutschen Männern und etwa dreimal so häufig wie bei Frauen (in Ost und West), wobei auch hier die alleinstehenden Männer besonders herausstechen.

Mit aller Vorsicht gegenüber pauschalen Kategorisierungen: Den alleinstehenden Mann mit geringer oder mittlerer Bildung muss man im Plattenbau nicht lange suchen. Oft hat er einen männlich dominierten Freundeskreis, gibt sich körperbetont, manchmal ist ein Hund sein ständiger Begleiter. Er schaut gerne Serien, trainiert mit Hanteln, hört laut Musik, auch die Kampfkunst wird gepflegt – in Lütten Klein gibt es mehrere Studios, in denen man sich darin unterweisen lassen kann. Selbst wenn man klamm ist, ist man motorisiert, typischerweise mit PS-starken Fahrzeugen älteren Baujahrs. Selbstbehauptung und ostentative Dominanz gehören zum Sozialverhalten dazu, die Bereitschaft, sich gegen vermeintliche Eindringlinge zur Wehr zu setzen, ist ausgeprägt. Weichheit, feminine Attribute und Schwäche werden abgelehnt. Auch fortgeschrittene Jahrgänge dieser typisierten Sozialfigur pflegen jugendlich zu nennende Rituale bei der Begrüßung, nehmen sich gegenseitig in den Schwitzkasten oder boxen sich in die Rippen. Die Kleidung ist funktional, eine Mischung aus Sportklamotten und Outdoormontur, beliebt sind auch paramilitärisch anmutende Kleidungsstücke, beispielsweise Jacken mit Tarnflecken, Käppis, dunkle Cargohosen und halbhohe Schnürschuhe. Es gibt eine Selbstzuordnung zu einer Kultur der Straße und nicht zu einer Kultur des Büros.

Als »trotzige Macher«, »Verbitterte und Resignierte« oder »genügsame Zurückbleiber« sind jene Männer bezeichnet worden, die trotz großer ökonomischer Probleme in den peripheren Regionen bleiben.[19] Manche sind niemals aus ihrem ursprünglichen Umfeld weggegangen – sei es aus Trägheit oder starker Heimatbindung. Andere sind nach Versuchen, im Westen Fuß zu fassen, wieder zurückgekehrt. Die dort gemachten Erfahrungen sind häufig negativ konnotiert – Sich-nicht-akzeptiert-Fühlen, Fremdheit, Zurücksetzung. Interessanterweise heben auch die Rückkehrer in Lütten Klein immer wieder hervor, dass sie vor Ort auf belastbare Netzwerke zurückgreifen können. »Kumpels«, die sie oft schon aus der Schule oder Lehre kennen, stellen sie nicht auf die Probe, sie müssen sich nicht permanent beweisen oder erklären. Zum Teil treten solche Freundeskreise an die Stelle klassischer Partnerschaften, bisweilen werden sie parallel zu Liebesbeziehungen intensiv gepflegt, so dass Letztere nicht autonom, sondern eingebettet erscheinen. In der Folge entstehen Anerkennungskontexte, in denen gemeinschaftliche Bezüge oft eine sehr wichtige Rolle für Identität und Zugehörigkeit spielen.

Wie gesagt: Man sollte sich davor hüten, ostdeutsche Männer über einen Kamm zu scheren und in die Schublade der zurückgelassenen Loser zu stecken, die mit Gleichgesinnten Rudel bilden. Hier läuft man Gefahr, das Schattenbild eines Sozialtypus zu konstruieren und den zugrunde liegenden Tatbestand optisch zu vergrößern. Dennoch hat diese Eigentümlichkeit der ostdeutschen Demografie dazu geführt, dass sich eine instabile, möglicherweise brüchige Lage herausgebildet hat, die man ebenfalls als soziale Fraktur bezeichnen kann. In einem gesellschaftlichen Zusammenhang, der die Anpassungsbereitschaft des Einzelnen honoriert, stehen die ostdeutschen *stayer* auf einer niedrigen Anerkennungsstufe. Implizit oder explizit sind sie stets mit dem Vorwurf konfrontiert, es nicht versucht oder geschafft zu haben. So entstehen Gegenwelten, in denen das kultiviert und gepflegt wird, was sich vor Ort leben lässt.

6. Mentale Lagerungen

Generationenfolge

Der Wissenssoziologe Karl Mannheim hat in seinem berühmten Aufsatz »Das Problem der Generationen« vorgeschlagen,[1] Generationen als Gemeinschaften zu verstehen, die über gemeinsame Erlebnisse eine Art Zusammenhang ausbilden. Für Mannheim sind Generationen dabei mehr als einfach nur Menschen, die im selben Jahr oder Jahrzehnt geboren wurden. Da jede Generation nur an einem bestimmten historischen Abschnitt teilnimmt und somit jeweils spezifische Erfahrungen macht, kommt es zu einer besonderen Erlebnisschichtung. Katalysiert werden Generationszusammenhänge, wenn es historische Zäsuren oder Wendepunkte gibt, die eine Art Band zwischen dem Einzelnen und dem Kollektiv herstellen. Menschen, die in einer historischen Phase etwas gemeinsam durchleben, so Mannheim, bilden mit großer Wahrscheinlichkeit ein besonderes soziales Bewusstsein aus. Vor allem wenn diese Ereignisse in der Jugendphase auftreten, entstehe ein davon geprägtes »natürliches Weltbild«. Ältere hätten schließlich schon Schemata und Werkzeuge der Weltinterpretation ausgebildet, so dass sie diese Ereignisse anders einordneten.

»Generationenrhythmik« und sozialer Wandel werden häufig zusammengedacht, da über die Abfolge der Generationen neue Erfahrungen, soziale Praktiken und Mentalitäten in die Gesellschaft hineinkommen. Es finden sich dementsprechend Versuche, die Genealogie der Bundesrepublik aus der Abfolge der Generationen zu interpretieren.[2] Helmut Schelsky wurde mit seinem jugendsoziologischen Blick auf die »skeptische Generation« zum Stichwortgeber der frühen Bundesrepublik.[3] Diese Generation hatte den Krieg und den Ruin eines politischen Systems miterlebt, soziale Unsicherheit und permanente

Gefährdung waren verbreitete Erfahrungen. In der Bundesrepublik des Wirtschaftswunders zeichnete sie sich durch Pragmatismus und Ideologieferne aus. Prägend für die Geschichte der Bundesrepublik waren auch die Achtundsechziger, die sich selbst als politisierte, veränderungswillige Generation sahen und tradierte Werte und Institutionen herausforderten.[4] Die darauf folgenden Achtundsiebziger ließen kein annähernd so ausgeformtes Bewusstsein erkennen, weshalb sie sich das Label der »Zaungäste« anheften lassen mussten.[5]

Auch für die realsozialistische DDR kann man generationsspezifische Erfahrungen ausmachen, die im Zusammenhang mit den Entwicklungsphasen des Systems zu sehen sind. Wer den Aufbau erlebt hatte, wurde anders sozialisiert als die Generation jener, die als Jugendliche Zeugen des Taumels und dann des Zusammenbruchs wurden. Schule, Ausbildung, Massenorganisationen und Wehrpflicht sorgten ihrerseits für eine stark generations- und altersgeschichtete, ja fast schicksalsgemeinschaftliche Form des Erlebens der jeweiligen historischen Abschnitte.[6] Die Wende hat die Unterschiede in den generationalen Erfahrungen dann noch weiter verschärft, ihnen eine neue Drift verpasst. In welchem Lebensabschnitt man sich befand, als das System kollabierte, war mitentscheidend dafür, wie schnell man Abstand zum Alten gewann und wie leicht (oder schwer) es fiel, sich im Neuen zurechtzufinden.

Die Zäsur des Mauerfalls ist von manchen als Impuls für das Entstehen einer neuen Generation verstanden worden. Man sprach von den sogenannten Neunundachtzigern, die damals zwischen 17 und 25 Jahre alt waren, sich in der entscheidenden Phase ihrer politischen Sozialisation befanden und nun auf eine neue Weise auf die Welt blickten.[7] Gemäß der mannheimschen Theorie hätte dieser Einschnitt zumindest in dieser – meiner – Generation Anlass zu einer gemeinsamen »Bewusstseinslagerung« und entsprechendem politischen Handeln geben können. In der ersten gesamtdeutschen Schülerstudie gingen die Autoren denn auch davon aus, dass sich eine »durch das Miterleben des Wandels in der DDR [...] politisch aufgestörte, aktive und polarisierte Ost-Jugendgeneration« entwickeln würde. Im Westen wiederum habe man es mit »politisch ›ruhende[n]‹ und weniger zu einem profilierten Selbstbewußtsein gekommene[n]« Kohorten zu tun.[8] Der Verlust an

Gewissheiten, die Diskreditierung von Ideologien, das Ende der bipolaren Weltordnung, die Kontingenzerfahrung – all dies ließ die Jugendgeneration der späten DDR als prädestiniert erscheinen, die gesellschaftliche Arena mit einem neuen Selbstverständnis zu betreten und womöglich die westdeutsche Jugend mitzuziehen. In den Feuilletons spekulierte man gar, die Neunundachtziger könnten ähnlich wie die Achtundsechziger zum Signum einer Zeitenwende werden.

Heute wissen wir, dass es zu einer solchen politisierten Generationenbildung nie gekommen ist, und auch schon damals sprachen manche Anzeichen dafür, mit dieser These lieber vorsichtig zu sein. Zwar gab es ein Reservoir gemeinsamer Erfahrungen, es wuchs jedoch eine eher unpolitische Generation heran, die auf das persönliche Vorankommen, das Mögliche und Machbare fixiert war.[9] Es fehlte ein ideologischer Überbau, der Erfahrungen hätte bündeln und politisch aufladen können. Ganz nüchtern betrachtet, ähneln die Neunundachtziger sogar der skeptischen Generation, die als misstrauisch, illusionslos und angepasst gilt. Meine Generation, die erst die späte DDR und dann die Euphorie des Aufbruchs erlebte, hat sich größtenteils still und unaufgeregt in die Bundesrepublik eingefädelt. Nicht immer war das einfach, viele mussten »erzwungene Umwege« in Kauf nehmen.[10] Den eigenen Platz finden, Welterfahrung durch Reisen, neue Ausbildungswege, berufliche und materielle Sicherheit, das private Glück waren für die meisten wichtiger als irgendein politisches Programm. Voran kamen allerdings vor allem die gut Qualifizierten, Ehrgeizigen und Veränderungsbereiten, andere verloren den Anschluss, resignierten. Manche drifteten ab und suchten Halt in rechten Ideologien.

Besonders hart traf die Wende die mittleren Werktätigenkohorten, die in der DDR beruflich voll im Leben gestanden und Kinder großgezogen hatten. Die zwischen 1940 und 1960 Geborenen waren mit dem Schock der Massenarbeitslosigkeit konfrontiert, es entstand eine *lost generation*. Viele fanden sich in biografischen Haltebuchten wieder. An ihnen hing die Verantwortung für die Existenz ganzer Familien, oft waren sie ortsgebunden und wenig flexibel, ein Neustart war mit hohen Risiken und außergewöhnlichen Kraftanstrengungen verbunden – Ausgang ungewiss. Diese Gruppe war mental und biografisch zu stark in der DDR verwurzelt, als dass sie sich vollständig hätte neu erfinden oder runderneuern können. Dennoch verlangte man ihr grundlegende Konversionen ab: Abschwören, Umschwenken, Neulernen. Bei vielen machte sich Verbitterung breit ob der in der DDR »verschenkten Lebenszeit«, eigener politischer Irrtümer und sich verriegelnder Türen. Die Unzufriedenheit, die sie dazu gebracht hatte, der DDR die Gefolgschaft aufzukündigen, wurde durch den Eintritt in die Bundesrepublik nicht aufgelöst: Vor allem bei jenen, die keine gesicherte Position mehr finden konnten und in die Zone der Prekarität abrutschten, machten sich Enttäuschung und Ressentiment breit. Wer es schaffte, sich beruflich wiederaufzurichten, weil der Sprung in die Selbstständigkeit gelang oder doch noch eine Umschulung aus der Maßnahmendrehtür hinausführte, machte nicht selten die Bewahrung des Errungenen zum Lebensthema. Alles in allem schaffte es diese Gruppe nicht, das durch den Anpassungsschock ausgelöste »verunsichernde Selbstgefühl einer ›kooptierten Generation‹« abzustreifen.[11]

Ganz anders war es um die Aufbruchs- und Gründungsgeneration der Geburtsjahre 1925 bis ca. 1939 bestellt, die nach 1949 Bildungs- und berufliche Aufstiege erlebt und der DDR somit einiges zu verdanken hatte. Ihre Angehörigen konnten sich zumindest teilweise noch an die Vorkriegs- und Nazizeit erinnern, so dass sie über einen Erfahrungsschatz verfügten, der sie mitunter gelassener auf die Ruinen des untergegangenen Staates blicken ließ. Als Rentner oder Vorruheständler wechselten sie nun schnurstracks ins Alimentierungssystem des bundesdeutschen Wohlfahrtsstaates und blieben von den Zumutungen des zusammenbrechenden Arbeitsmarktes verschont. Verglichen mit den zumeist mageren DDR-Renten verbesserte sich ihre Situation sogar, zumal durch die höhere Frauenerwerbsquote die Rentenansprüche dieser Haushalte recht gut waren. Der Rückbezug auf das Leben in der DDR prägte allerdings weiterhin die Weltsicht, vor allem bei Personen, die enger mit dem System verbandelt gewesen waren. Allgemein gilt: Je länger Kohorten in der DDR gelebt haben, desto stärker weichen ihre Einstellungen beispielsweise zu Staat oder Demokratie von denen in Westdeutschland ab.[12]

Schließlich gibt es noch die »Wendekinder« der Jahrgänge 1975 bis

1985, deren verunsicherte Eltern von Existenzängsten geplagt wurden und deren Lehrer über Nacht an Autorität eingebüßt hatten.[13] In den Klassenzimmern drehte sich die Welt einmal um 180 Grad, das Alte wurde mir nichts, dir nichts entsorgt – bei weitgehender Kontinuität des pädagogischen Personals. Zu Hause herrschten große Sorgen, die Existenz von Familien war bedroht, eigene Selbstverwirklichungswünsche mussten häufig zurückstehen. Die Hilflosigkeit der Eltern überforderte sie regelmäßig, manchmal wurden sie geradezu in die Rolle seelischer Helfer gedrängt. So entstand eine »Generation der Unberatenen«,[14] die auf Eltern und Lehrer als Wegweiser, Türöffner und Kümmerer verzichten musste. In Untersuchungen wurden ihnen lange pubertäre Latenzphasen, »metaphysische Obdachlosigkeit« und eine Anhänglichkeit an das Herkunftsmilieu bescheinigt.[15] Jana Hensel hat diese Generation in ihrem Buch *Zonenkinder* (2003) anschaulich porträtiert. Gesellschaftlich blieben viele distanziert, manche setzten sich erneut mit ihrer Herkunft auseinander, andere übten sich in privater Sinnsuche. Zugleich gibt es in dieser Generation große Gruppen von Abgehängten und »Verlierern«, die sich als ideologieanfällig erweisen und aggressiv abgrenzen.

In den noch jüngeren Kohorten sind die Einstellungsunterschiede zwischen Ost und West schwächer ausgeprägt, aber es gibt sie. Nach 1989 geborene Ostdeutsche zeigen sich von der Demokratie enttäuschter als Gleichaltrige im Westen und haben ein schwächer ausgeprägtes politisches Selbstbewusstsein. Auch die Wende und die Nachwendezeit bewerten sie kritischer.[16] Es stimmen deutlich mehr junge Ostdeutsche der Aussage zu, dass es bis heute einen Unterschied macht, ob man aus dem Ost- oder dem Westteil des Landes kommt; über zwei Drittel fühlen sich mit Ostdeutschland verbunden.[17] Zugleich blickt der überwiegende Teil optimistisch in die Zukunft. Dass sich die ostdeutsche Mentalität über die Zeit still und vollständig ausschleicht, steht nicht zu erwarten, da die DDR-Erfahrung und die Transformationserlebnisse narrativ weitergegeben werden und die Ungleichheit sich festgesetzt hat. Identitätsprägend scheinen auch öffentliche Diskurse über »den Osten« zu sein, die Ostdeutsche ganz anders auf ihre Herkunft zurückverweisen.[18]

Neun Euro und achtzig Cent kostet ein Besuch im Alltag der DDR, ermäßigt sind es sechs. Wer hätte gedacht, dass sich an Wochenenden einmal lange Schlangen bilden würden, um ein untergegangenes Land zu besichtigen. Das DDR-Museum im – pompös benannten – Dom-Aquarée Berlin kann sich über mangelnden Zulauf jedenfalls nicht beklagen. Menschen aus aller Welt kommen hierher, aber auch viele Ostdeutsche, die nun Eintritt bezahlen, um Einrichtungsgegenstände, Volkspolizeiuniformen und andere teils skurrile, teils durchaus aussagekräftige Artefakte aus dem Nachlass der DDR noch einmal zu inspizieren.

Mit der DDR sind nicht nur ihre Produkte, ihre Symbole und ihre Alltagsästhetik verschwunden, es kam zugleich zu einer Entwertung des dort angehäuften Erfahrungsschatzes. Als die DDR unterging und die Ostdeutschen kollektiv der Bundesrepublik beitraten, wurde die Herkunftskultur zurückgesetzt. Als Quelle der Anerkennung steht sie kaum mehr zur Verfügung. Auch dies kann man als Fraktur beschreiben, sind Fragen der Wurzeln und der Herkunft doch eng mit Fragen der Identität sowie des Fremdbezugs verknüpft. Wohl gab es im öffentlichen Diskurs Stimmen, die darauf drangen, den »Lebensleistungen« der ehemaligen DDR-Bürgerinnen und -Bürger Respekt zu zollen, als eigenständige Kultur- und Traditionsform, als Lebensweise oder als positiv aufgeladener Heimatbezug hatte die Deutsche Demokratische Republik jedoch ausgedient. Die ostdeutsche Soziokultur galt als defizitär, sah sich mit Anpassungs- und Umstellungserwartungen konfrontiert und war durch das alte Regime politisch kontaminiert. Im Westen, wo man sich schon seit Jahrzehnten mit postmodernen Lebensstilkonflikten, mit Vielfaltsnarrativen und Verfassungspatriotismus beschäftigt hatte, galt sie allenfalls als Relikt, das keine besondere Anerkennung verdiente. Dies hätte, so die verbreitete Einschätzung, möglicherweise ihre Halbwertszeit noch einmal verlängert und die Eingewöhnung vor allem der älteren Milieus behindert, die Menschen sollten schließlich in der Bundesrepublik »ankommen«. Der Verweis auf tatsächliche oder vermeintliche Errungenschaften, die

Reklamation einer positiven lebensgeschichtlichen Erfahrung oder alltagskulturelle Bezüge auf die DDR – all das fand sich hohen Rechtfertigungshürden gegenübergestellt und hat bis heute einen ungeklärten Aufenthaltsstatus im Pantheon der kollektiven Erinnerung.[19] Mit dem französischen Philosophen Maurice Halbwachs könnte man sagen, dass positive Bezugnahmen aus dem kollektiven Gedächtnis ausgeschlossen wurden.[20]

Diese Nicht-Akzeptanz bestimmter Erfahrungen führte bei vielen ehemaligen DDR-Bürgern zu kulturellen Kränkungen. Öffentliches Erinnern und persönliches Erleben ließen sich oft nur schwerlich aufeinander beziehen – mithin entstand eine »gespaltene Erinnerung«.[21] Manche gerieten sogar auf kalten Entzug. Wohl gab und gibt es nach wie vor soziokulturelle Milieus und Praktiken, die von solchen Bezügen zehren – man denke nur an die Datschen- und Gartenkolonien, den Initiationsritus der Jugendweihe oder den MDR und die *Super Illu* als Resteverwerter der DDR. Innerhalb institutioneller und öffentlicher Kontexte war das aber kaum opportun. Das Risiko, als Ewiggestriger oder Nostalgiker dazustehen, der den diktatorischen Charakter des Realsozialismus relativieren wollte, war zu groß. Gewiss, es wurde viel und ausufernd über die DDR geredet, meist handelte es sich jedoch um ein Sprechen »über«, weniger um ein Sprechen »mit«. Interessanterweise äußerten sich Beobachter von außerhalb oftmals weitaus milder, als es in der aufgekratzten innerdeutschen Debatte üblich war. Ein Beispiel liefert folgende Einschätzung der US-Philosophin Susan Neiman:

> Die Herablassung der Westdeutschen gegenüber den Ostdeutschen schockiert mich immer wieder. Die Geschichte der DDR reduziert sich am Ende auf fünf Buchstaben: Stasi. Aber es ist falsch, zu glauben, dass DDR-Bürger entweder IMs oder duckmäuserische Untertanen waren. Westdeutschland muss seine Beziehungen zu Ostdeutschland erst noch aufarbeiten.[22]

Manches mag sich mit der Zeit beruhigt haben, zuweilen merkt man jedoch, wie tief der Stachel bis heute sitzt. Dabei geht auch ein Riss durch die Ostdeutschen selbst, als Gruppe, als Individuen.

Als Andrej Holm, Stadtsoziologe an der Humboldt-Universität und gut vernetzter Kritiker der Gentrifizierung, im Dezember 2016 als Berliner Staatssekretär für Stadtentwicklung und Wohnen berufen wurde, holte ihn die Vergangenheit ein: Holm, ein Kollege an meinem Institut, hatte bei seiner Einstellung verschwiegen, dass er als junger Mann für die Staatssicherheit tätig gewesen war. Er wurde schon als Schüler zum Nachwuchskader auserkoren und trat dann im Herbst 1989 seinen Dienst als Offiziersschüler an, den er bis Anfang 1990 versah. Wochenlang tobte die Diskussion, ob Holm nun ein hohes politisches Amt bekleiden dürfe oder nicht. Der Berliner Senat geriet unter Druck, als sich ein Schriftstück fand, das nachwies, dass Holm in einem Personalfragebogen seine Stasi-Mitarbeit verschwiegen hatte. Andrej Holm bestand darauf, den Fragebogen nach bestem Wissen und Gewissen ausgefüllt zu haben, verwies auch darauf, dass er andernorts offen mit seiner Vergangenheit umgegangen war. Die Universität sah darin jedoch eine »arglistige Täuschung« und kündigte ihm. Das Institut wurde von Studierenden besetzt und zur »Universität von unten« umfunktioniert, um die Hochschulleitung zur Rücknahme der Kündigung zu zwingen. Viele betrachteten Holms damalige Tätigkeit als Jugendsünde und ihr späteres Verschweigen als Lappalie. Andere waren nicht gewillt zu verzeihen, bemängelten seinen unaufrichtigen Umgang mit der eigenen Biografie und forderten Gerechtigkeit für die Opfer. Mit einem Mal war das Stasi-Thema wieder so präsent wie in den Neunzigern. Als ich mich Anfang 2017 in einem Café in der Oranienburger Straße mit Andrej traf, um seine Sicht der Dinge zu hören, merkte ich, um wie viel anders sein Leben in der späten DDR gewesen sein musste als meins. Er war der Sohn eines Stasi-Offiziers, seine Familie hatte seinen Weg vorbestimmt und ließ es geschehen, dass das MfS ihn bereits als Vierzehnjährigen rekrutierte. Zugleich wurde offenbar, dass er schon damals nicht ausschließlich der Stasi-Mann gewesen war, sondern dass es auch einen anderen Andrej gegeben hatte. Seine Verstrickung erschien in einem anderen Licht, problematisch blieben seine »Erinnerungslücken« und der schlingernde Umgang damit. Immerhin war er einer der Wenigen, die sich einer öffentlichen Diskussion stellten. Der Fall zeigt exemplarisch, wie viele Fallstricke der Stasi-Komplex bis heute bereithält. Er zeigt aber auch, dass Schwarz-Weiß-Urteile den Dingen oft nicht gerecht werden.

Die Stasi-Verwicklung großer Teile der Gesellschaft war die größte Bürde der erinnerungspolitischen Aufarbeitung der Deutschen Demokratischen Republik, an der sich viele (auch viele aus dem Westen) abarbeiteten und die dazu einlud, gleich die gesamte DDR-Geschichte zu entsorgen. Die Gleichsetzung von System und Alltagserfahrung machte es schwer, ein differenziertes Gespräch zu führen, das auch dem Facettenreichtum, den Unschärfen und Tücken der Biografien Gerechtigkeit wiederfahren ließ. Dies betraf letztlich alle, die sich irgendwie mit dem System arrangiert hatten und sich nun fragen lassen mussten, ob – mit Adorno gesprochen – ein richtiges Leben im falschen überhaupt möglich gewesen war. Das Selbstverständliche, das Unhinterfragte, so empfanden es viele, war immer nur der Westen. Während sich die Ex-DDR-Bürger in vielerlei Hinsicht immer wieder infrage stellen lassen – ja gleichsam sozial entkleiden – mussten, blieb die westdeutsche Gegenseite von solchen Zumutungen verschont. Hier das Normale, die Referenz- und Zielgesellschaft der Autochthonen, da die Newcomer, die Fremden, von denen erwartet wird, dass sie das Mitgebrachte abstreifen.

Mit dem Theoriebaukasten Norbert Elias' sind die Ostdeutschen auch als *habituelle Außenseiter* charakterisiert worden,[23] die auf eine soziale Vorrangstellung der Westdeutschen trafen, denen sie sich unterzuordnen hatten. Auch eine »Subalternisierung ostdeutscher Soziokulturen« wurde konstatiert.[24] Vor diesem Hintergrund gab und gibt es in vielen ostdeutschen Milieus eine verbreitete »Angst vor Mindereinschätzung«.[25] Diese Unterlegenheitserfahrung kommt auch in der zugespitzten Formel der »Bürger zweiter Klasse« zum Ausdruck, die in Umfragen immer wieder geäußert wird. Während sich in den frühen Neunzigern über 90 Prozent der Ostdeutschen als Bürger zweiter Klasse fühlten, waren es zwanzig Jahre später immer noch über 40 Prozent.[26] In einer aktuellen Studie gaben, wie eingangs erwähnt, zuletzt über 35 Prozent der Ostdeutschen an, sie würden als Bürger zweiter Klasse behandelt, fast die Hälfte der Befragten ist der Ansicht, mit ostdeutscher Herkunft müsse man sich mehr anstrengen, um das Gleiche zu erreichen, über 37 Prozent der Ostdeutschen glauben, sie hätten nicht den gleichen Zugang zu gesellschaftlichen Positionen.[27] In Sachsen waren es bei einer repräsentativen Befragung im Jahr 2018 sogar über zwei Drittel, die sich als Bürger zweiter Klasse fühlten, wobei diese Wahrnehmung unter AfD-Anhängern besonders stark ausgeprägt scheint.[28] Man kann das sowohl als Echoeffekt sozioökonomischer Deklassierung als auch als Reaktion auf kulturelle Umwertungen deuten, die tradierten Mustern der ostdeutschen Lebensführung und Soziokultur Anerkennung entzogen.

Abb. 15: Sanierter Wohnblock in der Turkuer Straße (Dezember 1998)

Die Menschen in den Neubaugebieten beispielsweise fanden sich am untersten Ende der fiktiven Wohnprestigeskala der Bundesrepublik wieder, gleich neben den Bewohnern der als Problemquartiere gebrandmarkten Großsiedlungen Westdeutschlands. Ihre Viertel galten nun als Sanierungsfälle und ästhetische Zumutung. In Lütten Klein reagieren viele Alteingesessene auf diese öffentliche Herabwertung mit einem trotzigen »Wir finden es hier aber schön« (was auch dann geäußert wird, wenn man gar nicht danach gefragt hat). Sie sagen: »Lütten Klein ist ein attraktives Wohnviertel. Man hat alles beieinander, alles vor der Haustür mehr oder weniger. Man kennt es eben.« (Kay)

Schon das in der DDR unübliche Wort »Plattenbau« halten viele ehemalige oder aktuelle Bewohner für einen westdeutschen Kampfbegriff.

Für den ostdeutschen Fall wäre es sicherlich – nicht zuletzt aufgrund interner Differenzierungen und der unterschiedlichen Abschichtungen der Erfahrungen vor und nach der Wende – eine zu starke Behauptung, unterstellte man eine in sich geschlossene und stark konturierte Teilkultur. Eigenarten gibt es allemal, aus der gemeinsamen Geschichte in und mit der DDR sowie der Transformationserfahrung entstand aber kein *kulturelles Repertoire*, das vorbehaltlos genutzt werden könnte, um Selbstwert zu gewinnen, Stigmatisierung zu überwinden oder Ansprüche anzumelden.[29] Die Selbstabschaffung und die diskursive Entwertung der Deutschen Demokratischen Republik ließen die Quellen der (positiven) Bezugnahme auf die eigenen Wurzeln austrocknen. Selbst bei Vornamen avancierte das Etikett »typisch DDR« oder »typisch ostdeutsch« zu einer Art Stigma. In Arbeiten zu indigenen Völkern spricht man recht unbefangen von den »culturally dispossessed«, den kulturell Enteigneten, die über ihre hergebrachten kulturellen Artefakte und Repertoires nicht länger verfügen können. Formen der festhaltenden, mitunter auch trotzigen Reaktanz und des inneren Rückzugs treten dann verstärkt auf, wenn eigene kulturelle Quellen von Identität, Erinnerung und Sinngebung als minderwertig, rückwärtsgewandt, obsolet oder gar entwicklungshemmend abqualifiziert werden.

Vexierbilder von Identität und Herkunft

Die Politisierung einer gemeinsamen nationalen Identität war eine wichtige Antriebskraft und Legitimationsquelle des Einigungsprozesses, diese »Rückkehr zur Nation« konnte die Ausbildung und Pflege einer speziellen ostdeutschen Identität jedoch nicht vollständig verhindern. Zum Zeitpunkt der Wiedervereinigung hingen die Sehnsüchte und Identifikationen am gemeinsamen Status als Deutsche, doch schon wenige Jahre später tat sich ein identitärer Horizont auf, in dem das

Ostdeutsch-Sein eine zunehmend wichtigere Rolle spielte.[30] 2016 gaben im Allbus, einer repräsentativen Bevölkerungsumfrage, immerhin 63 Prozent der Ostdeutschen an, sie fühlten sich stark beziehungsweise ziemlich stark mit der DDR verbunden (Tabelle 2).[31] Das kann man als wichtigen Identitätsanker begreifen, allerdings fällt die Verbundenheit mit der Bundesrepublik als Ganzer noch höher aus und liegt sogar oberhalb des westdeutschen Niveaus. Wir haben es hier mit sogenannten *nested identities* zu tun, die sich nicht gegenseitig ausschließen, sondern miteinander verzahnt – oder besser: ineinander eingebettet – sind. Das Ostdeutsch-Sein stellt einen relevanten Herkunftsbezug dar, wird aber in der Regel nicht zur starken Identität. Dafür ist es zu diffus, bezieht es sich auf zu unterschiedliche Quellen. Exklusiv und separatistisch ist diese Ostidentität auch nicht. Im Vergleich zu klassischen Regionalbewegungen (Beispiel Katalonien), die Druck auf politische Systeme ausüben und ganze Staatsgebilde ins Wanken bringen können, ist der Sog ins Ostdeutsche hinein alles in allem eher schwach. Auch wenn sich viele Ostdeutsche durch ein unsichtbares Band verbunden fühlen mögen, bleibt die Politisierung der Identitätsfrage alles in allem randständig. Ostdeutsche Interessen wurden im Rahmen regulärer politischer Beteiligungsformen mit erledigt; weiter gehende Versuche, aus der besonderen sozialen und mentalen Lage politisches Kapital zu schlagen, gab es mit Ausnahme der PDS/Die Linke nicht – vermutlich wären sie auch wenig erfolgreich gewesen.

	1991	**2000**	**2008**	**2016**
Verbundenheit mit der alten BRD, Befragte West	71,8	69,6	65,4	62,0
Verbundenheit mit der DDR, Befragte Ost	43,2	69,0	65,2	63,4
Verbundenheit mit Deutschland als Ganzem				
West	72,3	72,0	72,6	78,8
Ost	68,7	66,9	72,9	81,1

Tabelle 2: Verbundenheit mit den beiden deutschen Staaten und mit Gesamtdeutschland

Hinweis: Zusammengefasste Antwortkategorien (»ziemlich verbunden«, »stark verbunden«, nicht aufgeführte Kategorien »wenig verbunden«, »gar nicht verbunden«). Datenquelle: Kumulierter Allbus

Zwar gibt es schon aufgrund der ganz unterschiedlichen Lebenswege nicht »die Ostdeutschen« als Großkollektiv oder klar umgrenzte Gruppe, gewisse gemeinschaftliche Verdichtungen finden sich aber durchaus. Die ostdeutsche Identität ist dabei nicht einfach eine Fortsetzung der DDR-Identität unter gesamtdeutschen Bedingungen, sondern ein erinnerungsgemeinschaftlicher Zusammenhang, der variationsreich aktualisiert werden kann. Je nach sozialer Lage, Generation und Nähe zum politischen System der Deutschen Demokratischen Republik fällt die Identitätsvergewisserung sehr unterschiedlich aus. Ostdeutsche Identität kann als trotziges Festhalten am untergegangenen Land daherkommen, als wehmütige Erinnerung an die eigene Jugend, als DDR-Folklore, als Rückbesinnung auf und Auseinandersetzung mit den eigenen Wurzeln, als neues Regionalbewusstsein oder als Selbstetikettierung der »Wendekinder«. Im offiziellen Diskurs ist diese Haltung nicht nur gelegentlich als »Ostalgie« geschmäht worden. »Sondermentalitäten« oder »Abgrenzungsidentitäten« wurden kritisch gesehen und zum Teil vehement abgelehnt. Der Vorwurf der Geschichtsvergessenheit schwang dabei ebenso mit wie die Warnung vor einer Ost-West-Spaltung, die durch massive Transferzahlungen und Aufbauhilfen doch gerade überwunden werden sollte.

Die Ostdeutschen, so die Signale, sollten ja gerade nicht in einen identitätspolitisch aufgeladenen *Neotribalismus* verfallen, der quasi nachholend ein ostdeutsches Kollektiv oder gar – im Zuge einer Selbstethnisierung – einen ostdeutschen Stamm erfindet und gesellschaftliche Spaltungen tendenziell noch vergrößert. So entstand eine nahezu groteske Konstellation, in der gerade das Verschweigen von Differenz und unterschiedlichen Sozialisationserfahrungen zur Voraussetzung einer erfolgreichen Vereinigung wurde.

In den Registern der offiziellen Erinnerungskultur wurde vieles gelöscht oder für anstößig befunden, was für die Individuen durchaus Bedeutung und Affizierungspotenzial hatte und bis heute hat. Diejenigen, die sich daran klammerten und nicht beherzt zu neuen Ufern aufbrachen, empfanden dies als planvolle Zurückweisung. Wer das solidarische Zusammenleben im Realsozialismus pries, musste sich entgegenhalten lassen, er unterschlage die repressiven Aspekte des Regimes; die ostdeutsche Skepsis gegenüber Ungleichheit galt als postsozialistische Gleichmacherei; die Kindergartenkultur als Ausdruck einer kalten Bildungsdiktatur mit Fernwirkungen bis hin zu heutigen Neonaziphänomenen etc. In medialen Debatten und erinnerungspolitischen Initiativen lag der Schwerpunkt stets auf Mauer, Flucht und Teilung, lebensweltliche Bezüge waren selten. Die Beschreibung der DDR vor allem als Diktatur betrachten viele Ostdeutsche daher als Verzerrung der historischen Realität.[32] Die Aufarbeitung der Vergangenheit lief deshalb auch an vielen Ostdeutschen vorbei; sie erkannten sich in den offiziellen Geschichtsbildern von SED-Diktatur und Unrechtsstaat nicht wieder.[33] Die fortwährende Bezugnahme *ex negativo* verhinderte eine selbstbestimmte Verortung im historischen Raum. Das gilt nicht nur für ehemals angepasste DDR-Bürger, sondern interessanterweise auch für Kritiker und Dissidenten, denen ebenfalls positiv aufgeladene Bindungen abhandenkamen.

Die Tilgung der Deutschen Demokratischen Republik aus dem Alltag ist nicht allein auf Erinnerungsnarrative und die offiziellen Symbole beschränkt, verkörpert sich Geschichte doch auch in öffentlichen Einrichtungen, Industrieanlagen, Betriebskantinen oder Schulen, also an Orten, die man mit der eigenen Lebensgeschichte verknüpft. Zwar war die Flurbereinigung nicht so groß und flächendeckend wie bei Symbolen, die direkt mit dem DDR-Staat verknüpft waren, aber auch davon wurde vieles zurückgebaut, stillgelegt, abgerissen, so dass es nicht länger zugänglich ist. Wo meine alte Bibliothek war, befindet sich heute eine Zoohandlung. Meine Berufsschule wurde mit dem Umbau des Betriebs erst geschlossen, dann dem Erdboden gleichgemacht. Die Poliklinik, in der meine Mutter viele Jahrzehnte gearbeitet und später ihre eigene Praxis hatte, stand zunächst lange leer und wurde zum beliebten nächtlichen Jugendtreff, ehe sie von der Abrissbirne zerschlagen wurde. Auf dem Gelände des VEB, in dem mein Vater einst tätig war, ist nur ein einzelnes Gebäude übrig geblieben. Man kann diese Liste noch verlängern: Der »Palast der Republik«, ein für ein ehrliches, ausgewogenes und nicht exhumierendes DDR-Museum sicherlich prädestinierter Ort, musste dem Stadtschloss weichen. Diese »Spurenbeseitigung« ist der Grund, weshalb insbesondere die Älteren mit einem

»doppelten Geschichtsverlust« konfrontiert sind,[34] da sie neben ihren Arbeitsplätzen vieles verloren, was sie mit aufgebaut hatten und was für ihre Entwicklung wichtig war. Nur eine Randnotiz: Die meisten Straßennamen in Lütten Klein, fast alle Namen von Städten in der baltischen Region, waren politisch unverfänglich und konnten bleiben. Einzig die Gdansker Straße – mein früherer Schulweg – wurde in Danziger Straße eingedeutscht.

Die Schmähung vieler Aspekte der DDR hat bei nicht wenigen Ostdeutschen die Abwehrformel evoziert, dass nur, wer in der Deutschen Demokratischen Republik gelebt habe, überhaupt verstehen könne, was das spezifisch Ostdeutsche sei. Die »Ossi-Werdung« ist hierbei als unmittelbare Reaktion auf Pauschalurteile, empfundenes Desinteresse und Benachteiligung zu verstehen. Möglicherweise versuchten und versuchen die Ostdeutschen, »mit Hilfe eines solchen Erinnerungsprivilegs ihre Identität zu bewahren und sich selbst zu therapieren«.[35] Eine Folge war, dass sich viele hinter dieser rhetorischen Schutzwand versteckten, eine andere, dass die DDR-Geschichte zum Steinbruch wurde, aus dem sich jeder für je eigene Zwecke bedienen kann: um sich seiner selbst zu vergewissern, um symbolische Grenzen zu ziehen oder um über den übermächtigen Westen zu klagen. In der mentalen *Wagenburg der Ossifizierung* wurde dabei auch so manches Mütchen gekühlt, so manches Süppchen gekocht, so manche Seele gestreichelt. Unhinterfragte Vergangenheitseuphorie ist bei manchen älteren Jahrgängen keine Seltenheit. Einige von ihnen, vor allem jene aus den ehemals staatsnahen Milieus, betrachten sich gar als Stubenälteste der Herkunftskultur. Sie sind zu mentalen Sitzenbleibern in der Sozialisationsanstalt DDR geworden und pflegen zuweilen bis heute einen um sich selbst kreisenden ostdeutschen Nativismus.

Was den subjektiven Blick auf die Deutsche Demokratische Republik angeht, haben Forscher festgestellt, dass die rückblickenden Bewertungen sehr häufig positiv ausfallen. Man kann geradezu ein Weichzeichnen der Erinnerungsbilder beobachten, das über die Festhaltemilieus ehemals staatsnaher Kader und den Dunstkreis der älteren Funktionäre in der PDS/Die Linke hinausreicht. Frau S., die in der DDR eine Ausbildung als Erzieherin gemacht hatte und nach der Wende phasenweise als ABM-Kraft zum Müllsammeln geschickt wurde, sagt im Interview:

> Die DDR will ich sicherlich nicht in den Himmel heben, aber irgendwie ruhiger und gelassener und sicherer war es schon. Der Arbeitsplatz war schon mal gesichert. Heut haben doch alle Angst, da müssen alle für drei arbeiten, und Gnade Gott, man macht das nicht oder spricht dagegen, dann sagen die: Da stehen ja noch genug andere.

Zwanzig Jahre nach dem Fall der Mauer antworteten auf die Frage, wie sie die DDR beurteilen, immerhin fast sechzig Prozent der Ostdeutschen, dass sie mehr gute oder überwiegend gute als schlechte Seiten hatte (in Westdeutschland hingegen hatten fast 80 Prozent ein negatives Bild von diesem untergegangenen Staat).[36] Geschätzt werden an der DDR bis heute der soziale Zusammenhalt, die Vollbeschäftigung und die Erwerbstätigkeit der Frauen, selbst die Bewertung des Sozialismus als Idee fällt recht positiv aus. Im Allbus stimmten über die Zeit konstant etwa drei Viertel der Ostdeutschen der Aussage zu, der Sozialismus sei eine gute Idee, die allerdings falsch ausgeführt worden sei; im Westen sind es deutlich unter 50 Prozent (Schaubilder 11a und 11b). Noch 2018 gaben mehr als ein Drittel der Ostdeutschen an, dass die Vorteile die Nachteile der Wiedervereinigung *nicht* überwiegen, im Westen waren es gerade einmal 17 Prozent. Auch was die Bewertung des aktuellen Zustands von Demokratie und Marktwirtschaft anbelangt, sind die Ostdeutschen weitaus zurückhaltender, ein signifikanter Anteil scheint gar empfänglich für den »diskreten Charme der Diktatur«.[37] Mit erhobenen Zeigefingern sind dem so bezeichneten Ostalgie-Milieu »eine bedenkliche Rückfallsucht« und »ernste Gesinnungsdefizite« attestiert worden.[38]

Ostdeutsche als Migranten?

Seit einiger Zeit werden Analogien zwischen dem kollektiven Eintritt in die Bundesrepublik und migrantischen Erfahrungen des Übergangs von einer Herkunfts- in eine Zielgesellschaft hergestellt. Auch die Ostdeutschen seien aus einem anderen Land in einen fertigen Staat

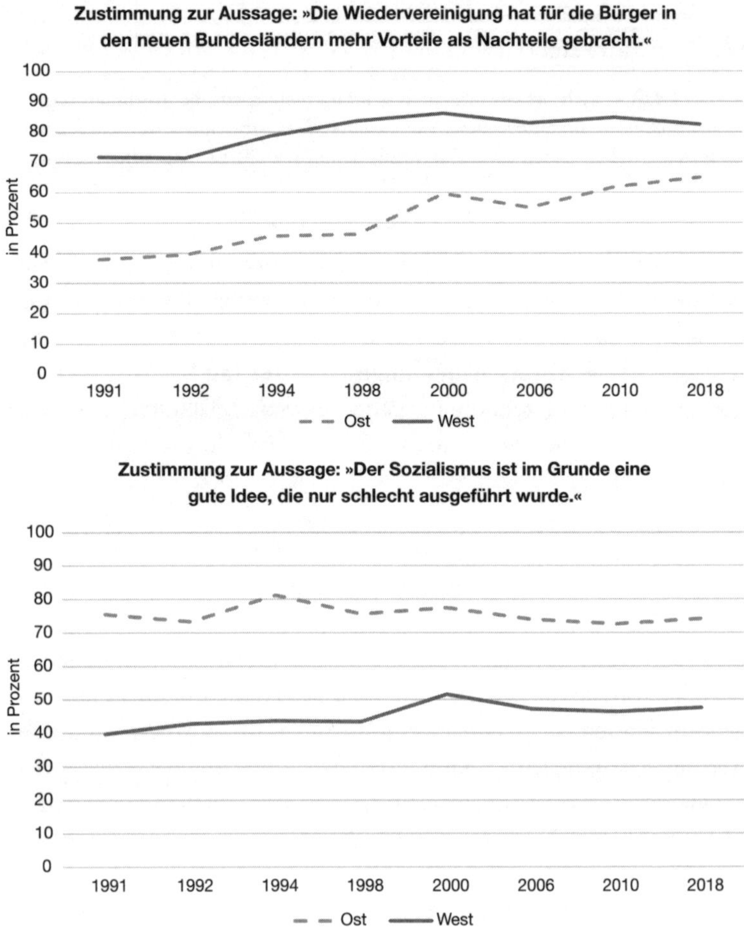

Schaubilder 11a und 11b: Bewertung des Sozialismus und der Wiedervereinigung. Hinweis: Ausgewiesen sind die Zustimmungswerte (Antwortkategorien »stimme voll zu«, »stimme eher zu«, nicht ausgewiesen: »stimme eher nicht zu«, »stimme gar nicht zu«). Datenquelle: Allbus

gekommen, nur eben ohne sich fortzubewegen.[39] »Migranten haben ihr Land verlassen, Ostdeutsche wurden von ihrem Land verlassen«, beschreibt es Naika Foroutan.[40] Das Gros der Migranten sei ebenfalls mit einer Entwertung ihrer Herkunftskultur und mit stereotypen Klischees konfrontiert.[41] Begrifflich ähnlich wird diese Thematik in der Diskussion darüber eingepackt, ob es sich bei den Ostdeutschen um eine »Minderheit im eigenen Land«[42] oder gar um »symbolische Ausländer« handelt.[43] Umfragen zu diesem Thema verweisen darauf, dass immerhin 36 Prozent der Westdeutschen den Ostdeutschen vorhalten, sie seien noch nicht im heutigen Deutschland angekommen – was immer das heißen mag.[44] Die Unterprivilegierung und gesellschaftliche Randstellung der Ostdeutschen, ob struktureller oder symbolischer Natur, wird in diesen Debatten zu einer Diskriminierungserzählung verdichtet, die sich sehr bewusst an die Migrations- und Integrationsdebatte anlehnt. Die Ostdeutschen werden quasi migrantisiert.

Der ostdeutsche Fall weist freilich auch gravierende Unterschiede auf. Manche dieser Interpretationen überbetonen Vorurteile und symbolische Diskriminierungsformen, eine historische Kontextualisierung wird nur vereinzelt vorgenommen. Zwar ist das Herkunftsland untergegangen, die nationale Zugehörigkeit zur Bundesrepublik wurde jedoch nie infrage gestellt. Ostdeutsche sind, anders als viele Migrantengruppen, äußerlich nicht als solche erkennbar. Eine Ostherkunft zieht auch keine unmittelbare Diskriminierung – schon gar keinen Rassismus oder Fremdenfeindlichkeit – auf sich. Eine offene Verächtlichmachung von Ostdeutschen ist heutzutage eine gesellschaftliche Randerscheinung, obschon Medienanalysen zeigen, dass im Reden über die Ostdeutschen häufig ein gruppenbezogener Eigenschaftsdiskurs bedient wird, während die »Wessis« stärker als individuelle Subjekte beschrieben werden.[45] Viel gewichtiger als Stereotype und eine symbolische Herabwertung der Ostdeutschen als Gruppe dürften strukturelle Aspekte sein. Zudem gilt es zu hinterfragen, ob in diesen Untersuchungen nicht selbst eine Essenzialisierung der oder des Ostdeutschen vorgenommen wird, die über das hinausgeht, was ich in diesem Buch als das kulturelle und soziale Gepäck des »Herkommens« beschrieben habe, und die der Vielfalt der Lebenswege und Erfahrungen letztlich nicht gerecht wird. Solche Analogiebildungen mögen eingefahrene Sichtweisen aufstören, ob darüber hinaus Erkenntnisgewinne für den ostdeutschen Transformationspfad zu erzielen sind, kann man mit guten Gründen bezweifeln.

Sozialer Sinn der Ostdeutschen?

Befragt man die Ostdeutschen selbst zu ihren Eigenschaften und Verhaltensweisen, dominiert eine positive Sicht. In Umfragen nach der Wende beschrieben sich die Ostdeutschen, man kann es nicht anders sagen, ganz unverblümt als die besseren Menschen: als sozialer, gemeinschaftlicher, ehrlicher, bescheidener, zurückhaltender. Westdeutsche hingegen wurden eher mit Überheblichkeit, Dominanz, Oberflächlichkeit oder gar Geldgier assoziiert.[46] Kulturwissenschaftler, die sich den beiden deutschen Teilgesellschaften mit einem ethnologischen Blick genähert haben, diagnostizieren ebenfalls markante Verhaltensunterschiede. So würden die Ostdeutschen die Sache oft vor die Person stellen, sich bescheiden geben, seltener das Pronomen »ich« und stattdessen das Wort »man« benutzen. Außerdem seien sie verlässlich und eher zurückhaltend.[47]

Aus Sicht vieler Ostdeutscher, insbesondere der älteren, gibt es erhebliche Mentalitätsunterschiede zwischen beiden Teilgesellschaften: Im Westen hätte sich, abstrakt formuliert, ein »materialistischer Individualismus« durchgesetzt, die Menschen seien vor allem auf ihren eigenen Vorteil bedacht. Im Osten herrsche hingegen ein »moralischer Kollektivismus«,[48] der durch die Marktvergesellschaftung nach und nach zersetzt würde. In Umfragen plädieren die Ostdeutschen deutlich stärker für staatliche Fürsorge und ein größeres sozialpolitisches Engagement.[49] In meinen Interviews wurde die »Wärmestube DDR« immer wieder dem kalten Westen entgegengesetzt. Vor 1989 habe es im Viertel mehr sozialen Zusammenhalt, mehr Miteinander gegeben. Herr W. meint im Gespräch: »Das ist heute eine Theatergesellschaft. Jeder ist Schauspieler und jeder ist laut. Die Leute müssen immer für sich Reklame machen.« Herr A. sagt ironisch: »Warum gab es denn im Westen das Abitur erst nach dreizehn Jahren und bei uns nach zwölf? Na, weil sie ein Jahr brauchten, um zu lernen, wie man sich besser verkauft. Das können wir im Osten immer noch nicht gut.« Die Konstruktion einer sozialmoralischen Überlegenheit kann man dabei durchaus als Antidot zur positionalen und kulturellen Deklassierung interpretieren.

Interessanterweise lässt sich in experimentellen Untersuchungen kein »Gemeinschaftsvorsprung« der Ostdeutschen nachweisen. Schon wenige Jahre nach der Wiedervereinigung deuteten spieltheoretische Experimente zur Solidaritätsbereitschaft darauf hin, dass Ostdeutsche weniger geneigt waren, einen Gewinn mit anderen zu teilen, als Westdeutsche; auch zwanzig Jahre später war hier keine Konvergenz festzustellen.[50] In anderen Studien legten die Ostdeutschen ein niedrigeres Niveau an interpersonellem Vertrauen an den Tag, sie waren misstrauischer gegenüber Fremden und weniger bereit, sozial in Vorleistung zu treten.[51] Manche Forscherinnen sahen sogar die Bereitschaft zum Schummeln in Ostdeutschland stärker ausgeprägt und führten das – aus meiner Sicht einseitig überinterpretiert, weil die Erfahrungen nach der Wende vernachlässigt werden – darauf zurück, dass Unehrlichkeit sowie eine Diskrepanz zwischen offiziellen Bekenntnissen und tatsächlichem Verhalten im Sozialismus systemimmanent gewesen seien.[52] Man könnte freilich genauso gut von einer nach 1989 rasch einsetzenden Entsolidarisierung ausgehen. So beobachten das auch viele Lütten Kleiner:

> Nach der Wende haben sich die Leute schnell auf das Eigene zurückgezogen. Viel Gemeinschaftsleben war da nicht in den Häusern, vielleicht noch mit den Leuten, die schon lange hier wohnen. Aber sonst ist das auseinandergefallen. Da wollten nun alle reisen oder einfach in Ruhe gelassen werden. Zugleich beklagen sie, dass es dieses Miteinander nicht mehr gibt …

Insgesamt förderte eine ganze Reihe von Studien Belege dafür zutage, dass die Ostdeutschen im wiedervereinigten Deutschland vergleichsweise stark auf den eigenen Vorteil schauen und sozial weniger großzügig sind als die Westdeutschen.

Das lässt daran zweifeln, ob der oft behauptete und in der Selbstwahrnehmung tief verankerte »soziale Sinn« der Ostdeutschen wirklich so weit trägt. Als konstanter Sozialcharakter eher nicht, wenn überhaupt, dann als spezifisches Binnenverhältnis, das sich in einer abgeschlossenen und stark nivellierten Gesellschaft herausgebildet hat und in Restbeständen überdauert. Das Zusammenrücken in einer Nischengesellschaft scheint jedenfalls eine Art der Nähe hervorgebracht zu haben, die auch Mitmenschlichkeit und gegenseitige Hilfe gedeihen ließ und den Gemeinschaftsmythos der DDR begründet. Einerseits. Andererseits zeigt sich, dass die Ostdeutschen in der Marktgesellschaft sehr wohl auf den eigenen Vorteil bedacht sind und anderen mit Misstrauen begegnen. Mitunter mutet es so an, als seien Besitzstandsdenken und Revierverhalten im Osten besonders verbreitet. Im Hinblick auf die Präsenz anderer ethnischer Gruppen in der Nachbarschaft, ob Italiener, deutschstämmige Aussiedler aus Osteuropa oder Asylbewerber aus dem Nahen und Mittleren Osten – Ostdeutsche äußern sich durchweg ablehnender als Westdeutsche.[53] Hierbei offenbaren sich auch die Grenzen dieses Solidaritätsmodells: Es ist eher eine Solidarität unter Gleichen als eine mit Fremden, wofür die jüngeren Entwicklungen viel Anschauungsmaterial bieten. So gesehen, war die DDR eine Vertrautheits- und Nahbeziehungsgemeinschaft, deren Kehrseite der heute oftmals harsche Umgang mit Fremden und das harte Urteilen über sie darstellen.

Es wäre naiv zu glauben, der erfahrungsgeschichtliche Zusammenhang Ostdeutschlands hinterließe keine oder nur wenige Identitäts- und Mentalitätsspuren. Das immer wieder einsetzende Reklamieren einer eigenen Geschichte samt der Forderung nach Anerkennung deutet darauf hin, dass diese Identitätsquellen nach wie vor von Bedeutung sind. Im Gespräch unter Ostdeutschen werden sie häufiger aufgerufen – hier erzeugen sie Vertrautheit und alltagskulturelle Sicherheit – als im Umgang mit Westdeutschen, gegenüber denen die Herkunft eher heruntergespielt wird. Das Changieren zwischen dem selbstbewusst-trotzigen Herzeigen dieses Identitätsreservoirs (»Oststolz«) und dem Verschweigen oder Für-irrelevant-Erklären lässt erahnen, dass sich noch keine Normalität herausgebildet hat, welche die ostdeutsche Herkunft von allen auch problematisierenden Assoziationen und Zuschreibungen befreit und so selbstverständlich werden lässt wie die Herkunft aus West- oder Süddeutschland.

7. Bruchzonen

Verwilderung des sozialen Konflikts

In der Nacht vom 24. auf den 25. August 1992, an einem lauen Sommerabend, brannte das Sonnenblumenhaus in Lichtenhagen – knapp einen Kilometer von unserer Wohnung entfernt. Schon an den zwei Tagen zuvor waren fast ununterbrochen Sirenen zu hören. Lärm und dumpfe Geräusche drangen herüber. Im Fernsehen waren Bilder wie aus einer fremden Welt zu sehen: grölende Horden, aggressive Gesten, ein Mob in Pogromstimmung. Die Polizei stand weitgehend tatenlos daneben, Brandsätze flogen. Im Inneren des Sonnenblumenhauses fürchteten Menschen um ihr Leben, flüchteten in die oberen Stockwerke und auf das Dach. Dutzende Anwohner standen auf den Balkonen, klatschten in die Hände und feuerten die Angreifer an. Die Bilder des »hässlichen Deutschen«, der mit im Schritt durchnässter Jogginghose den Hitlergruß zeigt, gingen um die Welt.

Am Wochenende der Ausschreitungen war ich zufällig in der Stadt. Als ich die Sirenen hörte, wurde ich neugierig und setzte mich kurzerhand aufs Fahrrad. Am Sonnenblumenhaus war es relativ ruhig – als bereiteten sich die Kombattanten auf den nächsten Angriff vor. Die Polizei hatte sich zurückgezogen. Ausländerfeindliche Parolen wurden gerufen, man sprach von »Dreck« und »Ungeziefer«, das man entfernen müsse, viele der anwesenden Jugendlichen waren angetrunken und hatten glasige Augen. Ein älterer Mann mit Zopf versuchte die Gemüter zu beruhigen, Umstehende beschwerten sich lautstark über die schon lange »unhaltbaren Zustände« vor dem Sonnenblumenhaus. Fremd und gespenstisch war das, was ich an diesem Abend mitbekam.

Die Ausschreitungen waren der traurige Höhepunkt eines schon länger schwelenden Konflikts um die Zentrale Aufnahmestelle für Asylbewerber des Bundeslandes Mecklenburg-Vorpommern, genannt ZAst. Der Stadtteil Lichtenhagen, in den mit der neu eröffneten Juristischen Fakultät gerade feierlich der Rechtsstaat eingezogen war, wurde geradezu zum Symbol für das Versagen und Zurückweichen desselben, und zwar in doppelter Hinsicht: Zunächst verweigerte man den Asylsuchenden eine menschenwürdige Unterbringung, dann wollte man die ungebetenen Gäste in einem Akt der kollektiven Selbstjustiz wieder loswerden.

Dass die menschenfeindlichen Szenen in Lichtenhagen weltweit Entsetzen ausgelöst haben, ist nur verständlich. Sie haben zugleich die bis heute anhaltende Diskussion über ausländerfeindliche und rassistische Einstellungen im Osten Deutschlands befeuert, schon damals oft verbunden mit der Diagnose einer DDR-geprägten Sozialpathologie. Bei der Beantwortung der Frage, warum bislang unbescholtene Anwohner zu Unterstützern eines marodierenden Mobs wurden, muss man aber auch die konkrete Situation vor Ort berücksichtigen und dabei zugleich auf die soziologisch bedeutsame Leitunterscheidung von Verstehen und Verständnis hinweisen. Zum einen befand sich Ostdeutschland in einer dramatischen Umbruchphase, fast die Hälfte der Erwerbstätigen in Lichtenhagen und den anderen Neubaugebieten hatten ihre Arbeitsplätze verloren. Die Angst, dauerhaft in eine Schieflage zu geraten, war groß. Die ZAst war über Wochen und Monate zur Anlaufstelle für Tausende Asylsuchende vor allem aus Osteuropa geworden. Die Zustände verschlimmerten sich von Tag zu Tag. Wochenlang mussten die Menschen ausharren, bis ihre Dokumente bearbeitet wurden, es gab keine ausreichenden Unterkünfte, nur in Ansätzen sanitäre und medizinische Versorgung, Nahrung und Getränke waren knapp. Inmitten des ehemaligen sozialistischen Werktätigenparadieses, inmitten einer nunmehr zerfallenden Gesellschaft entstand ein Notstandscamp, wie es die Bewohner der Rostocker Neubaugebiete noch nicht gesehen hatten. Menschen lagerten auf einer Wiese und verrichteten in aller Öffentlichkeit ihre Notdurft, vor der Kaufhalle wurde gebettelt, Mülltonnen wurden umgekippt und nach Essbarem durchsucht, immer wieder kam es zu Pöbeleien und Handgreiflichkeiten.

Die Schilderungen der Bewohnerinnen und Bewohner deuten darauf hin, dass es damals ein verbreitetes Gefühl des Kontrollverlustes gab. Das bislang bewährte Ordnungsmodell kippte oder wurde unterspült (»So etwas gab es hier bislang nicht«, »Man hatte richtiggehend Angst«). Die Metapher der »Flüchtlingsflut« ist kontaminiert und politisch gefährlich, war damals als Alltagsbild unter den Bewohnern aber durchaus vorhanden, selbst wenn die meisten von ihnen angesichts der Eskalationsdynamik und der Gewaltexzesse erschrocken und auch schockiert waren. Als panisches Angstgefühl »wie bei einem Wohnungseinbruch« beschrieb mir ein damals Ende dreißigjähriger Familienvater das Empfinden, als im Neubaugebiet immer neue »fremde« Gruppen strandeten. Das eigene Habitat, der angestammte Platz, die vertraute Umwelt wurde gleichsam »überrannt«. Da niemand half, so die Wahrnehmung, war Selbstverteidigung angesagt. Die Brüchigkeit der eigenen Existenz und die Furcht, zu einem »Problemgetto« zu werden, entriegelten alle zivilisatorischen Hemmungen und führten unvermittelt zu einer »Verwilderung des sozialen Konflikts«, wie man die Zustände mit dem Philosophen Axel Honneth bezeichnen könnte.[1]

In dynamischen Situationen, so hat die Gewaltforschung nachgewiesen, in denen die Diagnose des Politikversagens mit einer klar identifizierten »Problemursache« (Geflüchtete und Asylbewerber) zusammentrifft, kann sich die Legitimation von Gewalt schnell verschieben. Angesichts eines wahrgenommenen »Leidensdrucks« kommt es dann – aus der Sicht der Akteure und Unterstützer – möglicherweise sogar zu einer Ausweitung der »Zone gebotener Gewalt«.[2] Die Ausschreitungen in Lichtenhagen sind darüber hinaus als »konformistische Revolte« interpretiert worden,[3] bei der sich die Gewaltakteure und ihre Claqueure nicht nur als Vollstrecker des Volkswillens, sondern auch als Beauftragte derjenigen politischen Eliten sahen, die das »Asylproblem« im Nachgang der deutschen Einheit stark politisierten und auf eine Veränderung des Asylrechts drängten (was dann auch umgesetzt wurde). Die Klage über »unzumutbare Zustände«, die Stimmungsmache gegen Ausländer und der Wunsch, die Ordnung wiederherzustellen, führten dazu, dass auch unbescholtene Bürger zu offenen Sympathisanten und zur »Deckungsmasse«, so der Polizeijargon, dieser Gewalttaten wurden.

Noch heute sind die Ereignisse in Lichtenhagen sehr präsent – bei den Bewohnern, der Stadtgesellschaft, den Behörden. Die Menschen in den Neubaugebieten sehen sie als ein Stigma, auf das sie immer wieder zurückgeworfen werden. Viele reagieren mit Augenrollen, wenn man sie heute darauf anspricht, auch wenn sie sich meist heftig von den damaligen Ereignissen distanzieren. Einer meiner Gesprächspartner meinte:

> Das geht den Leuten tierisch auf den Zeiger, dass man immer mit 1992 gleichgesetzt wird … Das war 1992 und ist lange her. Man muss das nicht totschweigen, aber Lichtenhagen hat mehr als 1992 zu bieten. Bei jedem Jubiläum sind wir wieder die Bösen, dabei hat ein großer Teil damals hier noch gar nicht gelebt oder war noch nicht geboren worden. Das nervt einfach.

Man schiebt auch dem Westen eine Mitverantwortung zu: Viele der Randalierer seien aus den alten Bundesländern angereist, man habe die Autokennzeichen dieser Leute gesehen: »Da waren die Autos aus Hamburg, Osnabrück und so weiter. Die standen alle da, hinten aufgeklappt, Tücher drum. Jetzt wollen wir denen mal zeigen, wie aufgemischt wird. Es sind die anderen von drüben gekommen und haben hier aufgemischt. Dann ging es erst richtig los. Und uns hängt das nun an«, erklärt Karin in einer Gesprächsrunde im Mehrgenerationenhaus Lütten Klein, und die anderen Teilnehmer stimmen ihr unisono zu. Zudem seien etliche Verantwortliche bei der Polizei Westler gewesen, die an jenem Wochenende bei ihren Familien und nicht erreichbar waren.

Der heutige Polizeichef Rostocks, Michael Ebert, der als junger Beamter das Versagen der Behörden und der Einsatzkräfte vor Ort mitbekam, erinnert sich noch gut, wie er und seine Kollegen abgezogen wurden und im Lütten Kleiner Revier verharrten, während in Lichtenhagen Menschen um ihr Leben bangten. Heute bekennt er sich zur Verantwortung der Polizei, sieht ihre Rolle auch in Prävention und Aufklärung. 2015 und danach kamen mehr als 35 000 Geflüchtete nach Rostock, viele davon auf der Durchreise nach Skandinavien. Ebert ist stolz, dass es gelungen ist, die große Zahl der Geflüchteten zu versorgen und sicher in der Stadt unterzubringen, auch wenn es viele Probleme gab. Im Neubaugebiet Groß Klein, wo viele sozial Benachteiligte wohnen, drohte die Situation zu kippen, als ein Träger dort zahlreiche unbegleitete Jugendliche einquartierte. Es kam zu Menschenansammlungen, Protesten und Übergriffen. Die Situation, so Ebert, hätte sich ohne Weiteres in Richtung der Lichtenhäger Ereignisse entwickeln können, aber es gelang, eine Eskalation zu verhindern.

Die AfD versucht seit einiger Zeit, in den Plattenbauvierteln Präsenz zu zeigen und den vorhandenen Unmut für ihre politischen Zwecke zu nutzen. Im Mai 2018, bei allerschönstem Sonnenschein, steigt unmittelbar unter dem Fenster meines ehemaligen Kinderzimmers eine blonde Frau über eine wackelige Leiter auf einen Kleintransporter. Sie greift zum Mikrofon. »Ohne euch«, beginnt sie sichtlich aufgeregt, »wird es dieses schöne Land bald gar nicht mehr geben.« Dann erinnert sie sich unter großem Beifall daran, wie sie als Zwölfjährige von ihrem Vater auf die Demonstration gegen die SED-Diktatur mitgenommen wurde. Damals seien viele Mutige auf die Straße gegangen. Heute sei es erneut wichtig, sich zu wehren. Sie jedenfalls könne nicht mehr tatenlos zusehen, wie das wiedervereinigte Deutschland von Muslimen zerstört werde. Der Islam sei wie ein Geschwür, das von Angela Merkel und korrupten Politikern in das gesunde Land eingepflanzt worden sei. Etwa 500 Menschen – darunter Anhänger, Neugierige und Demo-Touristen – beklatschen ihre Rede. Auf den Transparenten steht: »Wo ist unser Geld hin?« und »Mutbürger – Widerstand – Gesicht zeigen«. Man skandiert: »Wer Deutschland nicht liebt, soll Deutschland verlassen« und »Wir sind hier, wir sind laut, weil man uns die Heimat klaut«. Dann ziehen die Teilnehmer unter Musikbeschallung durch die Straßen Lütten Kleins – zunächst ist Henry Maskes alte Hymne »Conquest of Paradise« zu hören, dann Blasmusik und schließlich Schlager. Ein Großaufgebot der Polizei sichert den Zug. Die Gegendemonstranten machen sich lautstark bemerkbar, werden aber auf Abstand gehalten. Mit Blick auf die AfD-Kundgebungen verweist Polizeichef Ebert darauf, dass dort stramme Nazis dabei seien, aber eben auch normale Bürgerinnen und Bürger, der Durchschnitt der Bevölkerung. Deshalb sagt er:

Stigmatisiert sie nicht, steckt sie nicht immer in die rechte Ecke, irgendwann nehmen sie auch ihre Rolle an und fühlen sich als die sogenannten besorgten Bürger, die politisch verfolgt in die rechte Ecke gestellt werden, weil sie Fragen haben, für die sie keine Antwort wissen. Nehmt sie ernst, kümmert euch um sie, fragt sie, holt sie weg aus der Ecke.

Klasse versus Kultur?

Die Wahlerfolge der AfD in Ostdeutschland, ihr – zumindest in manchen Regionen – scheinbar unaufhaltsamer Durchmarsch in Richtung »Volkspartei« sowie die Verankerung rechter Netzwerke zeigen, dass einige Segmente der ostdeutschen Bevölkerung recht anfällig für nationale Gemeinschaftsideologien sind. Die DDR war zum Zeitpunkt der Wende eine geschlossene, sich einigelnde Gesellschaft und in keiner Weise auf Globalisierung, kulturelle Vielfalt und größere Migrantengruppen vorbereitet. Für die ersten Jahre nach der Wiedervereinigung sind die ostdeutschen Abwehrreaktionen gegen Migrantinnen und Migranten deshalb vor allem als Anpassungsfriktionen gedeutet worden. Kurz vor und nach der Wende zeigen die Daten eine – zum Teil rasante – Zunahme rechtsextremer und ausländerfeindlicher Einstellungen vor allem bei jüngeren Ostdeutschen. Schon 1988 bejahten 12 Prozent der befragten Schüler und Lehrlinge zwischen 14 und 18 Jahren die Aussage »Der Nationalsozialismus hatte auch seine guten Seiten«, 1992 waren es dann 24 Prozent.[4] Neben der DDR-Sozialisation wurden auch handfeste Probleme auf dem Arbeitsmarkt und die damit verbundenen Existenzängste zur Erklärung herangezogen. Nun sind seit dem Mauerfall drei Jahrzehnte vergangen, auf dem Arbeitsmarkt hat sich die Lage deutlich entspannt. Verschwunden sind diese Einstellungssyndrome nicht.

Das Ressentiment gegen Zuwanderung, das Bedürfnis nach Abschließung sowie die Angst vor sozialen und kulturellen Verlusten sind selbstredend kein rein ostdeutsches Phänomen. Ähnliche Mentalitäten sind auch in anderen postsozialistischen Gesellschaften anzutreffen. Aufgrund der Erfahrung des Systemumbruchs sind viele Menschen skeptisch gegenüber gesellschaftlicher Veränderung.[5] Doch auch in vielen westeuropäischen Ländern hat sich im Parteienspektrum eine neue Konfliktlinie herausgebildet.[6] Am rechten Rand punkten populistische Parteien mit Forderungen nach einer stärkeren Abschottung des nationalen Territoriums, einer Begrenzung der Migration und dem Schutz vor »Überfremdung«. In Österreich und Italien regieren solche Parteien bereits mit.

Abb. 16: S-Bahnhof Lütten Klein (Dezember 1990)

Mit Blick auf den Aufstieg des Rechtspopulismus ist in den Sozialwissenschaften eine intensive Debatte darüber entbrannt, ob hier vor allem ökonomische Faktoren ausschlaggebend sind oder ob wir es mit einer eigenständigen kulturellen Konfliktlinie zu tun haben, an der entlang zuvor latente Vorbehalte gegenüber Migranten und anderen Kulturen stärker an die Oberfläche treten.[7] Diese zwei Sichtweisen lassen sich auf die Kurzformel *Klasse versus Kultur* bringen. Die erste, die ökonomische Interpretation beruft sich auf Faktoren wie die aufklaffende Ungleichheitsschere, den Druck der Globalisierung, den Abbau wohlfahrtsstaatlicher Garantien und den Wandel der Arbeitsgesellschaft hin zu einer Dienstleistungsökonomie, die in der Summe zu Abstiegsängsten und -erfahrungen führen und dem Rechtspopulismus Vorschub leisten.[8] Beim »sozioökonomische[n] Abwehrnationalismus«[9] gehe es um Verlustängste, auf welche die sogenannten »Modernisierungsverlierer«, also die Statusschwachen, die Gefährdeten und die Prekären, mit Forderungen nach »harten« Grenzen, einer Zurücksetzung von Migranten und wirtschaftlichem Protektionismus reagierten.[10]

Die zweite, die kulturelle Interpretation geht davon aus, dass die Öffnung der Nationalgesellschaften und der Zuzug von Migranten vor allem bei jenen Gruppen zu Abwehrhaltungen führen, die ethnonationalen Gemeinschaftsvorstellungen anhängen, kulturelle Diversität skeptisch betrachten und eine eher autoritäre Gesinnung aufweisen.[11] Es seien eben nicht notwendigerweise prekäre Lage oder Abstiegsangst, die den Rechtspopulismus befördern, sondern ansozialisierte, eher auf Homogenität ausgerichtete Einstellungsmuster. Verwiesen wird unter anderem darauf, dass rechtspopulistische Parteien wie die AfD nicht nur bei den sozioökonomischen »Modernisierungsverlierern« Unterstützung fänden, sondern auch bei relativ gutgestellten Gruppen;[12] man habe es womöglich gar mit einem »Aufstand der Etablierten« (Cornelia Koppetsch) zu tun.[13] Allerdings ist die Tragfähigkeit der These eines vornehmlich von der etablierten Mittelschicht getragenen Kulturkampfes infrage gestellt worden: Zwar werden rechtspopulistische Parteien auch von Bessergestellten gewählt, überproportionale Unterstützung finden sie aber bei den unteren Gruppen. In statistischen Analysen ist die Wahrscheinlichkeit, dass ein fünfzigjähriger ostdeutscher Mann mit geringer Bildung, ohne Arbeit, mit kleinem Transfereinkommen und subjektiver Deprivation die AfD wählt, auf sage und schreibe 55 Prozent geschätzt worden.[14]

Bekannt ist, dass die Wahrnehmung kultureller Bedrohungen und der Wunsch nach Homogenität in der unteren Mittel- sowie der Unterschicht besonders stark ausgeprägt sind.[15] Die Einstellungsforschung belegt – vermittelt über die Bildung – eine recht hohe Affinität der unteren und arbeiterlichen Schichten zu autoritären Haltungen, die mit ausländerfeindlichen Einstellungen, ethnischen Vorurteilen und einer

Bevorzugung der Eigengruppe korrelieren.[16] Entsprechend zeigt sich im Osten eine größere Affinität zu autoritären politischen Angeboten.[17] Zugleich finden Aussagen wie »Die Ausländer kommen nur hierher, um unseren Sozialstaat auszunutzen« (Ost: 47,1 Prozent, West: 32,7), »Wenn Arbeitsplätze knapp werden, sollte man die Ausländer wieder in ihre Heimat zurückschicken« (Ost: 32,4 Prozent, West: 25) oder »Die Bundesrepublik ist durch die vielen Ausländer in einem gefährlichen Maß überfremdet« (Ost: 44,6 Prozent, West: 33,3) hier deutlich höhere Zustimmungswerte.[18]

Für Ostdeutschland kommt hinzu, dass es vor Ort einen geringeren Grad an interethnischer oder interkultureller Kontaktdichte gibt, durch die Vorurteile abgebaut werden könnten.[19] Beispielsweise berichten über siebzig Prozent der Ostdeutschen, dass sie im Familien-, Freundes- und Bekanntenkreis, in der Nachbarschaft, auf der Arbeit oder in der Ausbildung keinerlei Kontakt zu Muslimen hätten; der Vergleichswert für Westdeutschland liegt bei vierzig Prozent.[20] Zwar ist Rostock als Hafen- und Universitätsstadt relativ weltoffen, alteingesessene und homogene Gruppen seien jedoch, so eine Studie, über Einzelfälle hinaus schwer zu motivieren, sich auf Migranten einzulassen. Deutliche Unterschiede ergäben sich hierbei zwischen den innerstädtischen Quartieren und den Neubaugebieten.[21] Man kann sogar von einer sozialräumlichen Polarisierung sprechen, bei der die häufig studentisch geprägten Milieus in der Innenstadt eine recht große Offenheit aufweisen, während in Vierteln wie Lütten Klein nicht nur soziale Problemlagen kumulieren, sondern auch die Bereitschaft, Geflüchteten zu helfen, und die Akzeptanz ethnischer Durchmischung eingeschränkt sind.[22]

In Lütten Klein trifft man heutzutage einige, die sich offen ausländerfeindlich und rechtsextrem äußern, ebenso wie solche, die den zugewanderten Gruppen mit Alltagspragmatismus begegnen. Viele betrachten Migrantinnen als »fremd« und nicht zugehörig, was aber nicht heißen muss, dass man sie schneidet. Die meisten Vorbehalte beziehen sich auf Veränderungen im unmittelbaren Umfeld. Es geht um die Frage, welche Folgen der Zuzug von Migranten für das soziale Gefüge vor Ort hat, nicht um Gegnerschaft oder offene Ablehnung. Das Fremde, das Unbekannte, das Entstehen ethnischer Milieus mit einer eigenen Kultur und eigenen Konventionen wird als Diversitätsstress empfunden. Konkret wird von Reibungen mit den Spätaussiedlern berichtet, die in den Neunzigern in leerstehende Wohnungen zogen, von Schwierigkeiten mit neuen Nachbarn – Beziehungsstreits, nächtlicher Lärm, »ungebührliches« Verhalten gegenüber Älteren und Frauen –, von Verständigungsproblemen, fehlender Rücksichtnahme und Irritationen über religiöse Praktiken. Nicht nur einmal höre ich von Frauen und älteren Bewohnern, dass sie es vermeiden, in der Dunkelheit auf die Straße zu gehen, weil sie sich nicht mehr sicher fühlen. Auch ohne konkrete Bedrohungserlebnisse gibt es ein Unwohlsein. Vor allem diejenigen, die selbst wenig haben, können sich über teure Handys oder Markenturnschuhe an den Füßen von Geflüchteten aufregen. Auf einer allgemeineren Ebene wird der »unkontrollierte Zuzug« als Problem benannt, mangelnde Anpassungsbereitschaft und fehlender Respekt vor der deutschen Kultur spielen ebenfalls eine Rolle – insgesamt herrscht, wie gesagt, ein distanzierter Blick auf die »Fremden«.

Eingehängt ist dieser Prozess in eine übergeordnete, möglicherweise globale Neuarrondierung gesellschaftlicher Positionskämpfe, die den Osten in besonderer Weise betrifft und ihn wiederum in eine, überspitzt gesagt, »Unterlegenheitslage« bringt. Ich spreche hier vom Konflikt zwischen den gebildeten und weltoffenen Milieus einerseits und stärker lokal verhafteten Gruppen andererseits.[23] Andreas Reckwitz hat daran anschließend eine kultursoziologische Theorie des sozialstrukturellen Wandels vorgelegt, in der eine neue Mittelklasse als Träger von Werten wie Kosmopolitismus, Selbstentfaltung und Diversität hervortritt und gesellschaftlich den Ton angibt.[24] Konkret handelt es sich um die akademisch gebildeten, hochqualifizierten Gruppen in der Wissens-, Bildungs- und Kulturbranche, Berufen also, in denen die Ostdeutschen zahlenmäßig nur schwach präsent sind. Diese neue Mittelklasse setzt sich in ihren Werten und Lebensorientierungen von den alten Mittel- und den Unterschichten ab. Flexibilität steht gegen Bindung, das Projekt gegen das Normalarbeitsverhältnis, Selbstentfaltung gegen Konformismus, Beweglichkeit gegen Immobilität, In-der-Welt-zu-Hause-Sein gegen Heimat und Herkunft, das »unternehmerische Selbst« (Ulrich Bröckling) gegen arbeiterliche Tugenden.[25] Der entsprechende kulturelle Wandel entwertet die Lebensweisen, Weltbilder und Alltagspraktiken jener Menschen, die stärker national und lokal verwurzelt sind, die eher auf Überschaubarkeit und Ordnung setzen oder sich der gesellschaftlichen Liberalisierung (z. B. im Hinblick auf Rollenbilder, Gleichstellung oder Minderheitenrechte) verweigern. Sie erleben, wie das einst sozial Akzeptierte, ja Tonangebende umgewertet wird, und müssen »Geltungseinbußen« hinnehmen.[26]

Heutzutage kann man nicht mehr selbstverständlich davon ausgehen, dass der Wertewandel nach unten durchsickert und nach und nach alle Schichten erfasst. Vor dem Hintergrund steigender Ungleichheit, der räumlichen Separierung der Milieus und wachsender Abstände zwischen den Schichten werden solche Trickle-down-Effekte sogar unwahrscheinlicher. Die Vorstellung, dass wir es – gleichsam wie bei einem Zug, der alle Waggons in eine Richtung zieht – nur mit graduellen Unterschieden, aber gleichgerichteten Trends zu tun haben, hat daher an Plausibilität verloren. In diesem Sinne kann man den Ost-West-Diskurs auch als kulturellen Konflikt interpretieren, in dem sich ein traditionelleres Milieu gegen als bedrohlich wahrgenommene Veränderungen abschirmt. Die Revitalisierung des Nationalen kann als Versuch der gesellschaftlichen Selbstaufwertung (oder der Verhinderung von Abwertungen durch andere) verstanden werden.

Vereinfachende Logiken, die von unversöhnlichen Konflikten zwischen zwei klar abgegrenzten Gruppen ausgehen, sind nicht unproblematisch. Auch die starke Betonung kultureller Faktoren bei der Entschlüsselung von Gegenwartsphänomenen wurde verschiedentlich kritisiert. Zuletzt haben Autoren wie Philip Manow gezeigt, dass sozioökonomische Aspekte eine nicht unbedeutende Erklärungskraft für vermeintlich kulturell motivierte Auseinandersetzungen haben. Die Konflikte ziehen ihre Energien eben nicht nur aus kulturellen Lagerbildungen, sondern auch aus den angesprochenen ökonomischen Verwerfungen, die viel breitere Milieus betreffen, als ein enger Blick auf die »Abgehängten« suggeriert.[27] Vieles, was uns als »Kulturkampf« erscheint, ist ökonomisch grundiert.[28] Zudem können über kulturelle

Einstellungen auch materielle Interessen wirksam werden, weil über Fragen der Zugehörigkeit auch Ansprüche vermittelt werden. Von einer deutschen »Leitkultur« etwa versprechen sich viele zugleich privilegierten Zugang zu Leistungen oder öffentlichen Gütern – eine Form der sozialen Schließung oder, wenn man so will, eine »Ethnisierung der sozialen Frage«.[29] Das Nationale wird mit einem ökonomischen Mehrwert verbunden – man könnte auch sagen: Heimat und Herkunft werden zur Ressource. Gerade für die Ostdeutschen war schließlich das nationale Wir die Eintrittskarte zum Wohlstandsland Bundesrepublik; nun wird es gegen Neuankömmlinge gewendet. Außerdem ist die Globalisierungsdividende materiell ungleich verteilt: Am stärksten dürften davon Gruppen mit hohem transnationalen Humankapital (also etwa Sprachkompetenzen, verwertbaren Bildungsabschlüssen oder interkultureller Kompetenz) profitieren.[30] Ob der international publizierende Wissenschaftler, die Softwareentwicklerin oder der Einrichtungsdesigner: Jeder von ihnen kann, wenn er gut »aufgestellt« ist, durch die Globalisierung gewinnen. Taxifahrer, Transferempfängerinnen oder Arbeiter im produzierenden Gewerbe hingegen erfahren die Globalisierung eher als Risiko denn als Chance.

Offene Rechnungen

Katherine Cramer hat in ihrem viel diskutierten Buch *The Politics of Resentment* (2016) über die Bevölkerung im ländlichen Wisconsin darauf aufmerksam gemacht, dass ökonomische Beweggründe letztlich nicht von kulturellen Motiven zu trennen sind. Die sozialen Erfahrungen der Menschen, die sich hinter rechtspopulistischen Bewegungen versammeln, sind vielgestaltig und haben sowohl etwas mit ökonomischen Ängsten als auch mit Lebenswelten zu tun, die unter Druck kommen oder sich herausgefordert fühlen. Hier nimmt die ostdeutsche Teilgesellschaft eine Sonderstellung ein, hat sie doch einen einschneidenden Umwertungsprozess erfahren, bei dem auch viele kulturelle und soziale Besitzstände in Turbulenzen gerieten. Die Nachwendeerfahrungen und die »strukturellen Gebrechen und Ungerechtigkeiten der Ankunftsgesellschaft« sind mitunter gar als der entscheidende Schlüssel zum Verständnis der besonderen mentalen Lage der Ostdeutschen ausgemacht worden.[31] Die in diesem Buch beschriebenen Frakturen der ostdeutschen Teilgesellschaft können als konstitutiv für das Gedeihen von Ressentiments angesehen werden. Die industriegesellschaftliche Prägung der DDR, die unterentwickelte demokratische Tradition, der schwache soziale Status, die Elitendefizite, das unvollständige gesellschaftliche Einwurzeln der Zivilgesellschaft, die großflächige Freisetzung und auch die demografische Schieflage dürften dabei wichtige Faktoren darstellen. Ebenso schwer wiegen jedoch die erlebten Veränderungszumutungen und das Gefühl der kulturellen Entwertung.

Viele Ostdeutsche kämpfen bis heute mit dem Trauma mangelnder Wertschätzung und der Prekarität ihres sozialen Status. Durs Grünbein, der Dichter aus Dresden, hat diese grundlegende Erfahrung in einem Essay so formuliert:

> Der Mensch in den östlichen Bundesländern ist besonders empfindlich, weil er damals in eine besondere Lage geriet. Alles, was er bis eben noch kannte, hatte er aufgeben müssen. Die deutsche Einheit haben viele als Chance, viele als Demütigung ihrer persönlichen Lebensentwürfe erfahren. Nicht wenige brachte das an den Rand ihrer Existenz. Das Wort Kolonialisierung machte, für viele plausibel, in den Neunzigerjahren die Runde. Wiedervereinigung, Treuhand, Evaluierung der Universitäten, Übernahme der volkseigenen Betriebe, Medien, Bühnen und Verlage waren die Stationen eines Niedergangs, über den jeder seinen Roman schreiben könnte. Eines Tages lag die Lufthoheit über den öffentlichen Raum und das Denken bei den anderen – den Schnelleren, Klügeren, Weltgewandteren, Kapitalstarken aus dem Westen des angeblich so einigen Landes. Und plötzlich waren die Ostler (dieselben, die den Umschwung herbeigeführt hatten – zum Teil unter Lebensgefahr wie wir Demonstranten der ersten Stunde und alle die selbstlosen Bürgerrechtlerinnen und Bürgerrechtler), nunmehr Verschiebungsmasse, neues Wahlvolk, berechenbare Konsumenten.[32]

Nimmt man den Faden der empfundenen Verluste und biografischen Narben auf, wird verständlich, dass in einem solchen Milieu leicht Wut aufkommt. Ob ein solches Viktimisierungsgefühl immer reale Erfahrungen spiegelt oder auch strategisch eingesetzt wird, ist nicht einfach zu entscheiden und für seine Wirkungen unerheblich. Bei vielen stellt sich jedenfalls kein Zustand des zufriedenen In-sich-Ruhens ein.

Lebensbilanzen fallen bei Weitem nicht immer positiv aus. Ganz im Sinne der von Arlie Russell Hochschild beschriebenen *emotionalen Buchführung* wird vieles aufgerechnet und gegen die Ansprüche anderer gestellt.[33] Manchmal reicht eine kleine Bemerkung, und schon wird ein sympathischer Endsechziger zum enthemmten »Wutbürger«.

Der SPD-Landtagabgeordnete Rainer Albrecht, der selbst in Lütten Klein aufgewachsen ist und dort sein Wahlkreisbüro hat, verweist auf die Arbeiter, die früher im Überseehafen geschuftet haben, um den Frust vieler Leute zu erklären:

> Diese Leute finden es ungerecht, dass ihre Rente besteuert wird und Geflüchteten und anderen Menschen wird hier geholfen, Leute, die noch keinen Beitrag geleistet haben. [...] Und diese Ungleichbehandlung – das finden sie schlimm. Deshalb sagen sie: Das kann nicht sein. Politik, ihr macht was verkehrt. Ihr sagt zwar immer, uns wird nichts weggenommen, und das mag ja vielleicht stimmen, aber wenn meine Rente besteuert wird, die früher nicht besteuert wurde. Dann sagt der: Das ist doch nicht gerecht, dann wird mir doch was weggenommen. [...] Dann sind sie sauer auf die Politik und sagen, wir haben doch nichts dagegen, wenn wir Geflüchteten helfen und Menschen, die in Not sind. Aber wir werden auch noch bestraft für unser fünfundvierzigjähriges Arbeitsleben [...]. Es sind Kleinigkeiten im Leben, die da hochkommen, das sind so Frustmomente bei den Leuten.

Man sieht Zuwanderer als »Vordrängler in der Warteschlange«[34] und fragt sich, warum die eigenen Anliegen so wenig Berücksichtigung finden. Dieses Gefühl bezieht sich nicht nur auf Migrantinnen, die Sozialleistungen in Anspruch nehmen. Es gibt auch Vorbehalte gegenüber Zuwanderern, die aufgrund eigener Anstrengungen vorankommen und sich einen Status erarbeiten. Fast 48 Prozent der Ostdeutschen sagen beispielsweise, sie hätten ein schlechtes Gefühl, wenn mehr Muslime in wichtige Führungspositionen gelangen würden; über die Hälfte befürchtet, die Muslime würden umso mehr Forderungen stellen, je besser es ihnen gehe.[35]

Es sind die sozialen Erschütterungen im Kontext der Wende und der Restrukturierung in Ostdeutschland, die ein starkes, veränderungsavers zu nennendes Festhalten an Besitzständen hervorgerufen haben. Die Ankunft von Migranten gilt vielen nunmehr als erneute Bedrohung einer gerade erst wieder halbwegs zur Ruhe gekommenen Gesellschaft. Im Zusammenspiel mit medialen Berichten zu »anschwellenden Flüchtlingsbewegungen« schaukeln sich solche Wahrnehmungen zu einem diffusen Bedrohungsszenario auf – der Migrant wird dann zum Repräsentanten einer aus den Fugen geratenen Welt, die an die eigene Haustür klopft. Nachdem die DDR-Gesellschaft untergegangen ist und man schon einmal sein kulturelles Gepäck zurücklassen musste, befürchten nun viele, dass es in einer diverseren Gesellschaft zu einer, drastisch formuliert, zweiten *Welle der kulturellen Enteignung* komme. Angesichts einer kaum kontrollierbaren Weltveränderung setzen daher viele auf kulturelle und ethnische Grenzziehungen. Und noch eine argumentative Schleife wird von manchen hinzugefügt: Da man sich selbst im Übergang zur westlichen Gesellschaft anpassen musste, sei es nur recht und billig, dass sich auch die Migranten unterordnen und ihre eigene Kultur nicht einfach fortführen. Inklusion, Minderheitenschutz und die Akzeptanz diverser kultureller und religiöser Praktiken – kurz: die Markenkerne der liberalen Fortschrittserzählung – sind auch deswegen vielfach negativ konnotiert, weil sie in den Ohren mancher Ostdeutscher so klingen, als müssten Migranten sich nicht einfügen und assimilieren, als hätten sie einen Freibrief, wohingegen man sich selbst mit harten Anforderungen konfrontiert sah.

Die politische Kapitalisierung der Deklassierung

Populistische Bewegungen kapitalisieren solche Gefühle der ökonomischen und kulturellen Zurücksetzung. Sie versprechen den vermeintlichen Verlierern nicht nur materielle Kompensationen, sondern auch Respekt, symbolischen Status und Selbstwertgefühl. Plötzlich ist da jemand, der ihre Lebensweise als Ganzes akzeptiert.[36] Nachdem man – in der subjektiven Wahrnehmung jedenfalls – jahrelang nur herumgeschubst und an den Rand gedrängt wurde, hat man nun das Zepter wieder in der Hand. Man muss nicht gleich von einer »Emanzipation von rechts« reden,[37] aber populistischer Protest wird von vielen als Selbstermächtigung erlebt, als erfolgreiche Gegenwehr gegen übermächtige Verhältnisse. Das »Leiden an der Welt« ist plötzlich nicht mehr stumm, sondern findet ein Ventil, durch das es lautstark entweichen kann. Offenkundig erleben das viele als befreiend. Schnell werden dann auch Vorwürfe in Richtung derer laut, die man als Profiteure des Systems identifiziert – kulturelle Eliten, Meinungsführer, Arrivierte, ökonomische Gewinner, etablierte Parteien, herausgehobene Funktionsträger. Sie haben nicht zuletzt deshalb einen schweren Stand, weil sie als Repräsentanten des »Von-oben-herab« wahrgenommen werden, als ignorant oder gleichgültig gegenüber den Problemen vor Ort. Gerade wo die politische Kultur unterentwickelt und die Zivilgesellschaft schwach ist, nimmt das schnell Züge einer »Erregungsdemokratie« (Bernhard Pörksen) an.[38] Diese zeichnet sich allgemein dadurch aus, dass nicht abgewogen und reflektiert wird, um ein Problem politisch bearbeitbar zu machen, sondern dass Emotionen verstärkt und hochgekocht werden. Die institutionelle Pazifizierung dieser Konflikte gelingt nur unvollständig, da die etablierten politischen Akteure kaum Zugang zu diesen Lebenswelten haben. Die politische Dynamik in Ostdeutschland oszilliert somit zwischen passiver Duldung und Protest auf der Straße und schließt erneut an die politischen Artikulationsformen der späten DDR an. Auch hier wurden im Rahmen lautstarker Proteste Selbstwirksamkeitserfahrungen gemacht. Kein Wunder also, dass die Protagonisten der Radikalisierung von rechts schamlos an diese Tradition anknüpfen. Dass darunter etliche mit Westbiografie sind, die nun im Osten reüssierten und dort – wie etwa Björn Höcke oder Alexander Gauland – ihre Hausmacht haben, gehört zu den augenfälligen Paradoxien dieser Entwicklung, vermag aber nicht wirklich zu überraschen, wenn man sich die vorhandenen Repräsentationslücken vergegenwärtigt. Der Mut der Wendezeit findet in ihnen seine – gespenstischen – Wiedergänger.

Schon allein die Breite und Schwammigkeit der politischen Forderungen (von einer Abschaffung des Rundfunkbeitrags über die Grenzschließung und allfällige Kapitalismuskritik bis hin zur Ostrente) machen deutlich, dass wir es beim rechtspopulistischen Protest nicht nur mit einer programmatisch gerichteten sozialen Bewegung (und auch nicht ausschließlich mit Ausländerfeinden) zu tun haben, sondern vielmehr mit einem emotionalisierten Unbehagen über den Lauf der Dinge. Wie bei allen sozialen Bewegungen lässt sich die Schwungkraft des Unbehagens noch verstärken, wenn man Gegner identifiziert, die als Zielscheibe des Protests dienen, aber so allgemein gehalten sind, dass die Mobilisierung nicht schon bei geringfügigen Zugeständnissen oder einzelnen Rücktritten in sich zusammenfällt. »Die da oben«, »das System« oder auch »der Islam« fungieren gewissermaßen als verallgemeinerte Adressaten der Unzufriedenheit. Es ist diese Verbindung von Konkretem und Abstraktem, welche den Furor gedeihen und nicht so schnell wieder erlahmen lässt.

Hausbesuch

Als ich im Sommer 2018 an unserer alten Wohnungstür klingele, ist zunächst nur ein Rascheln zu vernehmen. Erst nach einer Weile wird die Tür einen Spalt breit geöffnet, eine ältere Frau fragt, was ich denn wolle. Ich erkläre ihr, dass ich als Kind in der Wohnung gelebt habe und meine Eltern vor einem Vierteljahrhundert dort ausgezogen sind. Ob ich mir die Wohnung heute eventuell mal ansehen könne. Sie bleibt misstrauisch: Es passierten zu viele Dinge und ihr Mann hätte ihr nicht erlaubt, Fremde hereinzulassen, wenn er nicht da sei. Am nächsten Tag versuche ich es noch einmal, dieses Mal mit einem kleinen Strauß Blumen in der Hand. Der Herr des Hauses öffnet, ein robuster älterer Mann mit Hosenträgern, der mich ebenso auf Distanz hält. Wiederum: Es passiere so viel, da könne ja jeder kommen. Fremde in die Wohnung zu bitten sei ihnen nicht recht. Ich gebe nicht auf. Dann fasst er Vertrauen und lässt sich erweichen. Als ich im Flur stehe, ruft er seine Gattin, die mit einer jungen Frau und zwei acht- oder neunjährigen Mädchen im Schlepptau aus meinem ehemaligen Kinderzimmer kommt. Wir stehen kurz betreten voreinander, ehe die ältere Frau etwas verdruckst erklärt: »Das sind Kinder aus Afghanistan, die hier im Haus wohnen. Ich gebe ihnen Deutschunterricht.« Dann huschen die Mädchen und die junge Frau durch die Eingangstür hinaus. Die Krisen dieser Welt sind in meinem Kinderzimmer angekommen. Ein unverhofftes »Rendezvous mit der Globalisierung« (Wolfgang Schäuble).

Der Blick aus unserer ehemaligen Wohnung ist heute ein anderer. Die früher weithin sichtbare Kabelkrananlage der Warnowwerft ist schon lange abgebaut, ein neuer Bockkran wurde stattdessen aufgestellt. In der Ferne, auf der anderen Seite der Warnow, steht der Betonturm des in den Neunzigern errichteten Kraftwerks, an dem sogar die

Abb. 17: Blick auf die Rigaer Straße (Dezember 2018)

Mitglieder des Rostocker Alpenvereins einmal klettern üben durften. In Richtung Steilküste leuchtet das Grün eines Golfplatzes. Auf der größten Freifläche im Stadtgebiet, am Fuß unseres Hauses, ist ein Einkaufsboulevard mit Thai Bistro, Hamis Blumenwelt, Alans Friseursalon und Mister Kebab entstanden. Immer dienstags und freitags findet dort ein Wochenmarkt statt. Besonders froh sind die Leute, dass in Lütten Klein ein Multiplexkino eröffnet hat. Auf der anderen Straßenseite, direkt gegenüber, wurde der Warnowpark errichtet, ein Einkaufszentrum mit einem mehrere Fußballfelder großen Supermarkt, in dem es vom Fahrrad bis zum grünen Spargel so gut wie alles zu kaufen gibt. Wer will, kann sich nach dem Einkauf in der ersten Etage für einen Euro auf Massagesesseln entspannen.

Seit den Ausschreitungen in Lichtenhagen hat sich die Stadt verstärkt darum bemüht, integrationspolitische Angebote zu machen und in den Stadtteilen im Nordwesten den Zusammenhalt zu fördern. Das Gros der Gebäude ist durchsaniert, die Grundrisse vieler Wohnungen wurden großzügiger gestaltet. Es gibt Ärztehäuser, Cafés und eine

Abb. 18: Im Einkaufszentrum Warnow Park (Dezember 2018)

Sparkasse, am Rand von Lütten Klein wurde ein Gewerbegebiet errichtet. Für die Mehrzweckhalle, Ulrich Müthers visionären vierzackigen Schalenbau, gab es Abrissanträge des Eigentümers, aber das Immobilienunternehmen konnte überredet werden, den Bau zu sanieren und weiter zu nutzen. Heute steht das Gebäude unter Denkmalschutz. Anfang der nuller Jahre wurde Lütten Klein – wie der gesamte Nordwesten – an das Rostocker Straßenbahnnetz angeschlossen, so dass man ohne Umsteigen bis in die Innenstadt fahren kann.

Rostock hat sich wirtschaftlich erholt und gilt als Magnet in einer insgesamt strukturschwachen Region: In den Werften werden wieder Schiffe gebaut, Firmen siedelten sich an – vom Windkraftanlagenhersteller über den Kranspezialisten bis hin zum Motorenbauer –, ein großes Kreuzfahrtunternehmen hat hier seinen Sitz. Die Hanse Sail zieht jedes Jahr Hunderttausende an. Auch wenn heute ein Fünftel weniger Einwohner in der Stadt leben als zum Zeitpunkt der Wende und seither viel gebaut wurde, hat der Wohnungsmarkt kräftig angezogen. Leerstand gibt es auch in Lütten Klein kaum noch.

Lütten Klein gilt unter anderem aufgrund der Infrastruktur als eines der besseren Neubauviertel im Rostocker Nordwesten. Bund, Land und Kommune haben Förderprogramme durchgeführt, um das Umfeld und die Wohnqualität zu verbessern, die Wohnungsbaugesellschaften versuchen, dem Entstehen von Problemzonen durch eine gezielte Belegungspolitik entgegenzuwirken. In unserem Hochhaus, das zur kommunalen »Wohnfühlgesellschaft« WIRO gehört, wurde ein Hausempfang eingerichtet. Wer möchte, kann gegen Aufpreis einen Concierge-Service buchen, der in der Urlaubszeit die Blumen gießt und die Post entgegennimmt. Neun von zehn Lütten Kleinern geben an, sie seien mit ihrer Wohnung zufrieden oder gar sehr zufrieden.[1] Lütten Klein heute, das ist viel Alltag, viel Normalität, viel Eingepasst-Sein in die Gegebenheiten. »Alles ist vorhanden« ist eine der häufigsten Positivbeschreibungen der Anwohner.

Die Infrastruktur, die Modernisierung, die neu verkleideten Fassaden – das ist heute die helle Seite des Lebens im Neubaugebiet. Was Einkommen und Arbeitslosigkeit angeht, gehört Lütten Klein jedoch zu den Schlusslichtern der Stadt. Die Armutsgefährdungsquote (als armutsgefährdet gelten Personen, die lediglich über 60 Prozent des Äquivalenzeinkommens verfügen) liegt bei über 20 Prozent, der dritthöchste Wert in den 19 Rostocker Vierteln.[2] Nicht viel besser sieht es bei der Arbeitslosigkeit aus (12,8 Prozent). In Lütten Klein ist heute nur noch etwas mehr als ein Viertel der Bevölkerung erwerbsaktiv, viele Bewohner hängen am Tropf öffentlicher Fürsorge. In einer bundesweiten Vergleichsstudie zum Ausmaß der sozialen Segregation in 74 deutschen Städten schneidet Rostock besonders schlecht ab und belegt den zweitletzten Rang.[3] Eine tiefe Kluft verläuft hier zwischen den besseren Innenstadtvierteln und den Großwohnsiedlungen, wobei sich auch zwischen den Plattenbauquartieren größere Unterschiede ergeben. In keiner anderen deutschen Stadt hat die räumliche Konzentration von Hartz-IV-Empfängern seit 2005 so stark zugenommen wie in Rostock. Zudem wurde gezeigt, dass soziale Bindungen und Netzwerke in den Großwohnsiedlungen deutlich schwächer ausgeprägt sind und dass es weniger Zusammenhalt gibt als in Zentrumslagen und den von Einfamilienhäusern geprägten Vierteln im Umland.[4]

Auf Schritt und Tritt stößt man auf die Tentakeln staatlicher Fürsorgeagenturen. Pflege- und Altenheime, Begegnungszentrum, Stadtmission, AWO-Sozialdienst – sie alle sind zu wichtigen Trägern des sozialen Lebens geworden. Manch dramatisches Schicksal können aber auch sie nicht verhindern: In einer Wohnung über dem Sozialkaufhaus wurden im Dezember 2016 drei Tote, zwei Männer (38 und 41 Jahre alt) und eine Frau (32), entdeckt, die schon länger in einer verwahrlosten Wohnung lagen. Sie hatten sich mit dem Betäubungsmittel Fentanyl vergiftet, das auch den Musiker Prince umbrachte. Anwohner berichten, es habe sich eine Drogenszene gestrandeter Existenzen ausgebreitet, was regelmäßig zu Auseinandersetzungen mit den Nachbarn und Polizeieinsätzen führe. An der Straßenbahnhaltestelle ganz in der Nähe treffe ich drei junge Frauen mit gefärbten Haaren, die schon am Vormittag wanken, im mitgeführten Fahrradanhänger sitzen zwei Hunde. Ein Rentner sammelt Flaschen ein und erzählt mir von seiner finanziellen Not. Die Rostocker Tafel ist seine Überlebensgarantie.

Im Sozialkaufhaus versucht man, Ansprechpartner und Kummerkasten für diejenigen zu sein, die in Not und auf Hilfe angewiesen sind: Rentner mit kleinem Geld, Langzeitarbeitslose, Menschen in Verschuldung, Leute, die aus der Wohnungslosigkeit kommen, viele Migranten und Geflüchtete. Auch unter diesen Gruppen gibt es Animositäten, schaut man argwöhnisch darauf, was andere haben. Unmut entsteht, wenn Migranten sich die besten Möbelstücke sichern. Die »Kopftuchfrauen«, sagen mir einige Alteingesessene, kämen jeden Tag hierher und schauten, was sie raustragen könnten. Statt sich hinten anzustellen, so meinen viele, würden Asylbewerber und Geflüchtete bevorzugt behandelt. Gerüchteweise wird kolportiert, die Wohnungserstausstattung fiele für sie großzügiger aus als für Deutsche.

Heute leben in etlichen ostdeutschen Plattenbauquartieren vier Milieus in manchmal spannungsreicher, manchmal friedlicher Koexistenz nebeneinander: die etablierten und lang ansässigen Älteren, sozial Benachteiligte, ostdeutsche Durchschnittshaushalte und, zahlenmäßig etwas kleiner, die Migranten. Der Ausländeranteil in Lütten Klein liegt bei etwas über sieben Prozent. Vor allem Vietnamesen, Spätaussiedler aus der ehemaligen Sowjetunion sowie Geflüchtete und Asylbewerber aus Syrien und Afghanistan wohnen hier. Die Älteren versuchen, den Status der Respektabilität, den sie von früher kennen, zu verteidigen, die Migranten richten sich ein und haben keinerlei Bezug zur Geschichte des Viertels. Wer mit Armut und Prekarität konfrontiert ist, wähnt sich im ökonomischen Überlebenskampf und betont nicht selten den empfundenen ethnischen Wettbewerb. Die Otto-Normalhaushalte ziehen nach Lütten Klein, weil andere Viertel zu teuer sind oder sie die Lage zwischen Innenstadt und Warnemünder Strand schätzen. Die meisten Bewohner pflegen ein bescheidenes Leben und sind froh, wenn ihr Auskommen einigermaßen gesichert ist. Die Politik bleibt ihnen fern, die Verbindungen zu den etablierten Parteien sind schwach. Die Zivilgesellschaft wirkt wie ein kümmerliches Pflänzchen, das noch unentschlossen ist, ob es nun eingehen soll oder zu neuem Leben erwachen. Es dominiert eine abwartende, skeptische und desillusionierte Haltung, die von der Politik wenig erwartet, ihr aber auch nicht mit rebellischem Zorn entgegentritt.

Gesellschaftliche Frakturen

Nicht nur in Lütten Klein, auch sonst hat das Ringen um Respektabilität in der Grammatik ostdeutscher Anerkennungskämpfe einen zentralen Stellenwert erlangt. Schauen wir über den Horizont meines alten Stadtviertels hinaus, sehen wir viele erfolgreiche Entwicklungen, aber auch zahlreiche Bruchstellen, mit denen die ostdeutsche Teilgesellschaft konfrontiert ist, die sie sogar auszumachen scheinen. Wohl haben wir im Osten dreißig Jahre nach dem Fall der Mauer eine große Vielfalt von Lebenswegen und Lebenslagen, so dass schon lange nicht mehr von einem einheitlichen Kollektiv auszugehen ist, aber bei vielen Gruppen findet sich Unmut über ein tatsächliches oder vermeintliches Zu-kurz-Kommen und vorenthaltene Vorrechte.[1] Petra Köpping, sächsische Staatsministerin für Gleichstellung und Integration (SPD), hat diese Haltung in ihrem gleichnamigen Buch auf die Formel »Integriert doch erst mal uns!« gebracht.[2] (Fast symptomatisch geht es hier erneut um das Hereinholen in eine Aufnahmegesellschaft, ganz so, als sei man »draußen« und warte auf die Hilfe anderer.) Viele Ostdeutsche haben sich ihren Platz und Status im vereinigten Deutschland mühsam erarbeiten müssen und dabei viel aufgegeben. Nun verlangen sie von Neuankömmlingen, sich anzupassen und ihre Ansprüche zurückzunehmen. Statt auf Großzügigkeit und Liberalität trifft man vielerorts auf die angesprochene Mentalität des Aufrechnens. Eine Temperierung politischer Leidenschaften fällt dabei schwer.

Die Zurücksetzungsperspektive sammelt einiges an Argumenten ein, die ich auch in diesem Buch thematisiert habe, sie bleibt aber insgesamt zu eng. Der Versuch, heutigen Unmut allein aus den Zumutungen der Nachwendezeit zu erklären, erscheint mir überdies verkürzt. Die in Ostdeutschland erkennbaren gesellschaftlichen Spannungen sind mehr als eine Missstimmung übellauniger und undankbarer Ostdeutscher, die anderen wenig gönnen. Sie sind Ausdruck *gesellschaftlicher Frakturen*, von denen viele in der DDR-Gesellschaft schon angelegt waren und die im Zuge der gesellschaftlichen Transformation nicht geheilt, sondern häufig noch vertieft wurden. Es gilt: Was die ostdeutsche Gesellschaft war und wie sie wurde, gehört untrennbar zusammen.

Soziale Frakturen, so habe ich zu Beginn des Buchs dargelegt, können Gesellschaften weniger belastbar, weniger anpassungsfähig machen. Manchmal bilden sich auch dauerhafte Fehlstellungen aus. Stress oder Veränderungsdruck werden dann anders verarbeitet, auf manchen Reiz wird stark reagiert. Mit dem Begriff der Frakturen ist angezeigt, dass wir es nicht mit einem reinen Anerkennungsdefizit oder einer atmosphärischen Frage im innerdeutschen Miteinander zu tun haben. Entscheidend ist vielmehr das Zusammenspiel von Sozialstruktur und mentaler Verfasstheit, also die Art und Weise, wie man in der Gesellschaft seinen Platz findet und welche Weltsicht man hegt, was den eigenen Status bestimmt und welche Erfahrungen einen prägen.

Dabei kommt vieles zusammen, was die ostdeutsche Situation besonders macht und den Begriff der Frakturen angemessen erscheinen lässt. Die DDR war eine gedeckelte und nach unten gedrückte Gesellschaft, und so lässt sich Ostdeutschland auch heute noch beschreiben. Insofern ergibt sich eine Kontinuität der Zeit vor und nach der Wende. Allen Wohlstandsgewinnen zum Trotz brachte die Wiedervereinigung auch vielgestaltige Formen der sozialen *Deklassierung* mit sich, die sich nunmehr strukturell verfestigt haben und zu Reibeflächen geworden sind. Wichtig für den Befund der *frakturierten Gesellschaft* sind die starke Prägekraft einfacher (früher arbeiterlicher) Schichten, die nun mit einer Entwertung ihres Lebensmodells konfrontiert sind, das Zerbröseln des arbeitsgesellschaftlichen Zusammenhangs, die weitgehende Abwesenheit regional verankerter bürgerlicher Milieus, die wenig entwickelte zivilgesellschaftliche und demokratische Kultur, die Provinzialisierung der DDR-Gesellschaft durch Abschottung und innere Homogenität, der Weggang vieler Millionen Menschen, die demografische Maskulinisierung der mittleren Altersgruppen, statusbezogene Abwärtsbewegungen im Zuge der Transformation, verstopfte Mobilitätskanäle vor und nach 1989, die Überschichtung durch Transfereliten und das Prekär-Werden der Herkunftsbezüge.

Der Fall Ostdeutschland zeigt sehr deutlich, dass der einseitige Blick auf ökonomische Kennziffern (Arbeitslosigkeit, Bruttoinlandsprodukt, Investitionen in Infrastruktur usw.) für die Entschlüsselung gesellschaftlicher Fragen nicht hinreicht. Lange Zeit haben wir uns von der Vorstellung leiten lassen, die ostdeutsche Teilgesellschaft würde, von einigen regionalen Spezifika abgesehen, eine Entwicklung durchlaufen, die die westdeutsche Gesellschaft schon hinter sich hat – nicht nur ökonomisch, sondern auch sozialstrukturell und mental. Zwar haben sich viele Ostdeutsche erfolgreich etabliert, zwar schätzt man den Zugewinn an Lebenschancen im wiedervereinigten Deutschland, aber es herrschen doch auch Unzufriedenheit und innere Abstandnahme, die sich zu Systemskepsis steigern können. Als Gesellschaft der Ungleichzeitigkeiten und der strukturellen Spannungen ist der Osten zugleich eine Gesellschaft des Verdrusses und der Anfälligkeit für Populismen. Dies ist sicherlich kein flächendeckendes Phänomen, aber auch kein randständiges. Auf manches blicken Rentner oder Hartz-IV-Empfänger aus Lütten Klein einfach anders als der Unternehmer aus Baden-Württemberg, die Lehrerin aus Bremen oder der VW-Arbeiter aus Wolfsburg, aber auch als die Vertreter der großstädtischen Studentenszene, migrantischer Milieus oder der neuen kulturellen Mittelklassen. Die Windungen linksliberaler Identitätspolitik sind die Sache vieler Ostdeutscher nicht, viel eher erkennen sie sich in den traditionellen sozialen Fragen wieder oder machen sich den Schließungsdiskurs der Rechtspopulisten zu eigen. Grundiert wird dies durch die Wende- und Transformationserfahrung, ein Gefühl der sozialen Verwundbarkeit und ontologischen Unsicherheit. Das Festhalten, Bewahren und Verteidigen ist ein wichtiges Grundmotiv im Handeln und Denken vieler Ostdeutscher.

Die Gemeinschafts- und Sicherheitsverluste werden auch – aber nicht nur – durch die Hinwendung zu ethnisch bestimmten Kategorien der Zugehörigkeit und durch recht rigide Ordnungsvorstellungen kompensiert. Als Gesellschaft der kleinen Leute, in der Statusängste und kulturelle Irritationen zusammenkommen, liegt die Präferenz für ethnische Schließung und die Verteidigung von »Etabliertenvorrechten« nahe.[3] Dabei ist es oft nicht die Ablehnung von Migranten als solchen, die bei den entsprechenden Gruppen durchbricht, sondern eher eine Verteidigungshaltung, die auf den Schutz materieller Besitzstände und der eigenen Lebensweise gerichtet ist. Daraus erklärt sich auch der Griff nach dem national-identitären Anker, der rechtspopulistischen Parteien Zulauf beschert: Ein kollektives Wir wird aufgewertet und bekommt eine neue Bühne.

Im gegenwärtigen politischen Diskurs haben die rechten Populisten jedenfalls ein Angebot in der Tasche, das kaum zu schlagen zu sein scheint, weil es die Menschen von Zumutungen entlastet. Sie sagen: »Die Welt muss verändert werden, um sich an dich anzupassen!« Die Liberalen, egal ob Marktliberale oder aufgeklärte Kosmopoliten, haben hingegen eine andere Botschaft: »Du musst dich ändern, um dich an eine sich wandelnde Welt anzupassen!« Die Populisten machen also ein Entlastungs- und Anerkennungsversprechen, die liberalen Kräfte treten den Menschen mit Veränderungs- und Anpassungszumutungen gegenüber. Das kann den Aufruf beinhalten, sich für den Markt zu optimieren, aber auch die Aufforderung, traditionelle Werte abzustreifen und sich auf eine diverser werdende Kultur einzulassen. In einer Teilgesellschaft wie der ostdeutschen, die in den zurückliegenden dreißig Jahren einen regelrechten Transformationsgalopp durchgemacht hat, trifft diese Botschaft auf Erschöpfung, auf eine Haltung des »Nicht schon wieder«.

Erschwerend kommt hinzu, dass der ostdeutschen Gesellschaft bis heute die zivilgesellschaftlichen und politischen Ressourcen fehlen, um sich der populistischen Bewegung entgegenzustellen. Angesichts eines löchrigen Netzes zivilgesellschaftlicher Assoziationen, der personellen und intellektuellen Schwäche der politischen Eliten und einer Bevölkerung, die kritisch auf die politischen Institutionen, ihre Repräsentanten und die Medien schaut, war es für die Rechtspopulisten ziemlich einfach, in den neuen Bundesländern Fuß zu fassen. Es ist eine bittere Erkenntnis, dass die rechten Bewegungen zu den wichtigsten Profiteuren der skizzierten Frakturen geworden sind. Die Kanalisierung und politische Übersetzung von Unzufriedenheit – eigentlich eine vordringliche Aufgabe der etablierten Parteien – wurde ihnen überlassen.

Auch noch dreißig Jahre nach der Wende fehlt es der ostdeutschen Gesellschaft letztlich an einem robusten sozialmoralischen und sozialstrukturellen Unterbau, der Toleranz und ein emphatisches Demokratieverständnis tragen könnte. Das Erbe der DDR, die Defizite des Vereinigungsprozesses, die Probleme der politisch induzierten Transformation und das anhaltende sozialstrukturelle Gefälle zwischen Ost- und Westdeutschland lassen die Rede von der »Vollendung der Einheit« als allzu vollmundiges Versprechen erscheinen, jedenfalls wenn man sich darunter so etwas vorstellt wie Konvergenz. Das heißt nicht, dass Ost und West nach wie vor separiert sind und sie mehr trennt als verbindet, denn vieles hat sich ja inzwischen vermischt und verbunden – Menschen, Mentalitäten und Lebensläufe. Es bleiben jedoch Unterschiede, die fortleben und die innere Einheit weiterhin belasten. Auch die Formel von einer »ostdeutschen Sonderzone« ist dabei unangebracht, sind die Disparitäten zwischen Ost und West doch inzwischen Teil der gemeinsamen bundesdeutschen Geschichte.

Die Umwälzungen in Lütten Klein – von der Errichtung als Vorzeigesiedlung auf der grünen Wiese über den Attraktivitätsverlust und die Abwanderung bis zur Herausbildung einer Mischung aus Normalisierung, Benachteiligung und Überalterung – sind durchaus typisch für die Plattenbausiedlungen Ostdeutschlands. Der Weg dieser Viertel ist zugleich symptomatisch für die Wandlungsprozesse der ostdeutschen Gesellschaft insgesamt. Die Umbrüche in der Sozialstruktur und das mentale Gepäck sind mehr als entfernte Schatten der Vergangenheit: Sie bestimmen das Erleben, Fühlen und Handeln vieler Ostdeutscher bis heute und entscheiden darüber, wie sie die Gegenwart meistern oder der Zukunft entgegensehen.

Dieses Buch präsentiert – vermutlich zum Leidwesen vieler Leser – keine konkreten Reparaturempfehlungen. Die Diagnose der frakturierten Gesellschaft verstehe ich als Einladung zur Reflexion über den Transformationspfad und die Konstitution des ostdeutschen Lebenszusammenhangs. Diese Strukturbrüche belasten die ostdeutsche Gesellschaft bis heute und bestimmen auch weiterhin die mentale sowie politische Lage. Entlang der in diesem Buch analysierten Frakturen brechen neue Spaltungslinien auf, an ihnen entzünden sich noch immer Verbitterung und Unmut, an ihnen nehmen die Fliehkräfte ihren Ausgang, denen wir derzeit gegenüberstehen. Naiv sind deshalb diejenigen, die meinen, dies alles ließe sich durch eine innerdeutsche Gesprächstherapie umstandslos heilen. Auch wenn es oberflächlich so wirken mag, aber es braucht deutlich mehr als den Schmierstoff der Anerkennung, um hier Abhilfe zu schaffen. Die Frakturen sitzen tiefer, sie betreffen das, was die Gesellschaft als Ganzes ausmacht.

Anmerkungen

Einleitung

1 Brenke et al. 2014: 102.
2 Deutsche Post AG 2017; Priem/Schupp 2014; Köcher 2019.
3 Leibniz-Institut für Wirtschaftsforschung Halle 2019.
4 Belok/Faus 2017.
5 Köcher 2019.
6 Foroutan 2019.
7 Engler/Hensel 2018; Köpping 2018.
8 Beck 1986.
9 Mau 2012a; Nachtwey 2016.
10 Geiselberger 2017.
11 Streeck 2017.
12 Jörke/Nachtwey 2017a.
13 Bertram/Kollmorgen 2001.
14 Best/Holtmann 2012.
15 Dietrich 2018.
16 Giesen/Leggewie 1991.

I. Leben in der DDR

1. Neubau

1 Rudolph 1972: 23.
2 Weinhold 2015: 45.
3 Häußermann 1996: 16.
4 Hannemann 1996: 89.
5 Harth et al. 1998: 181f.
6 Harth et al. 1998.
7 Hannemann 2005.
8 Mitscherlich 1965.
9 Schwandt 1976.
10 Heil 1971.
11 Kuhn et al. 1983.
12 Weinhold 2016: 18.
13 Schlesier 1972: 85.

14 Hannemann 1996: 98.
15 Keller 2005: 36.
16 C. K./D. B. 1989.
17 Tesch 2001: 55.
18 Keller 2005.
19 Beck 1986.
20 Hannemann 2005: 134.
21 Rehberg 2019.
22 Flierl 1998.
23 Keller 2005.

2. Soziale Nivellierung und blockierte Mobilität

1 Lötsch 1993: 33.
2 Vortmann et al. 2013.
3 Lötsch 1988: 16.
4 Voigt 1973: 109.
5 Meier 1990.
6 Best et al. 2012.
7 Ebd.
8 Stephan/Wiedemann 1990.
9 Gieseke 2010.
10 Engler 2010.
11 Grundmann et al. 1976: 126.
12 Grundmann 1997: 10.
13 Autorenkollektiv 1974.
14 Löffler 2011.
15 Stiftung Lesen 1995: 51.
16 Lötsch 1990.
17 Voigt 1973.
18 Bell 1976.
19 Konrád/Szelényi 1978.
20 Siehe zu dieser Diskussion Lötsch 1998.
21 Connelly 2000.
22 Miethe 2007.
23 Geißler 1993: 72; siehe auch Lenhardt/Stock 1997, Miethe 2007.
24 Solga 1995.
25 Mayer/Solga 1994.

3. Lebensführung und kulturelle Praktiken

1 Beck 1983.
2 Bolte/Hradil 1988.
3 Zapf 1983.
4 Gross 1994.
5 Schulze 1992.
6 Grundmann 1997.
7 Vester 1993; Vester et al. 1995.
8 Engler 1992: 65.
9 Großbölting 2005.
10 Bisky 2005: 142.
11 Bourdieu 1987: 587.
12 Engler 1992: 71.
13 Ebd.: 67.
14 Keller 2005.
15 Schulze 1992: 292.
16 Reckwitz 2017.

4. Familie, Privatheit, Erziehung

1 Schäffler 2017.
2 Fasang 2014.
3 Solga 1995; Struffolino et al. 2016.
4 Engler 1999: 186.
5 Geißler 1992: 238.
6 Kaminsky 2017.
7 Geißler 1993: 66.
8 Trappe 1995.
9 Nickel 1990.
10 Kreyenfeld 2003.
11 Schwarz 1992: 254.
12 Strohmeier 1993.
13 Wendt 1991.
14 Mau 1994: 199.
15 Spellerberg 1994.
16 Gysi 1990: 238.
17 Voigt 1975: 17.
18 W. Friedrich 1967: 174.
19 Bourdieu 1987: 594.

5. Einschluss nach innen, Abschottung nach außen

1 Ulrich 1990.
2 Geißler 1993: 76.
3 Krüger-Potratz 1991.
4 Fan 2010.
5 Pollack/Pickel 1998; Scherer 1991.
6 Reich 1990
7 Meuschel 1988.
8 Greiffenhagen/Greiffenhagen 1994.
9 Zitiert nach Staadt 2015.
10 Wolle 2015.
11 Heinemann et al. 1992.

6. Die formierte Gesellschaft

1 Mohr 2017: 46.
2 Kocka 1994.
3 Wingens 1999: 257.
4 Friedrich/Brzezinski 1957.
5 Thomas 1992: 113.
6 Vgl. dazu Pollack 1990.
7 Goffman 1957.
8 Coser 2015 [1974]: 14.
9 Pollack 1991: 451.
10 Ettrich 1992.
11 Jowitt 1983.
12 Ettrich 1992: 99.
13 Vgl. Niethammer et al. 1991.

II. Transformationen

1. Zusammenbruch und Übergang

1 Krastev 2017: 19f.
2 Joas/Kohli 1993a.
3 Brzezinski 1989.
4 Z. B. Collins 1986.
5 Bundesministerium für innerdeutsche Beziehungen 1988.

6 Reißig 1993: 52ff.
7 Srubar 1991.
8 Hirschman 2004 [1970].
9 Hirschman 1992.
10 Opp et al. 1993; Opp 1991.
11 N.N. 1990: 48.
12 Berger 1991.
13 Schimank 2011a.
14 Wiesenthal 1995: 138.
15 Geißler 2014b.

2. Blaupause West

1 Offe 1991.
2 Mayer 1991.
3 Beck 1991: 25f.
4 Baring 1991: 50ff.
5 Offe 1994: 47.
6 Von Beyme 1996: 305.
7 Henrich 1989.
8 Neckel 1997.
9 Adler 1991: 158.
10 Thumfart 2001: 806.
11 Kaase/Bauer-Kaase 1998.
12 Dümcke/Vilmar 1996.
13 Kreckel 1993: 41.
14 Zastrow 1998.
15 Parsons 1985 [1971].
16 Zapf 1994.
17 Müller 1995.
18 Marx 1991.
19 Habermas 1990a, 1990b.
20 Ebd.: 185b.
21 Ebd.: 180b.
22 Kollmorgen et al. 2015.
23 Siehe z.B. Levitsky/Ziblatt 2018.
24 Baring 1991: 59.
25 Geißler 1993; Hradil 1992.
26 Vester et al. 1995; Spellerberg 1996.
27 Hartmann 1991: 102.

28 Lepenies 1992: 12.
29 Hradil 1996.
30 Engler 2010.
31 Müller 1995.
32 Lepsius 2013.
33 Pollack 1996.
34 Engler 1995: 245.
35 Offe 1994.
36 Ebd.: 52.
37 Arnold et al. 2015.
38 Wingens 1999: 257.
39 Offe 1994: 37.
40 Schedlinski 1990.
41 Habermas 1990a: 162.
42 Ebd.: 164.

3. Vermarktlichung

1 Polanyi 1973 [1944].
2 Solga 1997: 370.
3 Vgl. Vogel 1996.
4 Behr 2000.
5 Sinn/Sinn 1994.
6 Goedicke 2006.
7 Hahn/Schön 1996: 10.
8 Buck/Hönke 2013.
9 Voß/Pongratz 1998.
10 Vgl. Castel 2000.
11 Bude 2008: 56.
12 Wenau et al. 2019.
13 Helbig/Jähnen 2018.
14 Vgl. Keller 2005.
15 Noll 1992; Mau 1997.
16 Beck 1999a.
17 Ellguth/Kohaut 2015.
18 Streeck 1999; Czada 1997.
19 Ther 2014.
20 Booth et al. 2012.
21 Berger 1991: 79.
22 Bahl/Staab 2010.

23 Mayer/Schulze 2009.
24 Beck 1999b.
25 Nachtwey 2016: 162.
26 Bundesministerium für Arbeit und Soziales 2018.
27 Spannagel 2018.
28 Streeck 2013.
29 Bollmann/Kloepfer 2018.
30 Leibniz-Institut für Wirtschaftsforschung Halle 2019.
31 Schimank 2011b.

4. Unterschichtung, Überschichtung

1 Lois 2014.
2 Mau/Gielke 1996.
3 Seibel 1992.
4 Vester 1995: 15.
5 Bünning 2018.
6 Ebd.: 260.
7 Vgl. Lamont 1992; Sachweh 2013.
8 Bünning 2018.
9 Ebd.
10 Runciman 1966.
11 Mayer/Schulze 2009.
12 Hofmann 2009.
13 Solga 1997: 343.
14 Ebd.: 354.
15 Adler 1997.
16 Best 2005; Martens 2005.
17 Martens/Langwitz 2012.
18 Ebd.
19 Pollak 2018: 267.
20 Groh-Samberg/Hertel 2015.
21 Pollak 2010.
22 Groh-Samberg/Hertel 2015: 32.
23 Roose 2017.
24 Ebd.: 15.
25 Betthäuser 2019.
26 Schmidt/Rosa 2012: 432.
27 Nachtwey 2016.
28 Burckhardt et al. 2013.

29 Beck 1986.
30 Braun/Stuhler 2018.
31 Bisky 2005: 75f.
32 Goschler/Böick 2017: 10.
33 Offe 1991: 281.
34 Martens 2005.
35 Geißler 2014a: 464.
36 Deutsche Bundesbank 2019: 33, 2017: 77.
37 Rossbach 2014.
38 Grabka 2014.
39 Neckel 2010.
40 Bürklin/Rebenstorf 1997.
41 Ahbe 2003.
42 Watson 1959.
43 Rödder 2009: 347.
44 Berger 1991: 72.
45 Goschler/Böick 2017: 65.
46 Neckel 1999: 79f.
47 Ebd.
48 Zahlen nach Bluhm/Jacobs 2016.
49 Ebd.
50 Best/Vogel 2011.
51 Mau 2012b.
52 Bluhm/Jacobs 2016.
53 Kollmorgen 2017.
54 Schönherr/Jacobs 2019.
55 N. N. 2019.
56 Höfer 2019.

5. Demografischer Umbruch

1 Kröhnert 2008.
2 Zapf/Mau 1993.
3 Mau 1994.
4 Beck/Beck-Gernsheim 1994.
5 Dorbritz 1992.
6 Der Beauftragte der Bundesregierung für die neuen Bundesländer 2018: 56ff.
7 Hanse- und Universitätsstadt Rostock 2018.
8 Fasang 2014; Goldstein/Kreyenfeld 2011.
9 Fuchs/Weyh 2016.

10 Gosch 2003.
11 Leibniz-Institut für Wirtschaftsforschung Halle 2019.
12 Geis/Orth 2017.
13 Kröhnert/Klingholz 2006; Geis/Orth 2017.
14 Schoen 1983; Martin 2001.
15 Alle im Folgenden genannten Daten nach Stauder/Jäger 2019.
16 Vgl. Schnettler/Filser 2015.
17 Campbell 2007.
18 Haan et al. 2019.
19 Kröhnert/Klingholz 2006.

6. Mentale Lagerungen

1 Mannheim 1970 [1928].
2 Bude 1995, 2005.
3 Schelsky 1957.
4 Bude 1995.
5 Mohr 1992.
6 Kohli 1994: 52.
7 Leggewie 1995.
8 Behnken 1991: 23.
9 Engler 1994.
10 Mayer/Schulze 2009: 173.
11 Bürgel 2012: 179.
12 Rainer et al. 2018.
13 Kubiak/Weinel 2016.
14 Lindner 2006.
15 Bürgel 2004: 23.
16 Faus/Storks 2019.
17 Ebd.: 28.
18 N.N. 2018; Foroutan/Kubiak 2018.
19 Engler/Hensel 2018.
20 Halbwachs 1966 [1939].
21 Wolle 1998: 15.
22 Zit. n. Staas 2018.
23 Elias/Scotson 2002 [1965].
24 Kollmorgen 2007.
25 Geiger 1930: 646.
26 Kollmorgen 2011: 306ff.
27 Foroutan et al. 2019.

28 N. N. 2018.
29 Lamont et al. 2014; Lamont et al. 2017; Lamont 2018.
30 Ahbe 2010.
31 Rippl et al. 2018.
32 Heß 2016.
33 Kowalczuk 2018.
34 Kade 1997: 7.
35 Lepenies 1992: 27.
36 Bundesministerium für Verkehr, Bau und Stadtentwicklung 2009.
37 Neller 2006; Völkl 2006; Arzheimer 2016; Pickel 2016.
38 Staadt 2008.
39 Staud 2003.
40 Zit. n. Schulz 2018.
41 Foroutan/Kubiak 2018.
42 Den Hertog 2004.
43 Pates/Schochow 2012; Kubiak 2018.
44 Foroutan et al. 2019: 18.
45 Wendl 2010.
46 Kollmorgen 2005; Neller 2006; Gensicke 2001.
47 Wagner 1996.
48 Gensicke 1998: 197.
49 Arnold et al. 2015.
50 Ockenfels/Weimann 1999; Brosig-Koch et al. 2011.
51 Heineck/Süssmuth 2013; Häußermann 1996.
52 Ariely et al. 2015.
53 Rainer et al. 2018.

7. Bruchzonen

1 Honneth 2011.
2 Müller 2017: 4.
3 Geelhaar et al. 2012.
4 Friedrich 2001: 22.
5 Krastev 2017.
6 Kriesi et al. 2008.
7 Kraemer 2018; Mewes/Mau 2012.
8 Nachtwey 2016; Hilmer et al. 2017.
9 Kraemer 2018: 169.
10 Brenke/Kritikos 2017; Lux 2018; Rippl/Seipl 2018.
11 Rippl/Seipl 2018; Lengfeld/Dilger 2018.

12 Lengfeld 2017.
13 Koppetsch 2017a.
14 Lux 2018.
15 Rippl/Seipl 2018.
16 Mewes/Mau 2012; Lipset 1959; Van der Waal et al. 2010.
17 Heitmeyer 2018: 115f., umfassend siehe Zick et al. 2019.
18 Decker et al. 2018: 77.
19 Mau 2007.
20 Canan et al. 2018.
21 Bertelsmann Stiftung 2018.
22 Ebd.
23 Goodhart 2017.
24 Reckwitz 2017.
25 Bröckling 2013.
26 Koppetsch 2017a; Gidron/Hall 2017.
27 Manow 2018.
28 Schimank 2018: 232.
29 Dörre et al. 2018: 1.
30 Gerhards 2010.
31 Engler/Hensel 2018: 51.
32 Grünbein 2018.
33 Hochschild 2017
34 Ebd.: 302.
35 Foroutan et al. 2019: 30.
36 Koppetsch 2017b.
37 Engler/Hensel 2018: 109.
38 Pörksen 2018: 139.

Hausbesuch

1 Hansestadt Rostock 2017.
2 Ebd.
3 Helbig/Jähnen 2018.
4 Bertelsmann Stiftung 2018.

Gesellschaftliche Frakturen

1 Bude 2016.
2 Köpping 2018.
3 Heitmeyer 2018.

Literatur

Adler, Frank (1991), »Ansätze zur Rekonstruktion der Sozialstruktur des DDR-Realsozialismus«, in: *Berliner Journal für Soziologie* 1 (2), S. 157-175.

Ders. (1997), »Früher sozialistischer Leiter oder politischer Funktionär, heute ...? Zur vertikalen Mobilität der DDR-Dienstklasse im Transformationsprozeß«, in: Hradil, Stefan (Hg.), *Aufstieg für alle?*, a. a. O., S. 383-423.

Ahbe, Thomas (2003), »Deutsche Eliten und deutsche Umbrüche. Erfolg und Verschwinden verschiedener deutscher Elite-Gruppen und deren Wertepositionen«, in: *Deutschland Archiv* 36 (2), S. 191-206.

Ders. (2010), »Die DDR im Rücken. Die sozialisatorische Mitgift der Ostdeutschen und der aktuelle Konflikt von Erinnerungen und Leit-Erzählungen im vereinigten Deutschland«, online verfügbar unter: {http://www.iwm.at/transit/transit-online/die-ddr-im-ruecken/} (alle URLs Stand April 2019).

Ariely, Dan/Garcia-Rada, Ximena/Hornuf, Lars/Mann, Heather (2014), »The (true) legacy of two really existing economic systems«, in: *Munich Discussion Paper* 26.

Arnold, Felix/Freier, Ronny/Kroh, Martin (2015), »Geteilte politische Kultur auch 25 Jahre nach der Wiedervereinigung?«, in: *DIW Wochenbericht* 82 (37), S. 803-814.

Arzheimer, Kai (2016), »Wahlverhalten in Ost-West-Perspektive«, in: Schoen, Harald/Weßels, Bernhard (Hg.), *Wahlen und Wähler*, Wiesbaden: Springer, S. 71-89.

Autorenkollektiv (1974), »Über die soziale Struktur der Arbeiterklasse. Ergebnisse einer repräsentativen soziologischen Untersuchung in der zentralgeleiteten sozialistischen Industrie der DDR. Teil I: Arbeits- und Lebensbedingungen der Werktätigen im Zusammenhang mit der sozialen Struktur der Arbeiterklasse«, Manuskript.

Bahl, Friederike/Staab, Philipp (2010), »Das Dienstleistungsproletariat. Theorie auf kaltem Entzug«, in: *Mittelweg 36. Zeitschrift des Hamburger Instituts für Sozialforschung* 19 (6), S. 66-93.

Baring, Arnulf (1991), *Deutschland, was nun? Ein Gespräch mit Dirk Rumberg und Wolf Jobst Siedler*, Berlin: Siedler.

Beck, Ulrich (1983), »Jenseits von Stand und Klasse? Soziale Ungleichheiten, gesellschaftliche Individualisierungsprozesse und die Entstehung neuer sozialer Formationen und Identitäten«, in: Kreckel, Reinhard (Hg.), *Soziale Ungleichheiten*, Göttingen: Schwartz, S. 35-74.

Ders. (1986), *Risikogesellschaft. Auf dem Weg in eine andere Moderne*, Frankfurt am Main: Suhrkamp.

Ders. (1991), »Opposition in Deutschland«, in: Giesen, Bernd/Leggewie, Claus (Hg.), *Experiment Vereinigung. Ein sozialer Großversuch*, Berlin: Rotbuch, S. 21-27.

Ders. (1999a), »Die Zukunft der Arbeit oder die politische Ökonomie der Unsicherheit«, in: *Berliner Journal für Soziologie* 9 (4), S. 467-478.

Ders. (1999b), *Schöne neue Arbeitswelt*, Frankfurt am Main: Campus.

Ders./Beck-Gernsheim, Elisabeth (1994), *Riskante Freiheiten. Individualisierung in modernen Gesellschaften*, Frankfurt am Main: Suhrkamp.

Behnken, Imbke (1991), *Schülerstudie 90. Jugendliche im Prozeß der Vereinigung*, Weinheim: Beltz Juventa.

Behr, Michael (2000), »Ostdeutsche Arbeitsspartaner«, in: *Die politische Meinung* 369, S. 27-38.

Bell, Daniel (1976), »The coming of the post-industrial society«, in: *The Educational Forum* 40 (4), S. 574-579.

Belok, Felicitas/Faus, Rainer (2017), *Kartografie der politischen Landschaft in Deutschland. Die wichtigsten Ergebnisse für Ostdeutschland*, Berlin: Friedrich-Ebert-Stiftung.

Berger, Peter A. (1991), »Von Bewegungen in zur Beweglichkeit von Strukturen. Provisorische Überlegungen zur Sozialstrukturanalyse im vereinten Deutschland«, in: *Soziale Welt* 42 (1), S. 68-92.

Bertram, Hans/Kollmorgen, Raj (2001), »Die Transformation Ostdeutschlands und ihre Erforschung. Eine Einführung in die Arbeit der KSPW und die Beiträge des Bandes«, in: dies. (Hg.), *Die Transformation Ostdeutschlands*, Wiesbaden: VS Verlag für Sozialwissenschaften, S. 9-30.

Best, Heinrich (2005), »Cadres into managers: structural changes of East German economic elites before and after reunification«, in: *Historical Social Research* 30(2), S. 6-24.

Ders./Gebauer, Ronald/Remy, Dietmar/Salheiser, Axel (2012), »Die Gesellschaft der DDR als Ungleichheitsordnung«, in: Best, Heinrich/Holtmann, Everhart (Hg.), *Aufbruch der entsicherten Gesellschaft*, a. a. O., S. 63-84.

Ders./Holtmann, Everhart (Hg.) (2012), *Aufbruch der entsicherten Gesellschaft. Deutschland nach der Wiedervereinigung*. Frankfurt am Main/New York: Campus.

Ders./Vogel, Lars (2011), »Politische Eliten im vereinten Deutschland. Strukturen – Einstellungen – Handlungsbedingungen«, in: Lorenz, Astrid (Hg.), *Ostdeutschland und die Sozialwissenschaften. Bilanz und Perspektiven 20 Jahre nach der Wiedervereinigung*, Opladen: Barbara Budrich, S. 120-152.

Betthäuser, Bastian A. (2019), »The effect of the post-socialist transition on inequality of educational opportunity: Evidence from German unification«, in: *European Sociological Review* (1. April).

Beyme, Klaus von (1996), »Der kurze Sonderweg Ostdeutschlands zur Vermeidung eines erneuten Sonderweges. Die Transformation Ostdeutschlands im Vergleich der postkommunistischen Systeme«, in: *Berliner Journal für Soziologie* 6 (3), S. 305-316.

Bielinski, Harald/Brinkmann, Christian/Kohler, Bärbl (1995), »Erwerbsverläufe seit der Wende in Ostdeutschland: Brüche und Kontinuitäten. Ergebnisse des Arbeitsmarkt-Monitors über berufliche Veränderungen 1989 bis 1994«, in: *IAB-Werkstattbericht* 6.

Bisky, Jens (2005), *Die deutsche Frage. Warum die Einheit unser Land gefährdet*, Berlin: Rowohlt Berlin.

Bluhm, Michael/Jacobs, Olaf (2016), *Wer beherrscht den Osten? Ostdeutsche Eliten ein Vierteljahrhundert nach der deutschen Wiedervereinigung*. Leipzig: Universität Leipzig/Institut für Kommunikations- und Medienwirtschaft.

Bollmann, Ralph/Kloepfer, Inge (2018), »Das geteilte Land«, in: *Frankfurter Allgemeine Sonntagszeitung* (28. Februar), S. 28; online verfügbar unter: {https://www.faz.net/aktuell/wirtschaft/deutschland-ein-geteiltes-land-15456747.html}.

Bolte, Karl Martin/Hradil, Stefan (1988), *Soziale Ungleichheit in der Bundesrepublik Deutschland*. Opladen: Leske + Budrich.

Booth, Melanie/Dörre, Klaus/Haubner, Tine/Marquardsen, Kai/Scherschel, Karin/Schierborn, Karen (2012), »Bewährungsproben für die Unterschicht: Wirkungen aktivierender Arbeitsmarktpolitik«, in: Best/Holtmann (Hg.), *Aufbruch der entsicherten Gesellschaft*, a. a. O., S. 347-368.

Bourdieu, Pierre (1987), *Die feinen Unterschiede. Kritik der gesellschaftlichen Urteilskraft*, Frankfurt am Main: Suhrkamp.

Braun, Sebastian Till/Stuhler, Jan (2018), »The transmission of inequality across multiple generations: Testing recent theories with evidence from Germany«, in: *The Economic Journal* 128 (609), S. 576-611.

Brenke, Karl/Grabka, Markus M./Holst, Elke/Hülle, Sebastian/Liebig, Stefan/Priem, Maximilian/Rasner, Anika/Schober, Pia S./Schupp, Jürgen/Stahl, Juliane F. (2014), »Die Wiedervereinigung – eine ökonomische Erfolgsgeschichte«, in: *DIW-Wochenbericht* 81 (40), S. 935-937.

Ders./Kritikos, Alexander S. (2017), »Wählerstruktur im Wandel«, in: *DIW-Wochenbericht* 84 (29), S. 595-606.

Bröckling, Ulrich (2013), *Das unternehmerische Selbst. Soziologie einer Subjektivierungsform*, Frankfurt am Main: Suhrkamp.

Brosig-Koch, Jeannette/Helbach, Christoph/Ockenfels, Axel/Weimann, Joachim (2011), »Still different after all these years: Solidarity behavior in East and West Germany«, in: *Journal of Public Economics* 95(11-12), S. 1373-1376.

Brzezinski, Zbigniew (1989), *Das gescheiterte Experiment. Der Untergang des kommunistischen Systems*, Wien: Ueberreuter.

Buck, Elena/Hönke, Jana (2013), »Pioniere der Prekarität – Ostdeutsche als Avantgarde des neuen Arbeitsmarktregimes«, in: *Der »Ossi«. Mikropolitische Studien über einen symbolischen Ausländer*. Wiesbaden: Springer, S. 23-53.

Bude, Heinz (1995), *Das Altern einer Generation. Die Jahrgänge 1938 bis 1948*, Frankfurt am Main: Suhrkamp.

Ders. (2005), »›Generation‹ im Kontext. Von den Kriegs- zu den Wohlfahrtsstaatsgenerationen«, in: Jureit, Ulrike/Wildt, Michael (Hg.), *Generationen. Zur Relevanz eines wissenschaftlichen Grundbegriffs*, Hamburg: Hamburger Edition, S. 28-44.

Ders. (2008), *Die Ausgeschlossenen. Das Ende vom Traum einer gerechten Gesellschaft*, München: Hanser.

Ders. (2011), »Ein natürliches Experiment«, in: Bude, Heinz/Medicus, Thomas/Willisch, Andreas (Hg.), *ÜberLeben im Umbruch. Am Beispiel Wittenberge: Ansichten einer fragmentierten Gesellschaft*, Hamburg: Hamburger Edition, S. 13-30.

Ders. (2015), *Bildungspanik. Was unsere Gesellschaft spaltet*, München: Hanser.

Ders. (2016), *Das Gefühl der Welt. Über die Macht von Stimmungen*, München: Hanser.

Bundesministerium für Arbeit und Soziales (2018), Fragestunde des Deutschen Bundestages (25. April), BT-Drucksache 19/1762, Antwort auf die Fragen der Abgeordneten Sabine Zimmermann (Die Linke), online verfügbar unter: {http://docs.dpaq.de/13505-antwort_-_m_ndliche_fragen_sabine_zimmermann_nr._19_und_nr._20_bt-drs._19-1762__4_.pdf}.

Bundesministerium für innerdeutsche Beziehungen (Hg.) (1986), *Zahlenspiegel*, Bonn: Bundesministerium für innerdeutsche Beziehungen.

Bundesministerium für Verkehr, Bau und Stadtentwicklung (2009), Umfrage zur Bewertung des Lebens in der DDR, online verfügbar unter: {https://de.statista.com/statistik/daten/studie/13027/umfrage/beurteilung-des-lebens-in-der-ddr/}.

Bünning, Mareike (2018), »Soziale Lagen und soziale Schichtung«, in: Statistisches Bundesamt/Wissenschaftszentrum Berlin (WZB) (Hg.), *Datenreport 2018*, Bonn: Bundeszentrale für politische Bildung, S. 255-261.

Bürgel, Tanja (2004), »Mauerfall-Kinder. Wie orientieren sich junge Ostdeutsche 15 Jahre nach der Wende?«, in: *Berliner Debatte Initial* 15 (4), S. 16-25.

Dies. (2012), »Ostdeutsche Generationen als Einwanderer in der Bundesrepublik und die Perspektiven der Wendekinder als Generation«, in: Best/Holtmann (Hg.), *Aufbruch der entsicherten Gesellschaft*, a.a.O., S. 172-186.

Burkhardt, Christoph/Grabka, Markus/Groh-Samberg, Olaf/Lott, Yvonne/Mau, Steffen (2013), *Mittelschicht unter Druck?*, Gütersloh: Bertelsmann Stiftung.

Bürklin, Wilhelm/Rebenstorf, Hilke (1997), *Eliten in Deutschland. Rekrutierung und Intregration*, Opladen: Leske + Budrich.

C.K./D.B. (1989), »Die Krise der Ute Reinhart und die Wirklichkeit der DDR«, in: *Ostsee-Zeitung* (4. August), S. 3f.

Campbell, Anne (2007), »Sex differences in aggression«, in: Dunbar, Robin I. M./Barrett, Louise (Hg.), *Oxford Handbook of Evolutionary Psychology*. Oxford: Oxford University Press, S. 365-382.

Canan, Coşkun/Foroutan, Naika/Simon, Mara/Hänig, Albrecht (2018), *Ostdeutschland postmigrantisch – Einstellungen der Bevölkerung Ostdeutschlands zu Musli-*

minnen und Muslimen in Deutschland, Berlin: Berliner Institut für empirische Integrations- und Migrationsforschung.

Castel, Robert (2000), *Die Metamorphosen der sozialen Fragen. Eine Chronik der Lohnarbeit*, Konstanz: UVK.

Collins, Randall (1986), »The future decline of the Russian Empire«, in: ders. (Hg.), *Weberian Sociological Theory*, Cambridge: Cambridge University Press, S. 186-209.

Connelly, John (2000), *Captive University: The Sovietization of East German, Czech, and Polish Higher Education, 1945-1956*, Chapel Hill: UNC Press.

Coser, Lewis A. (2015 [1974]), *Gierige Institutionen. Soziologische Studien über totales Engagement*, Berlin: Suhrkamp.

Cramer, Katherine J. (2016), *The Politics of Resentment: Rural Consciousness in Wisconsin and the Rise of Scott Walker*, Chicago/London: University of Chicago Press.

Czada, Roland (1997), »Vereinigung und Systemtransformation als Governance Problem«, in: Corsten, Michael (Hg.), *Transformationsprobleme zwischen Markt, Staat und Drittem Sektor*, Marburg: Metropolis, S. 181-209.

Decker, Oliver/Kiess, Johannes/Schuler, Julia/Handke, Barbara/Brähler, Elmar (2018), »Die Leipziger Autoritarismus-Studie 2018: Methode, Ergebnisse und Langzeitverlauf«, in: Decker, Oliver/Brähler, Elmar (Hg.), *Flucht ins Autoritäre. Rechtsextreme Dynamiken in der Mitte der Gesellschaft*, Gießen: Psychosozial-Verlag, S. 65-116.

Den Hertog, Frank R. J. (2004), *Minderheit im eigenen Land? Zur gesellschaftlichen Position der Ostdeutschen in der gesamtdeutschen Realität*, Frankfurt am Main/New York: Campus.

Der Beauftragte der Bundesregierung für die neuen Bundesländer (2018), *Jahresbericht der Bundesregierung zum Stand der deutschen Einheit 2018*, Berlin: Bundesministerium für Wirtschaft und Energie (BMWi).

Ders. (2019), »Demografische Situation in den neuen Ländern«, online verfügbar unter: {https://www.beauftragter-neue-laender.de/BNL/Navigation/DE/Themen/Gleichwertige_Lebensverhaeltnisse_schaffen/Demografie/Demografische_Situation/demografische_situation.html}.

Deutsche Bundesbank (2016), *Vermögen und Finanzen privater Haushalte in Deutschland: Ergebnisse der Vermögensbefragung 2014*, Frankfurt am Main.

Dies. (2019), *Vermögen und Finanzen privater Haushalte in Deutschland: Ergebnisse der Vermögensbefragung 2017*, Frankfurt am Main.

Deutsche Post AG (Hg.) (2017), *Deutsche Post Glücksatlas 2017*, München: Albrecht Knaus.

Dietrich, Gerd (2018), *Kulturgeschichte der DDR*, Göttingen: Vandenhoeck & Ruprecht.

Dorbritz, Jürgen (1992), »Nuptialität, Fertilität und familiale Lebensformen in der sozialen Transformation – Übergang zu einer neuen Bevölkerungsweise in Ostdeutschland«, in: *Zeitschrift für Bevölkerungswissenschaft* 18(2), S. 167-196.

Dörre, Klaus/Bose, Sophie/Lütten, John/Köster, Jakob (2018), »Arbeiterbewegung von rechts? Motive und Grenzen einer imaginären Revolte«, in: *Berliner Journal für Soziologie* 28(1-2), S. 55-89.

Dümcke, Wolfgang/Vilmar, Fritz (1996), »Kritische Zwischenbilanz der Vereinigungspolitik. Eine unerledigte Aufgabe der Politikwissenschaft«, in: *Aus Politik und Zeitgeschichte* 40, S. 35-45.

Eichhorst, Werner/Marx, Paul/Thode, Eric (2009), *Arbeitsmarkt und Beschäftigung in Deutschland 2000-2009. Beschäftigungserfolge bei zunehmender Differenzierung*, Gütersloh: Bertelsmann Stiftung.

Elias, Norbert/Scotson, John L. (2002 [1965]), *Etablierte und Außenseiter*, Frankfurt am Main: Suhrkamp.

Ellguth, Peter/Kohaut, Susanne (2015), »Tarifbindung und betriebliche Interessenvertretung: Aktuelle Ergebnisse aus dem IAB-Betriebspanel 2014«, in: *WSI-Mitteilungen* 68 (4), S. 290-297.

Engler, Wolfgang (1992), *Die zivilisatorische Lücke. Versuche über den Staatssozialismus*, Frankfurt am Main: Suhrkamp.

Ders. (1994), »Der aufgeschobene Streit«, in: *Die Zeit* (4. November), S. 63.

Ders. (1995), *Die ungewollte Moderne. Ost-West-Passagen*, Frankfurt am Main: Suhrkamp.

Ders. (1999), *Die Ostdeutschen. Kunde von einem verlorenen Land*, Berlin: Aufbau.

Ders. (2010), *Die Ostdeutschen als Avantgarde*, Berlin: Aufbau.

Ders./Hensel, Jana (2018), *Wer wir sind. Die Erfahrung, ostdeutsch zu sein*, Berlin: Aufbau.

Ettrich, Frank (1992), »Neotraditionalistischer Staatssozialismus. Zur Diskussion eines Forschungskonzeptes«, in: *Prokla. Zeitschrift für kritische Sozialwissenschaft* 22 (86), S. 98-114.

Fan, Ying (2010), »Branding the nation: Towards a better understanding«, in: *Place Branding and Public Diplomacy* 6 (2), S. 97-103.

Fasang, Anette Eva (2014), »New perspectives on family formation: What can we learn from sequence analysis?«, in: Blanchard, Philippe/Bühlmann, Felix/Gauthier, Jacques-Antoine (Hg.), *Advances in Sequence Analysis: Theory, Method, Applications*, New York/Heidelberg: Springer, S. 107-128.

Faus, Rainer/Storks, Simon (2019) *Im vereinten Deutschland geboren – in den Einstellungen gespalten?*, OBS-Arbeitsheft 96, Frankfurt am Main: Otto-Brenner-Stiftung.

Flierl, Bruno (1998), *Gebaute DDR. Über Stadtplaner, Architekten und die Macht. Kritische Reflexionen 1990-1997*, Berlin: Verlag für Bauwesen.

Foroutan, Naika/Kubiak, Daniel (2018), »Ausschluss und Abwertung: Was Muslime und Ostdeutsche verbindet«, in: *Blätter für deutsche und internationale Politik* 7, S. 93-102.

Foroutan, Naika/Kalter, Frank/Canan, Coşkun/Simon, Mara (2019), *Ost-Migrantische Analogien I. Konkurrenz um Anerkennung*, unter Mitarbeit von Daniel Kubiak und Sabrina Zajak, Berlin: DeZIM-Institut.

Friedrich, Carl J./Brzezinski, Zbigniew (1957), *Totalitäre Diktatur*, Stuttgart: Kohlhammer.

Friedrich, Walter (1967), *Jugend heute – theoretische Probleme, empirische Daten, pädagogische Konsequenzen*, Ost-Berlin: Deutscher Verlag der Wissenschaften.

Ders. (2001), »Ist der Rechtsextremismus im Osten ein Produkt der autoritären DDR?«, in: *Aus Politik und Zeitgeschichte* 46, S. 16-23.

Fuchs, Michaela/Weyh, Antje (2016), »Rückwanderung von Beschäftigten nach Ostdeutschland: Räumliche Muster und soziodemografische Strukturen«, in: *ifo Dresden berichtet* 23 (3), S. 19-27.

Geelhaar, Stephan/Marz, Ulrike/Prenzel, Thomas (2012), »Rostock-Lichtenhagen als konformistische Revolte«, in: Prenzel, Thomas (Hg.), *20 Jahre Rostock-Lichtenhagen. Kontext, Dimensionen und Folgen rassistischer Gewalt*, Rostock: Institut für Politik- und Verwaltungswissenschaften, S. 55-68.

Geiger, Theodor (1930), »Panik im Mittelstand«, in: *Die Arbeit. Zeitschrift für Gewerkschaftspolitik und Wirtschaftskunde* 7 (10), S. 637-654.

Geis, Wido/Orth, Anja Katrin (2017), »Lage in den neuen Ländern: Weniger Frauen gehen, Männerüberschuss bleibt bestehen«, in: *IW-Kurzberichte* 3.

Geiselberger, Heinrich (Hg.) (2017), *Die große Regression. Eine internationale Debatte über die geistige Situation der Zeit*, Berlin: Suhrkamp.

Geißler, Rainer (Hg.) (1992), *Die Sozialstruktur Deutschlands. Ein Studienbuch zur sozialstrukturellen Entwicklung im geteilten und vereinten Deutschland*, Opladen: Westdeutscher Verlag.

Ders. (1993), »Sozialer Umbruch als Modernisierung«, in: ders. (Hg.), *Sozialer Umbruch in Ostdeutschland*, Wiesbaden: Springer, S. 63-91.

Ders. (2014a), *Die Sozialstruktur Deutschlands*, Wiesbaden: Springer.

Ders. (2014b), »Materielle Lebensbedingungen«, in: *Informationen zur politischen Bildung* 324, S. 10-23.

Gensicke, Thomas (1998), *Die neuen Bundesbürger. Eine Transformation ohne Integration*, Opladen: Westdeutscher Verlag.

Ders. (2001), »Auf dem Weg der Integration. Die neuen Bundesbürger nach der Einheit«, in: *Deutschland Archiv* 34 (3), S. 398-410.

Gerhards, Jürgen (2010), *Mehrsprachigkeit im vereinten Europa. Transnationales sprachliches Kapital als Ressource in einer globalisierten Welt*, Wiesbaden: VS Verlag für Sozialwissenschaften.

Gesemann, Frank/Roth, Roland/Seidel, Alexander/Schwarze, Kristin/Prötzsch, Janina (2018), *Fallstudien zum sozialen Zusammenhalt vor Ort*, Gütersloh: Bertelsmann Stiftung.

Gidron, Noam/Hall, Peter A. (2017), »The politics of social status: economic and cultural roots of the populist right«, in: *The British Journal of Sociology* 68 (S 1), S. S 57-S 84.

Gieseke, Jens (2010), »Zwischen Privilegienkultur und Egalitarismus. Zu den Einkommensstrukturen des Ministeriums für Staatssicherheit«, in: *Deutschland Archiv* 43 (3), S. 442-453.

Giesen, Bernhard/Leggewie, Claus (1991), *Experiment Vereinigung. Ein sozialer Großversuch*, Berlin: Rotbuch.

Goedicke, Anne (2006), »A ›ready-made state‹: The mode of institutional transition in East Germany after 1989«, in: Mayer, Karl Ulrich (Hg.), *After the Fall of the Wall: Life Courses in the Transformation of East Germany*, Stanford: Stanford University Press, S. 44-64.

Goffman, Erving (1957), »On the characteristics of total institutions«, in: Walter Reed Army Institute for Research/Walter Reed Army Medical Centre (Hg.), *Symposium in Preventive and Social Psychiatry*, Washington, D. C., S. 43-84.

Goldstein, Joshua R./Kreyenfeld, Michaela (2011), »Has East Germany overtaken West Germany? Recent trends in order-specific fertility«, in: *Population and Development Review* 37(3), S. 453-472.

Goodhart, David (2017), *The Road to Somewhere. The Populist Revolt and the Future of Politics*, London: Hurst.

Gosch, Sabine (2003), »Ergebnisse der sächsischen Wanderungsanalyse«, in: *Statistik in Sachsen* 3, S. 60-62.

Goschler, Constantin/Böick, Marcus (2017), *Studie zur Wahrnehmung und Bewertung der Arbeit der Treuhandanstalt*, Bochum: Ruhr-Universität Bochum.

Grabka, Markus M. (2014), »Private Vermögen in Ost- und Westdeutschland gleichen sich nur langsam an«, in: *DIW-Wochenbericht* 81 (40), S. 959-966.

Greiffenhagen, Martin/Greiffenhagen, Sylvia (1994), »Die ehemalige DDR als das ›deutschere‹ Deutschland«, in: Greiffenhagen, Martin (Hg.), *Die neuen Bundesländer*, Stuttgart: Landeszentrale für politische Bildung Baden-Württemberg, S. 9-27.

Groh-Samberg, Olaf/Hertel, Florian R. (2015), »Ende der Aufstiegsgesellschaft?«, in: *Aus Politik und Zeitgeschichte* 10 (2015), S. 25-32.

Gross, Peter (1994), *Die Multioptionsgesellschaft*, Frankfurt am Main: Suhrkamp.

Großbölting, Thomas (2005), »Entbürgerlichte DDR? Sozialer Bruch und kultureller Wandel in der ostdeutschen Gesellschaft«, in: Hettling, Manfred/Ulrich, Bernd (Hg.), *Bürgertum nach 1945*, Hamburg: Hamburger Edition, S. 407-432.

Grünbein, Durs (2018), »Die süße Krankheit Dresden«, in: *Süddeutsche Zeitung* (13. März), S. 11.

Grundmann, Siegfried (1997), *Die Sozialstruktur der DDR. Versuch einer Rekonstruktion auf der Basis einer 1987 durchgeführten soziologischen Untersuchung*, WZB Discussion Paper FS III 97-402, Berlin: Wissenschaftszentrum Berlin.

Gysi, Jutta (1990), »Die Zukunft von Familie und Ehe, Familienpolitik und Familienforschung in der DDR«, in: Burkart, Günter (Hg.), *Sozialisation im Sozialismus. Lebensbedingungen in der DDR im Umbruch*, Weinheim: Beltz Juventa, S. 33-41.

Haan, Peter/Anna Hammerschmid/Robert Lindner/Julia Schmieder (2019), »Todesfälle durch Suizid, Alkohol und Drogen sinken deutlich bei Männern und Frauen in Ost- und Westdeutschland«, in: *DIW Wochenbericht* 7-8, S. 99-105.

Habermas, Jürgen (1990a), »Die Stunde der nationalen Empfindung. Republikanische Gesinnung oder Nationalbewußtsein?«, in: Ders., *Die nachholende Revolution. Kleine politische Schriften VII*, Frankfurt am Main: Suhrkamp, S. 157-175.

Ders. (1990b), »Nachholende Modernisierung und linker Revisionismusbedarf. Was heißt Sozialismus heute?«, in: Ders., *Die nachholende Revolution. Kleine politische Schriften VII*, Frankfurt am Main: Suhrkamp, S. 179-204.

Hahn, Toni/Schön, Gerhard (1996), *Arbeitslos – chancenlos? Verläufe von Arbeitslosigkeit in Ostdeutschland*, Opladen: Leske + Budrich.

Halbwachs, Maurice (1966 [1939]), *Das Gedächtnis und seine sozialen Bedingungen*, Berlin: Luchterhand.

Hannemann, Christine (1996), »Entdifferenzierung als Hypothek – Differenzierung als Aufgabe: Zur Entwicklung der ostdeutschen Großsiedlungen«, in: Häußermann/Neef, *Stadtentwicklung in Ostdeutschland*, a. a. O., S. 87-106.

Ders. (2005), *Die Platte. Industrialisierter Wohnungsbau in der DDR*, Berlin: Verlag Hans Schiler.

Hansestadt Rostock (Hg.) (2017), *Statistische Nachrichten: Kommunale Bürgerinnen- und Bürgerumfrage 2016*, Rostock: Presse- und Informationsstelle.

Hanse- und Universitätsstadt Rostock (Hg.) (2018), *Statistisches Jahrbuch 2018*, Rostock: Presse- und Informationsstelle.

Harth, Annette/Herlyn, Ulfert/Scheller, Gitta (1998), *Segregation in ostdeutschen Städten. Eine empirische Studie*, Opladen: Leske + Budrich.

Hartmann, Heinz (1991), »Für alles gerüstet? Die deutsche Vereinigung als Herausforderung für die Soziologie«, in: Giesen/Leggewie (Hg.), *Experiment Vereinigung*, a. a. O., S. 100-110.

Häußermann, Hartmut/Neef, Rainer (Hg.) (1996), *Stadtentwicklung in Ostdeutschland. Soziale und räumliche Tendenzen*, Opladen: Westdeutscher Verlag.

Ders. (1996), »Von der Stadt im Sozialismus zur Stadt im Kapitalismus«, in: Häußermann/Neef, (Hg.), *Stadtentwicklung in Ostdeutschland*, a. a. O., S. 5-47.

Heil, Karolus (1971), *Kommunikation und Entfremdung. Menschen am Stadtrand: Legende und Wirklichkeit. Eine vergleichende Studie in einem Altbauquartier und in einer neuen Großsiedlung in München*, Stuttgart: Krämer.

Heineck, Guido/Süssmuth, Bernd (2013), »A different look at Lenin's legacy: Social capital and risk taking in the two Germanies«, in: *Journal of Comparative Economics* 41(3), S. 789-803.

Heinemann, Karl-Heinz/Schubarth, Wilfried/Brück, Wolfgang (1992), *Der antifaschistische Staat entläßt seine Kinder: Jugend und Rechtsextremismus in Ostdeutschland*, Köln: PapyRossa.

Heitmeyer, Wilhelm, *Versuchungen. Signaturen der Bedrohung 1*, Berlin: Suhrkamp.

Helbig, Marcel/Jähnen, Stefanie (2018), *Wie brüchig ist die soziale Architektur unserer Städte? Trends und Analysen der Segregation in 74 deutschen Städten*, WZB Discussion Paper 2018-001, Berlin: Wissenschaftszentrum Berlin.

Henrich, Rolf (1989), *Der vormundschaftliche Staat*, Leipzig: Kiepenheuer.

Hensel, Jana (2003), *Zonenkinder*, Reinbek bei Hamburg: Rowohlt.

Heß, Pamela (2016), »Gleichförmig statt vielfältig. Die DDR im öffentlichen Erinnern«, in: Matthäus, Sandra/Kubiak, Daniel (Hg.), *Der Osten – Neue sozialwissenschaftliche Perspektiven auf einen komplexen Gegenstand jenseits von Verurteilung und Verklärung*, Wiesbaden: Springer, S. 99-123.

Hilmer, Richard/Kohlrausch, Bettina/Müller-Hilmer, Rita/Gagné, Jérémie (2017), *Einstellung und soziale Lebenslage. Eine Spurensuche nach Gründen für rechtspopulistische Orientierung auch unter Gewerkschaftsmitgliedern*, Working Paper Forschungsförderung 44, Düsseldorf: Hans-Böckler-Stiftung.

Hirschman, Albert O. (2004 [1970]), *Abwanderung und Widerspruch. Reaktion auf Leistungsabfall bei Unternehmungen, Organisation und Staaten*, Tübingen: Mohr-Siebeck.

Ders. (1992), »Abwanderung, Widerspruch und das Schicksal der Deutschen Demokratischen Republik. Ein Essay zur konzeptuellen Geschichte, in: Leviathan 20, S. 330-358.

Hochschild, Arlie Russell (2017), *Fremd in ihrem Land. Eine Reise ins Herz der amerikanischen Rechten*, Frankfurt am Main/New York: Campus.

Höfer, Max A. (2019), »Die Liste der 500. Die wichtigsten deutschsprachigen Intellektuellen«, in: *Cicero online* (29. Januar), online verfügbar unter: {https://www.cicero.de/kultur/500-wichtigste-deutschsprachige-intellektuelle-liste/plus}.

Hofmann, Michael (2009), »Wandel sozialer Milieus in Deutschland«, Rede bei der Konrad-Adenauer-Stiftung e.V. (27. Januar), online verfügbar unter: {https://www.kas.de/c/document_library/get_file?uuid=ca4a4614-cbd1-caf8-34c8-c37403d01e86&groupId=252038}.

Honneth, Axel (2011), *Verwilderungen des sozialen Konflikts: Anerkennungskämpfe zu Beginn des 21. Jahrhunderts*, MPIFG Working Paper 4, Köln: Max-Planck-Institut für Gesellschaftsforschung.

Hradil, Stefan (1992), »Die ›objektive‹ und die ›subjektive‹ Modernisierung. Der Wandel der westdeutschen Sozialstruktur und die Wiedervereinigung«, in: *Aus Politik und Zeitgeschichte* 29 (30), S. 3-14.

Ders. (1996), »Überholen ohne einzuholen? Chancen subjektiver Modernisierung in Ostdeutschland«, in: Kollmorgen, Raj/Reißig, Rolf/Weiß, Johannes (Hg.), *Sozialer Wandel und Akteure in Ostdeutschland.* Opladen: Leske + Budrich, S. 55-79.

Ders. (Hg.) (1997), *Aufstieg für alle?*, Wiesbaden: Springer.

Joas, Hans/Kohli, Martin (1993a), »Der Zusammenbruch der DDR. Fragen und Thesen«, in: dies. (Hg.), *Der Zusammenbruch der DDR. Soziologische Analysen*, a. a. O., S. 7-28.

Dies. (Hg.) (1993b), *Der Zusammenbruch der DDR. Soziologische Analysen*, Frankfurt am Main: Suhrkamp.

Jörke, Dirk/Nachtwey, Oliver (2017a), »Das Volk gegen die (liberale) Demokratie? Die Krise der Repräsentation und neue populistische Herausforderungen«, in: dies. (Hg.), *Das Volk gegen die (liberale) Demokratie*, a. a. O., S. 7-18.

Dies. (Hg.) (2017b), *Das Volk gegen die (liberale) Demokratie*, Baden-Baden: Nomos.

Jowitt, Ken (1983), »Soviet neotraditionalism. The political corruption of a Leninist regime«, in: *Soviet Studies* 35 (3), S. 275-297.

Kaase, Max/Bauer-Kaase, Petra (1998), »Deutsche Vereinigung und innere Einheit 1990-1997«, in: Meulemann, Heiner (Hg.), *Werte und nationale Identität im vereinten Deutschland: Erklärungsansätze der Umfrageforschung*, Opladen: Leske + Budrich, S. 251-267.

Kade, Sylvia (1997), *Die andere Geschichte: Spurensicherung im Vorruhestand*, Frankfurt am Main: Deutsches Institut für Erwachsenenbildung.

Kaelble, Hartmut/Kocka, Jürgen/Zwahr, Hartmut (Hg.) (1994), *Sozialgeschichte der DDR*, Stuttgart: Klett-Cotta.

Kaminsky, Anna (2017), *Frauen in der DDR*, Berlin: Ch. Links.

Keller, Carsten (2005), *Leben im Plattenbau. Zur Dynamik sozialer Ausgrenzung*, Frankfurt am Main/New York: Campus.

Köcher, Renate (2019), »Fremd im eigenen Haus«. *Frankfurter Allgemeine Zeitung* (23. Januar), S. 8.

Kocka, Jürgen (1994), »Eine durchherrschte Gesellschaft«, in: ders./Kaelble, Hartmut/Zwahr, Hartmut (Hg.), *Sozialgeschichte der DDR*, a. a. O., S. 547-553.

Kohli, Martin (1994), »Die DDR als Arbeitsgesellschaft? Arbeit, Lebenslauf und soziale Differenzierung«, in: Kaelble/Kocka/Zwahr (Hg.), *Sozialgeschichte der DDR*, a. a. O., S. 31-61.

Kollmorgen, Raj (2005), *Ostdeutschland: Beobachtungen einer Übergangs- und Teilgesellschaft*, Wiesbaden: VS Verlag für Sozialwissenschaften.

Ders. (2007), »Diskursive Missachtung. Zur Subalternisierung ostdeutscher Soziokulturen«, in: *Deutschland Archiv* 40 (3), S. 481-491.

Ders. (2011), »Subalternisierung. Formen und Mechanismen der Missachtung Ostdeutscher«, in: ders./Koch, Frank T./Dienel, Hans-Liudger (Hg.), *Diskurse der deutschen Einheit. Kritik und Alternativen*, Wiesbaden: VS Verlag für Sozialwissenschaften, S. 301-360.

Ders. (2017), »Ostdeutsche in den Eliten. Problemdimensionen und Zukunftsperspektiven«, in: Appelt, Andreas (Hg.), *Ostdeutsche Eliten. Träume, Wirklichkeiten und Perspektiven*, Berlin: Deutsche Gesellschaft e.V., S. 54-65.

Ders./Merkel, Wolfgang/Wagener, Hans-Jürgen (Hg.) (2015), *Handbuch Transformationsforschung*, Wiesbaden: Springer.

Konrád, György/Szelényi, Iván (1978), *Die Intelligenz auf dem Weg zur Klassenmacht*, Frankfurt am Main: Suhrkamp.

Koppetsch, Cornelia (2017a), »Aufstand der Etablierten?«, in: *Soziopolis* (12. April), online verfügbar unter: {https://soziopolis.de/beobachten/kultur/artikel/aufstand-der-etablierten/}.

Dies. (2017b), »Rechtspopulismus, Etablierte und Außenseiter. Emotionale Dynamiken sozialer Deklassierung«, in: Jörke/Nachtwey (Hg.), *Das Volk gegen die (liberale) Demokratie*, a. a. O., S. 208-232.

Köpping, Petra (2018), *Integriert doch erst mal uns! Eine Streitschrift für den Osten*, Berlin: Ch. Links.

Kowalczuk, Ilko-Sascha (2018), »Und was hast du bis 1989 getan?«, in: *Süddeutsche Zeitung* (23. Oktober), S. 11.

Kraemer, Klaus (2018), »Sehnsucht nach dem nationalen Container. Zur symbolischen Ökonomie des neuen Nationalismus in Europa«, in: *Leviathan. Zeitschrift für Sozialwissenschaften* 46 (2), S. 165-187.

Krastev, Ivan (2017), *Europadämmerung. Ein Essay*, Berlin: Suhrkamp.

Kreckel, Reinhard (1993), »Geteilte Ungleichheit im vereinten Deutschland«, in: Geißler, Rainer (Hg.), *Sozialer Umbruch in Ostdeutschland*, a. a. O., S. 41-62.

Kreyenfeld, Michaela (2003), »Crisis or adaptation – Reconsidered: A comparison of East and West German fertility patterns in the first six years after the ›Wende‹«, in: *European Journal of Population* 19(3), S. 303-329.

Kriesi, Hanspeter/Grande, Edgar/Lachat, Romain/Dolezal, Martin/Bornschier, Simon/Frey, Timotheos (2008), *West European Politics in the Age of Globalization*, Cambridge: Cambridge University Press.

Kröhnert, Steffen (2008), »Bevölkerungsentwicklung in Ostdeutschland«, Berlin-Institut für Bevölkerung und Entwicklung, online verfügbar unter: {https://www.berlin-institut.org/online-handbuchdemografie/bevoelkerungsdynamik/regionale-dynamik/ostdeutschland.html}.

Kröhnert, Steffen/Klingholz, Reiner (2006), *Not am Mann: Von Helden der Arbeit zur neuen Unterschicht? Lebenslagen junger Erwachsener in wirtschaftlichen Abstiegsregionen der neuen Bundesländer*, Berlin: Berlin-Institut für Bevölkerung und Entwicklung.

Krüger-Potratz, Marianne (1991), *Anderssein gab es nicht: Ausländer und Minderheiten in der DDR*, Münster: Waxmann.

Kubiak, Daniel (2018), »Der Fall ›Ostdeutschland‹«, in: *Zeitschrift für Vergleichende Politikwissenschaft* 12 (1), S. 25-42.

Ders./Weinel, Martin (2016), »DDR-Generationen revisited – Gibt es einen Generationszusammenhang der ›Wendekinder‹?«, in: Lettrari, Adriana/Nestler, Christian/Troi-Boeck, Nadja (Hg.), *Die Generation der Wendekinder: Elaboration eines Forschungsfeldes*, Wiesbaden: Springer, S. 107-129.

Kuhn, Rolf/Hunger, Bernd/Manz, Regina/Freytag, Thomas/Müller, Ellen (1983), *Soziologische Untersuchungen von Wohngebieten der Stadt Rostock*, Weimar: Hochschule für Bauwesen und Architektur.

Lamont, Michèle (1992), *Money, Morals, and Manners. The Culture of the French and the American Upper-Middle Class*, Chicago: University of Chicago Press.

Dies. (2018), »Addressing recognition gaps. Destigmatization and the reduction of inequality«, in: *American Sociological Review* 83 (3), S. 419-444.

Dies./Beljean, Stefan/Clair, Matthew (2014), »What is missing? Cultural processes and causal pathways to inequality«, in: *Socio-Economic Review* 12(3), S. 573-608.

Lamont, Michèle/Park, Bo Yun/Ayala–Hurtado, Elena (2017), »Trump's electoral speeches and his appeal to the American white working class«, in: *The British Journal of Sociology* 68 (S 1), S. 153-S 180.

Leggewie, Claus (1995), *Die 89er. Portrait einer Generation*, Hamburg: Hoffmann und Campe.

Leibniz-Institut für Wirtschaftsforschung Halle (Hg.) (2019), *Vereintes Land – drei Jahrzehnte nach dem Mauerfall*, Halle: Leibniz-Institut für Wirtschaftsforschung.

Lengfeld, Holger (2017), »Die ›Alternative für Deutschland‹: eine Partei für Modernisierungsverlierer?«, in: *Kölner Zeitschrift für Soziologie und Sozialpsychologie* 69 (2), S. 209-232.

Ders./Dilger, Clara (2018), »Kulturelle und ökonomische Bedrohung. Eine Analyse der Ursachen der Parteiidentifikation mit der ›Alternative für Deutschland‹ mit dem Sozio-ökonomischen Panel 2016«, in: *Zeitschrift für Soziologie* 47 (3), S. 181-199.

Lenhardt, Gero/Stock, Manfred (1997), *Bildung, Bürger, Arbeitskraft. Schulentwicklung und Sozialstruktur in der BRD und der DDR*, Frankfurt am Main: Suhrkamp.

Lepenies, Wolf (1992), *Folgen einer unerhörten Begebenheit: Die Deutschen nach der Vereinigung*, Berlin: Siedler.

Lepsius, Rainer M. (2013), *Institutionalisierung politischen Handelns. Analysen zur DDR, Wiedervereinigung und Europäischen Union*, Wiesbaden: Springer.

Levitsky, Steven/Ziblatt, Daniel (2018), *Wie Demokratien sterben*, München: DVA.

Lindner, Bernd (2006), »Die Generation der Unberatenen. Zur Generationenfolge in der DDR und ihren strukturellen Konsequenzen für die Nachwendezeit«, in: Schüle, Annegret/Ahbe, Thomas/Gries, Rainer (Hg.), *Die DDR aus generationengeschichtlicher Perspektive. Eine Inventur*, Leipzig: Leipziger Universitätsverlag, S. 93-112.

Lipset, Seymour Martin (1959), »Democracy and working-class authoritarianism«, in: *American Sociological Review* 24 (4), S. 482-501.
Löffler, Dietrich (2011), *Buch und Lesen in der DDR. Ein literatursoziologischer Rückblick*, Berlin: Ch. Links.
Lois, Daniel (2014), »Ost-West-Paare: Verbreitung, Eigenschaften und Stabilität«, in: *Comparative Population Studies* 40, S. 3-32.
Lötsch, Manfred (1988), »Sozialstruktur der DDR – Kontinuität und Wandel«, in: *Aus Politik und Zeitgeschichte* 32, S. 13-19.
Ders. (1990), »Die Hofierung der Arbeiterklasse war nicht wirkungslos«, in: *Frankfurter Rundschau* (14. November).
Ders. (1993), »Sozialstruktur und Systemtransformation«, in: Geißler, Rainer (Hg.), *Sozialer Umbruch in Ostdeutschland*, a. a. O., S. 31-39.
Ders. (1998), »Die Intelligenz – Zum Wesen einer sozialen Schicht«, in: Lötsch, Ingrid/Meyer, Hansgünter (Hg.), *Sozialstruktur als Gegenstand der Soziologie und der empirisch soziologischen Forschung*, Berlin: trafo Verlag, S. 283-315.
Lux, Thomas (2018), »Die AfD und die unteren Statuslagen. Eine Forschungsnotiz zu Holger Lengfelds Studie »Die ›Alternative für Deutschland‹: eine Partei für Modernisierungsverlierer?«, in: *Kölner Zeitschrift für Soziologie und Sozialpsychologie* 70(2), S. 255-273.

Mannheim, Karl (1970 [1928]), »Das Problem der Generationen«, in: ders., *Wissenssoziologie. Auswahl aus dem Werk*, herausgegeben und mit einem Vorwort von Kurt H. Wolff, Neuwied am Rhein: Luchterhand, S. 509-565.
Manow, Philip (2018), *Die Politische Ökonomie des Populismus*, Berlin: Suhrkamp.
Martens, Bernd (2005), »Der lange Schatten der Wende. Karrieren ostdeutscher Wirtschaftseliten«, in: *Historical Social Research* 30 (2), S. 206-230.
Martens, Bernd/Langwitz, Ralph-Elmar (2012), »Vom sozialistischen Leiter zum mittelständischen Unternehmer – Ostdeutsche Unternehmensleiter nach zwei Jahrzehnten der Transformation«, in: Best/Holtmann (Hg.), *Aufbruch der entsicherten Gesellschaft*, a. a. O., S. 104-122.
Martin, Frank O. (2001), »Marriage Squeeze in Deutschland – Aktuelle Befunde auf Grundlage der amtlichen Statistik«, in: Klein, Thomas (Hg.), *Partnerwahl und Heiratsmuster. Sozialstruktruelle Voraussetzungen der Liebe*, Opladen: Leske + Budrich, S. 287-313.
Marx, Katja (1991), »Voller Tatendrang ins Ungewisse. Juristische Fakultät in Rostock nach vierzig Jahren Zwangspause wieder eröffnet«, in: *Die Zeit* (18. Oktober).
Mau, Steffen (1994), »Der demografische Wandel in den neuen Bundesländern. Familiengründung nach der Wende: Aufschub oder Verzicht«, in: *Zeitschrift für Familienforschung* 6 (3), S. 197-220.
Ders. (1997), »Ideologischer Konsens und Dissens im Wohlfahrtsstaat. Zur Binnenva-

riation von Einstellungen zu sozialer Ungleichheit in Schweden, Großbritannien und der Bundesrepublik Deutschland«, in: *Soziale Welt* 48 (1), S. 17-37.

Ders. (2007), *Transnationale Vergesellschaftung. Die Entgrenzung sozialer Lebenswelten*, Frankfurt am Main: Campus.

Ders. (2012a), *Lebenschancen. Wohin driftet die Mittelschicht?*, Berlin: Suhrkamp.

Mau, Steffen (2012b), »Ossifreie Zone. Angela Merkel und Joachim Gauck – zwei Ausnahmen. Deutschlands Eliten sind westdeutsch und wollen es bleiben«, in: *Die Zeit* (12. April), S. 13.

Ders./Gielke, Uta (1996), »Ost-West-Paarungen. Zur Mesalliance zwischen Ostfrauen und Westmännern«, in: *Der Alltag. Die Sensation des Gewöhnlichen* 74, S. 13-24.

Max-Planck-Institut für Bildungsforschung (1991/92), »Lebensverläufe und historischer Wandel in der ehemaligen DDR«, online verfügbar unter: {https://www.mpib-berlin.mpg.de/de/forschung/beendete-bereiche/bildung-arbeit-und-gesellschaftliche-entwicklung/projekte/fruehe-karrieren-und-familiengruendung/l-2}.

Mayer, Karl Ulrich (1991), »Soziale Ungleichheit und Lebensverläufe. Notizen zur Inkorporation der DDR in die Bundesrepublik und ihre Folgen«, in: Giesen/Leggewie (Hg.), *Experiment Vereinigung*, a. a. O., S. 87-99.

Mayer, Karl Ulrich/Solga, Heike (1994), »Mobilität und Legitimität. Zum Vergleich der Chancenstrukturen in der alten DDR und der alten BRD oder: Haben Mobilitätschancen zu Stabilität und Zusammenbruch der DDR beigetragen? – Ralf Dahrendorf zum 65. Geburtstag«, in: *Kölner Zeitschrift für Soziologie und Sozialpsychologie* 46 (2), S. 193-208.

Ders./Schulze, Eva (2009), *Die Wendegeneration. Lebensverläufe des Jahrgangs 1971*, Frankfurt am Main: Campus.

Meier, Artur (1990), »Abschied von der sozialistischen Ständegesellschaft«, in: *Aus Politik und Zeitgeschichte* 16 (17), S. 3-14.

Meuschel, Sigrid (1988), »Kulturnation oder Staatsnation? – Zur Renaissance der Suche nach nationaler Identität in beiden deutschen Staaten«, in: *Leviathan* 16 (3), S. 406-435.

Mewes, Jan/Mau, Steffen (2012), »Unraveling working-class welfare chauvinism«, in: Svallfors, Stefan (Hg.), *Contested Welfare States: Welfare Attitudes in Europe and Beyond*, Stanford, CA: Stanford University Press, S. 119-157.

Miethe, Ingrid (2007), *Bildung und soziale Ungleichheit in der DDR. Möglichkeiten und Grenzen einer gegenprivilegierenden Bildungspolitik*, Opladen: Barbara Budrich.

Mitscherlich, Alexander (1965), *Die Unwirtlichkeit unserer Städte*, Frankfurt am Main: Suhrkamp.

Mohr, Reinhard (1992), *Zaungäste. Die Generation, die nach der Revolte kam*, Frankfurt am Main: S. Fischer.

Mohr, Tim (2017), *Stirb nicht im Warteraum der Zukunft. Die ostdeutschen Punks und der Fall der Mauer*, München: Heyne.

Müller, Felix (2017), *Narrative der Selbstermächtigung. Facebook und rechte Gewalt*, MA-Abschlussarbeit, Berlin: Humboldt-Universität zu Berlin.

Müller, Klaus (1995), »Der osteuropäische Wandel und die deutsch-deutsche Transformation. Zum Revisionsbedarf modernisierungstheoretischer Erklärungen«, in: Schmidt, R./Lutz, B. (Hg.), *Chancen und Risiken der industriellen Restrukturierung in Ostdeutschland*, Berlin: Akademie Verlag.

N. N. (1990), »Ein Trümmerhaufen der Gefühle«, in: *Der Spiegel* (5. März), S. 34-48.

N. N. (2018), »Umfrage: Die meisten Sachsen fühlen sich als Bürger zweiter Klasse«, in: *Dresdner Neueste Nachrichten* (12. Januar), online verfügbar unter: {http://www.dnn.de/Region/Mitteldeutschland/Umfrage-Die-meisten-Sachsen-fuehlen-sich-als-Buerger-zweiter-Klasse}.

N. N. (2019), »Keiner der deutschen Uni-Chefs kommt aus Ostdeutschland«, in: Zeit online (7. Februar), online verfügbar unter: {https://www.zeit.de/gesellschaft/2019-02/fuehrungskraefte-deutsche-universitaeten-ostdeutschland-hochschulstudie}.

Nachtwey, Oliver (2016), *Die Abstiegsgesellschaft. Über das Aufbegehren in der regressiven Moderne*, Berlin: Suhrkamp.

Neckel, Sighard (1997), »Etablierte und Außenseiter und das vereinigte Deutschland. Eine rekonstruktive Prozeßanalyse mit Elias und Simmel«, in: *Berliner Journal für Soziologie* 7 (2), S. 205-215.

Ders. (1999), *Waldleben: Eine ostdeutsche Stadt im Wandel seit 1989*, Frankfurt am Main: Campus.

Ders. (2010), *Refeudalisierung der Ökonomie: Zum Strukturwandel kapitalistischer Wirtschaft*, MPIfG Working Paper 6, Köln: Max-Plack-Institut für Gesellschaftsforschung.

Neller, Katja (2000), »DDR-Nostalgie? Analysen zur Identifikation der Ostdeutschen mit ihrer politischen Vergangenheit, zur ostdeutschen Identität und zur Ost-West-Stereotypisierung«, in: Falter, Jürgen W./Gabriel, Oscar W./Rattinger, Hans (Hg.), *Wirklich ein Volk? Die politischen Orientierungen von Ost- und Westdeutschen im Vergleich*, Wiesbaden: VS Verlag für Sozialwissenschaften, S. 571-607.

Dies. (2006), *DDR-Nostalgie: Dimensionen der Orientierungen der Ostdeutschen gegenüber der ehemaligen DDR, ihre Ursachen und politischen Konnotationen*, Wiesbaden: VS Verlag für Sozialwissenschaften.

Nickel, Hildegard Maria (1990), »Frauen in der DDR«, in: *Aus Politik und Zeitgeschichte* 40 (16), S. 39-45.

Niedermayer, Oscar (2017), *Parteimitglieder in Deutschland: Version 2017*, Arbeitshefte aus dem Otto-Stammer-Zentrum, Bd. 27, Berlin: Freie Universität Berlin.

Niethammer, Lutz/von Plato, Alexander/Wierling, Dorothee (1991), *Die volkseigene Erfahrung: Eine Archäologie des Lebens in der Industrieprovinz der DDR*, Berlin: Rowohlt Berlin.

Noll, Heinz-Herbert (1992), »Zur Legitimität sozialer Ungleichheit in Deutschland: Subjektive Wahrnehmungen und Bewertungen«, in: Bandilla, Wolfgang/Mohler, Peter P. (Hg.), *Blickpunkt Gesellschaft 2. Einstellungen und Verhalten der Bundesbürger in Ost und West*, Wiesbaden: Springer, S. 1-20.

Ockenfels, Axel/Weimann, Joachim (1999), »Types and patterns: An experimental East-West-German comparison of cooperation and solidarity«, in: *Journal of Public Economics* 71 (2), S. 275-287.

Offe, Claus (1991), »Das Dilemma der Gleichzeitigkeit. Demokratisierung und Marktwirtschaft in Osteuropa«, in: *Merkur* 45 (4), S. 279-292.

Ders. (1994), *Der Tunnel am Ende des Lichts: Erkundungen der politischen Transformation im Neuen Osten*, Frankfurt am Main: Campus.

Opp, Karl-Dieter (1991), »DDR 89. Zu den Ursachen einer spontanen Revolution«, in: *Kölner Zeitschrift für Soziologie und Sozialpsychologie* 43 (2), S. 302-321.

Ders./Voß, Peter/Gern, Christiane (1993), *Die volkseigene Revolution*, Stuttgart: Klett-Cotta.

Parsons, Talcott (1985 [1971]), *Das System moderner Gesellschaften*, Weinheim: Beltz Juventa.

Pates, Rebecca/Schochow, Maximilian (2012), *Der »Ossi«« Mikropolitische Studien über einen symbolischen Ausländer*, Wiesbaden: Springer.

Pickel, Gert (2016), »Die subjektive Verankerung der Demokratie in den neuen Bundesländern und in Mittel- und Osteuropa und ihre Prägung durch totalitäre Systeme. Inhaltliche, methodologische und methodische Aspekte«, in: Hansen, Hendrik/Zehnpfennig, Barbara (Hg.), *Die Prägung von Mentalität und politischem Denken durch die Erfahrung totalitärer Herrschaft*, Baden-Baden: Nomos, S. 155-184.

Polanyi, Karl (1973 [1944]), *The Great Transformation. Politische und ökonomische Ursprünge von Gesellschaften und Wirtschaftssystemen*, Frankfurt am Main: Suhrkamp.

Pollack, Detlef (1990), »Das Ende einer Organisationsgesellschaft«, in: *Zeitschrift für Soziologie* 19 (4), S. 292-307.

Ders. (1991), »Von der Organisationsgesellschaft zur Risikogesellschaft. Soziologische Überlegungen zu den gesellschaftlichen Transformationsprozessen in Ostdeutschland«, in: *Berliner Journal für Soziologie* 1 (3), S. 451-455.

Ders. (1996), »Sozialstruktureller Wandel, Institutionentransfer und die Langsamkeit der Individuen. Untersuchungen zu den ostdeutschen Transformationsprozessen in der Kölner Zeitschrift für Soziologie und Sozialpsychologie, der Zeitschrift für Soziologie und der Sozialen Welt«, in: *Soziologische Revue* 19 (4), S. 412-429.

Ders./Pickel, Gert (1998), »Die ostdeutsche Identität – Erbe des DDR-Sozialismus oder Produkt der Wiedervereinigung«, in: *Aus Politik und Zeitgeschichte* 41 (42), S. 9-23.

Pollak, Reinhard (2010), *Kaum Bewegung, viel Ungleichheit. Eine Studie zum sozialem Auf- und Abstieg in Deutschland*, Berlin: Heinrich-Böll-Stiftung.

Ders. (2018), »Soziale Mobilität«, in: Statistisches Bundesamt/Wissenschaftszentrum Berlin für Sozialforschung (Hg.), *Datenreport 2018*, Bonn: Bundeszentrale für politische Bildung, S. 262-271.

Pörksen, Bernhard (2018), *Die große Gereiztheit. Wege aus der kollekiven Erregung*, München: Hanser.

Priem, Maximilian/Schupp, Jürgen (2014), »Alle zufrieden – Lebensverhältnisse in Deutschland«, in: *DIW-Wochenbericht* 81 (40), S. 1001-1008.

Rainer, Helmut/Albrecht, Clara/Bauernschuster, Stefan/Fichtl, Anita/Hener, Timo/Ragnitz, Joachim (2018), *Deutschland 2017 – Studie zu den Einstellungen und Verhaltensweisen der Bürgerinnen und Bürger im vereinigten Deutschland*, München: ifo-Institut.

Reckwitz, Andreas (2017), *Die Gesellschaft der Singularitäten: Zum Strukturwandel der Moderne*, Berlin: Suhrkamp.

Rehberg, Karl-Siegbert (2019), »Die verleugnete Klasse. Zur Lebensführung des ›Refugiumsbürgertums‹ in der DDR und nach der Wende«, in: Röcke, Anja/Keil, Maria/Alleweldt, Erika (Hg.), *Soziale Ungleichheit der Lebensführung*, Weinheim/Basel: Beltz Juventa, S. 131-141.

Reich, Jens (1990), »DDR-Identität«, in: *Neues Deutschland* (30. September), S. 29.

Reißig, Rolf (1993), »Das Scheitern der DDR und des realsozialistischen Systems. Einige Ursachen und Folgen«, in: Joas, Hans/Kohli, Martin (Hg.), *Der Zusammenbruch der DDR*, a. a. O., S. 49-69.

Rippl, Susanne/Buntfuß, Nelly/Malke, Nicole/Rödel, Natalie (2018), »Ostdeutsche Identität: Zwischen medialen Narrativen und eigenem Erleben«, *Bundeszentrale für politische Bildung* (16. Mai), online verfügbar unter: {www.bpb.de/269349}.

Rippl, Susanne/Seipl, Christian (2018), »Modernisierungsverlierer, Cultural Backlash, Postdemokratie. Was erklärt rechtspopulistische Orientierungen?«, in: *Kölner Zeitschrift für Soziologie und Sozialpsychologie* 70 (2), S. 237-254.

Rödder, Andreas (2009), *Deutschland einig Vaterland: Die Geschichte der Wiedervereinigung*, München: C. H. Beck.

Roose, Jochen (2017), *Aufstieg heute – mehr als Arbeit und Einkommen. Studie zur Selbstwahrnehmung der sozialen Mobilität im Vergleich der Generationen*, St. Augustin/Berlin: Konrad-Adenauer-Stiftung.

Rossbach, Henrike (2014), »Ungleiche Verteilung. Die Vermögensmauer zwischen Ost und West«, in: *Frankfurter Allgemeine Zeitung* (29. Juli).

Rudolph, Hermann (1972), *Die Gesellschaft der DDR, eine deutsche Möglichkeit? Anmerkungen zum Leben im anderen Deutschland*, München: Piper.

Ruge, Eugen (2018), »Wir waren keine Deutschen, wir waren DDR-Bürger«, Interview mit Andreas Fanizadeh, in: *die tageszeitung* (16./17. Dezember), S. 12f.

Runciman, Walter Garrison (1966), *Relative Deprivation and Social Justice. A Study of Attitudes to Social Inequality in 20th Century England*, Aldershot: Gregg Revivals.

Sachweh, Patrick (2013), »Symbolische Grenzziehungen und subjektorientierte Sozialstrukturanalyse«, in: *Zeitschrift für Soziologie* 42 (1), S. 7-27.

Schäffler, Eva (2017), *Paarbeziehungen in Ostdeutschland. Auf dem Weg vom Real- zum Postsozialismus*, Wiesbaden: Harrassowitz.

Schedlinski, Rainer (1990), »Die Phase der schönen Revolutionen ist vorbei«, in: *die tageszeitung* (2. März), S. 15.

Schelsky, Helmut (1957), *Die skeptische Generation. Eine Soziologie der deutschen Jugend*, Bd. 4, Düsseldorf: Diederichs.

Scherer, Klaus-Jürgen (1991), »Gab es eine DDR-Identität?«, in: Reißig, Rolf/Glaeßner, Gert-Joachim (Hg.), *Das Ende eines Experiments: Umbruch in der DDR und deutsche Einheit*, Berlin: Dietz.

Schimank, Uwe (2011a), »Nur noch Coping: Eine Skizze postheroischer Politik«, in: *Zeitschrift für Politikwissenschaft* 21 (3), S. 455-463.

Ders. (2011b), *Wohlfahrtsgesellschaften als funktionaler Antagonismus von Kapitalismus und Demokratie: Ein immer labilerer Mechanismus?*, MPIfG Working Paper 11(2), Köln: Max-Planck-Institut für Gesellschaftsforschung.

Ders. (2018), »Rechtspopulistische Mittelschichten als Gefährder gesellschaftlicher Ordnung«, in: Nadine M. Schöneck/Sabine Ritter (Hg.), *Die Mitte als Kampfzone. Wertorientierungen und Abgrenzungspraktiken der Mittelschicht*, Bielefeld: Transcript, S. 217-239.

Ders./Mau, Steffen/Groh-Samberg, Olaf (2014), *Statusarbeit unter Druck?*, Weinheim/Basel: Beltz Juventa.

Schlesier, Karlheinz (1972), *Halle-Neustadt: Plan und Bau der Chemiearbeiterstadt*, Berlin: VEB Verlag für Bauwesen.

Schmidt, Steffen/Rosa, Hartmut (2012), »Institutionelle Transformation – Habituelle Irritation – Sozialstrukturelle Petrifikation: Empirische Befunde und transformationstheoretische Schlüsse zur deutschen Vereinigung«, in: Best/Holtmann (Hg.), *Aufbruch der entsicherten Gesellschaft*, a.a.O., S. 417-441.

Schnettler, Sebastian/Filser, Andreas (2015), »Demografische Maskulinisierung und Gewalt«, in: Hartung, Gerald/Hergen, Matthias (Hg.), *Interdisziplinäre Anthropologie*, Wiesbaden: Springer, S. 130-142.

Schönherr, Michael/Jacobs, Olaf (2019), *Ostfrauen – Wege zur Macht. Ostdeutsche Frauen in den Eliten und Frauenquoten in Deutschland*, Erhebung im Rahmen des Projekts »Ostfrauen« des Rundfunk Berlin Brandenburg und des Mitteldeutschen Rundfunks, 28. Februar, online verfügbar unter: {https://www.rbb24.de/politik/beitrag/2019/03/studie-ostfrauen.file.html/Ostfrauen.pdf}.

Schoen, Robert (1983), »Measuring the tightness of a marriage squeeze«, in: *Demography* 20 (1), S. 61-78.

Schulze, Gerhard (1992), *Die Erlebnisgesellschaft: Kultursoziologie der Gegenwart*, Frankfurt am Main/New York: Campus.

Schulz, Daniel (2018), »›Ostdeutsche sind auch Migranten‹«, Interview mit Naika Foroutan), in: *die tageszeitung* (13. Mai), online verfügbar unter: {http://www.taz.de/!5501987/}

Schwandt, Alfred (1976), »Einflussfaktoren auf die Wohnzufriedenheit im städtischen Wohnmilieu«, in: Akademie der Wissenschaften der DDR (Hg.), *Stadt-Umland-Beziehungen II*, Sitzungsberichte, Berlin: Akademie-Verlag.

Schwarz, Karl (1992), »Geburtenentwicklung und Familienpolitik in der (früheren) DDR. Beispiel einer pronatalistischen Politik«, in: *Zeitschrift für Familienforschung* 4 (3), S. 248-262.

Seibel, Wolfgang (1992), »Notwendige Illusionen. Der Wandel der Regierungsstrukturen im vereinten Deutschland«, in: *Journal für Sozialforschung* 32 (3-4), S. 337-362.

Sinn, Gerlinde/Sinn, Hans-Werner (1994), *Jumpstart. The Economic Unification of Germany*, Cambridge: MIT Press.

Solga, Heike (1995), *Auf dem Weg in eine klassenlose Gesellschaft? Klassenlagen und Mobilität zwischen Generationen in der DDR*, Berlin: Akademie-Verlag.

Dies. (1997), »Der Verbleib der Angehörigen der oberen Dienstklasse der DDR nach 1989: Heißt ihr Schicksal nach der Wende beruflicher Abstieg?«, in: Hradil, Stefan (Hg.), *Aufstieg für alle?*, a. a. O., S. 321-382.

Spannagel, Dorothee (2018), *Dauerhafte Armut und verfestigter Reichtum*, Düsseldorf: WSI-Verteilungsbericht.

Spellerberg, Annette (1994), *Alltagskultur in Ost- und Westdeutschland. Unterschiede und Gemeinsamkeiten*, WZB Discussion Paper P 94-101 (Februar), Berlin: Wissenschaftszentrum Berlin.

Dies. (1996), *Soziale Differenzierung durch Lebensstile. Eine empirische Untersuchung zur Lebensqualität in West- und Ostdeutschland*, Berlin: Edtion Sigma.

Srubar, Ilja (1991), »War der reale Sozialismus modern? Versuch einer strukturellen Bestimmung«, in: *Kölner Zeitschrift für Soziologie und Sozialpsychologie* 43 (3), S. 415-432.

Staadt, Jochen (2008), »Die Zurückgebliebenen. Erscheinungsformen und Ursachen von DDR-Nostalgie (Rezension)«, in: *Frankfurter Allgemeine Zeitung* (22. Februar), S. 7.

Ders. (2015), »›Deutschland den Deutschen‹. Rechtsextreme in der DDR«, in: *Frankfurter Allgemeine Zeitung* (31. August), S. 6.

Staas, Christian (2018), »›Sehnsicht nach neuen Herren‹«, Interview mit Susan Neiman, in: Die Zeit (3. Januar), online verfügbar unter: {https://www.zeit.de/2018/02/philosophin-susan-neiman-untertan-deutschland}.

Staud, Toralf (2003), »Ossis sind Türken«, in: *Die Zeit* (2. Oktober).

Stauder, Johannes/Jäger, Dagmar (2019), »Der Partnermarkt der Wendekinder. Über die langfristigen Auswirkungen des Geburteneinbruchs in Ostdeutschland nach der Wende«, in: Baron, Daniel/Arránz Becker, Oliver/Lois, Daniel (Hg.), *Erklärende Soziologie und soziale Praxis*, Wiesbaden: Springer, S. 159-191.

Stephan, Helga/Wiedemann, Eberhard (1990), »Lohnstruktur und Lohndifferenzierung in der DDR. Ergebnisse der Lohndatenerfassung vom September 1988«, in: *Mitteilungen aus der Arbeitsmarkt- und Berufsforschung* 23, S. 550-562.

Stiftung Lesen (Hg.) (1995), *Jahrbuch Lesen 1995. Fakten und Trends*, Mainz: Schriftenreihe der Stiftung Lesen.

Streeck, Wolfgang (1999), »Deutscher Kapitalismus: Gibt es ihn? Kann er überleben?«, in: ders. (Hg.), *Korporatismus in Deutschland. Zwischen Nationalstaat und Europäischer Union*, Frankfurt am Main/New York: Campus, S. 13-40.

Ders. (2013), *Gekaufte Zeit? Die vertagte Krise des demokratischen Kapitalismus*, Berlin: Suhrkamp.

Ders. (2017), »Die Wiederkehr der Verdrängten als Anfang vom Ende des neoliberalen Kapitalismus«, in: Geiselberger, Heinrich (Hg.), *Die große Regression: Eine internationale Debatte über die geistige Situation der Zeit*, Berlin: Suhrkamp, S. 253-273.

Strohmeier, Klaus Peter (1993), »Pluralisierung und Polarisierung der Lebensformen in Deutschland«, in: *Aus Politik und Zeitgeschichte* 17 (93), S. 11-22.

Struffolino, Emanuela/Studer, Matthias/Fasang, Anette Eva (2016), »Gender, education, and family life courses in East and West Germany: Insights from new sequence analysis techniques«, in: *Advances in Life Course Research* 29, S. 66-79.

Tesch, Joachim (2001), *Der Wohnungsbau in der DDR 1971-1990. Ergebnisse und Defizite eines Programms in kontroversen Sichten*, Berlin: Helle Panke.

Ther, Philipp (2014), *Die neue Ordnung auf dem alten Kontinent. Eine Geschichte des neoliberalen Europa*, Berlin: Suhrkamp.

Thomas, Michael (1992), »Vernachlässigte Dimensionen soziologischer Analyse«, in: ders. (Hg.), *Abbruch und Aufbruch. Sozialwissenschaft im Transformationsprozeß*, Berlin: Akademie-Verlag, S. 60-75.

Thumfart, Alexander (2001), *Die politische Integration Ostdeutschlands*, Frankfurt am Main: Suhrkamp.

Trappe, Heike (1995), *Emanzipation oder Zwang? Frauen in der DDR zwischen Beruf, Familie und Sozialpolitik*, Berlin: Akademie-Verlag.

Treibel, Annette (1999), »Figurationen von Etablierten und Außenseitern im Vereinigungsprozeß«, in: *Berliner Debatte Initial* 10 (4-5), S. 151-156.

Turner, Jonathan H. (1984), *Societal Stratification: A Theoretical Analysis*, New York: Columbia University Press.

Ulrich, Ralf (1990), *Die Übersiedlerbewegung in die Bundesrepublik und das Ende der DDR*, FIB Papers 90-302, Berlin: Wissenschaftszentrum Berlin.

Van der Waal, Jeroen/Achterberg, Peter/Houtman, Dick/De Koster, Willem/Manevska, Katerina (2010), »Some are more equal than others: Economic egalitarianism and welfare chauvinism in the Netherlands«, in: *Journal of European Social Policy* 20 (4), S. 350-363.

Vester, Michael (1993), *Soziale Milieus im gesellschaftlichen Strukturwandel: Zwischen Integration und Ausgrenzung*, Köln: Bund.

Ders. (1995), »Milieuwandel und regionaler Strukturwandel in Ostdeutschland«, in: Vester, Michael/Hoffmann, Michael/Zierke, Irene (Hg.), *Soziale Milieus in Ostdeutschland*, Köln: Bund, S. 7-50.

Ders./Hofmann, Michael/Zierke, Irene (1995), *Gesellschaftliche Strukturen zwischen Zerfall und Neubildung. Soziale Milieus in Ostdeutschland*, Köln: Bund.

Vogel, Berthold (1996), »Gesellschaftliche Rahmenbedingungen der Arbeitslosigkeitserfahrung und erwerbsbiografische Perspektiven von Arbeitslosen in Ostdeutschland«, in: *SOFI-Mitteilungen* 23, S. 81-98.

Voigt, Dieter (1973), *Montagearbeiter in der DDR*, Darmstadt/Neuwied: Luchterhand.

Ders. (1975), *Soziologie in der DDR. Eine exemplarische Untersuchung*, Köln: Verlag Wissenschaft und Politik.

Ders./Voss, Werner/Meck, Sabine (1987), *Sozialstruktur der DDR*, Darmstadt: Wissenschaftliche Buchgesellschaft.

Völkl, Kerstin (2006), »Überwiegt die Verdrossenheit oder die Unterstützung? Die Einstellungen der West- und Ostdeutschen zur Demokratie, zu politischen Institutionen und Politikern«, in: Falter, Jürgen W./Rattinger, Hans/Schoen, Harald (Hg.), *Sind wir ein Volk? Ost- und Westdeutschland im Vergleich*, München: C. H. Beck, S. 57-81.

Voß, Gerd Günter/Pongratz, Hans J. (1998), »Der Arbeitskraftunternehmer. Eine neue Grundform der Ware Arbeitskraft?«, in: *Kölner Zeitschrift für Soziologie und Sozialpsychologie* 50 (1), S. 131-158.

Wagner, Wolf (1996), *Kulturschock Deutschland*, Hamburg: Rotbuch.

Watson, William (1964), »Social mobility and social class in industrial communities«, in: Gluckman, Max/Devons, Ely (Hg.), *Closed systems and open minds.* Edinburgh: Oliver and Boyd.

Weinhold, Christoph (2015), *40 Jahre Stadtplanung in und für Rostock – eine bleibende Herausforderung*, Rostock: Redieck & Schade.

Ders. (2016), »›Gestolpert‹ über den Sühnestein«, in: Arbeitsgruppe Geschichte Lichtenhagen (Hg.), *Lichtenhäger Kaleidoskop*: Redieck & Schade, S. 18-19.

Wenau, Georg/Grigoriev, Pavel/Shkolnikov, Vladimir (2019), »Socioeconomic disparities in life expectancy gains among retired German men, 1997-2016«, in: *Journal of Epidemiology and Community Health*, online verfügbar unter: {https://jech.bmj.com/content/jech/early/2019/04/17/jech-2018-211742.full.pdf}.

Wendl, Juliette (2010), »Ein Ossi ist ein Ossi ist ein Ossi … Regeln der medialen Berichterstattung über ›Ossis‹ und ›Wessis‹ in der Wochenzeitung ›Die Zeit‹ seit Mitte der 1990er Jahre«, in: Ahbe, Thomas/Gries, Rainer/Schmale, Wolfgang (Hg.), *Die Ostdeutschen in den Medien. Das Bild von den Anderen nach 1990*, Bonn: Bundeszentrale für politische Bildung.

Wendt, Hartmut (1991), »Geburtenhäufigkeit in beiden deutschen Staaten – zwischen Konvergenz und Divergenz«, in: *Zeitschrift für Bevölkerungswissenschaft* 17 (3), S. 251-280.

Ders. (1993/94), »Wanderungen nach und innerhalb von Deutschland unter besonderer Berücksichtigung der Ost-West-Wanderungen«, in: *Zeitschrift für Bevölkerungswissenschaft* 19 (4), S. 517-540.

Wiesenthal, Helmut (1995), »Die Transformation Ostdeutschlands: Ein (nicht ausschließlich) privilegierter Sonderfall der Bewältigung von Transformationsproblemen«, in: ders./Wollman, Helmut/Bonker, Frank (Hg.), *Transformation sozialistischer Gesellschaften. Am Ende des Anfangs*, Opladen: Westdeutscher Verlag, S. 134-159.

Wingens, Matthias (1999), »Der ›gelernte DDR-Bürger‹. Biografischer Modernisierungsrückstand als Transformationsblockade? Planwirtschaftliche Semantik, Gesellschaftsstruktur und Biografie«, in: *Soziale Welt* 50 (3), S. 255-280.

Wolle, Stefan (1998), *Die heile Welt der Diktatur. Alltag und Herrschaft in der DDR 1971-1989*, Berlin: Ch. Links.

Ders. (2015), »Geschlossene Gesellschaft«, in: *Zeit Geschichte* 4 (17. November), online verfügbar unter: {https://www.zeit.de/zeit-geschichte/2015/04/ddr-propaganda-auslaender-einwanderer}.

Yurchak, Alexei (2005), *Everything Was Forever, Until It Was No More: The Last Soviet Generation*, Princeton: Princeton University Press.

Zapf, Wolfgang (1983), »Die Pluralisierung der Lebensstile«, in: Kommission Zukunftsperspektiven gesellschaftlicher Entwicklungen (Hg.), *Zukunftsperspektiven gesellschaftlicher Entwicklungen*, Stuttgart: Landesregierung von Baden-Württemberg, S. 56-73.

Ders. (1994), *Modernisierung, Wohlfahrtsentwicklung und Transformation. Soziologische Aufsätze 1987 bis 1994*, Berlin: Edition Sigma.

Ders./Habich, Roland (1995), »Die sich stabilisierende Transformation – ein deutscher Sonderweg«, in: Rudolph, Hedwig (Hg.), *Geplanter Wandel, ungeplante Wirkungen: Handlungslogiken und -ressourcen im Prozeß der Transformation. WZB-Jahrbuch*, Berlin: Edition Sigma, S. 137-159.

Ders./Mau, Steffen (1993), »Eine demografische Revolution in Ostdeutschland? Dramatischer Rückgang von Geburten, Eheschließungen und Scheidungen«, in: *Informationsdienst Soziale Indikatoren* 10, S. 1-5.

Zastrow, Volker (1998), »Faule Bilanzen«, in: *Frankfurter Allgemeine Zeitung* (2. Mai), S. 1.

Zentralinstitut für Jugendforschung Leipzig (Hg.) (1985), *Verteidigungsbereitschaft Jugendlicher 1985*, Köln: GESIS Datenarchiv.

Zick, Andreas/Küpper, Beate/Berghan, Wilhelm (2019), Verlorene Mitte – Feindselige Zustände. Rechtsextreme Einstellungen in Deutschland 2018/19, Berlin: J.H.W. Diez (Herausgegeben für die Friedrich-Ebert-Stiftung).

Bildnachweise

Abb. 1: Bundesarchiv, Bild 183-H0612-0301-020 / Hubert Link
Abb. 2: Bundesarchiv, Bild 183-G0729-0008-001 / Jürgen Sindermann
Abb. 3: Bundesarchiv, Bild 183-G0729-0009-001 / Jürgen Sindermann
Abb. 4: Bundesarchiv, Bild 183-E0711-0011-001 / Joachim Spremberg
Abb. 5: Bundesarchiv, Bild 183-T0713-0007/ Jürgen Sindermann
Abb. 6: Bundesarchiv, Bild 183-G0206-0016-001 / Jürgen Sindermann
Abb. 7: Bundesarchiv, Bild 183-1990-0702-001 / Jürgen Sindermann
Abb. 8: Alamy / Lothar Steiner
Abb. 9: Bundesarchiv, Bild 183-M0302-0026 / Jürgen Sindermann
Abb. 10: Bundesarchiv, Bild 183-1986-0926-302 / Jürgen Sindermann
Abb. 11: Bundesarchiv, Bild 183-1989-1202-015 / Jürgen Sindermann
Abb. 12: Bundesarchiv, Bild 183-1990-0309-024 / Jürgen Sindermann
Abb. 13-15, 17, 18: © Marten Körner
Abb. 16: Bundesarchiv, Bild 183-1990-1217-310 / Bernd Settnik